Dicionário das Crises
e das Alternativas

Centro de Estudos Sociais

Dicionário das Crises e das Alternativas

ALMEDINA

ces
Centro de Estudos Sociais
Laboratório Associado
Universidade de Coimbra

DICIONÁRIO DAS CRISES E DAS ALTERNATIVAS
AUTOR
Centro de Estudos Sociais – Laboratório Associado
Universidade de Coimbra
EDITOR
EDIÇÕES ALMEDINA, S.A.
Rua Fernandes Tomás, n°s 76, 78 e 79
3000-167 Coimbra
Tel.: 239 851 904 · Fax: 239 851 901
www.almedina.net · editora@almedina.net
DESIGN DE CAPA
FBA
REVISÃO
Victor Ferreira
PRÉ-IMPRESSÃO
EDIÇÕES ALMEDINA, S.A.
IMPRESSÃO E ACABAMENTO
DPS – DIGITAL PRINTING SERVICES
Abril, 2012
DEPÓSITO LEGAL
342906/12

Os dados e as opiniões inseridos na presente publicação são da exclusiva responsabilidade do(s) seu(s) autor(es).
Toda a reprodução desta obra, por fotocópia ou outro qualquer processo, sem prévia autorização escrita do Editor, é ilícita e passível de procedimento judicial contra o infractor.

GRUPOALMEDINA
ALMEDINA

BIBLIOTECA NACIONAL DE PORTUGAL – CATALOGAÇÃO NA PUBLICAÇÃO
Centro de Estudos Sociais – Laboratório Associado
Universidade de Coimbra
DICIONÁRIO DAS CRISES E DAS ALTERNATIVAS
ISBN 978-972-40-4820-8
CDU 316
    338

Índice

Prefácio – *Boaventura de Sousa Santos*	13
25 de Abril – *Rui Bebiano*	15
A	
AAA (agências de notação) – *José Reis*	16
Ação coletiva – *Ana Raquel Matos*	17
Acesso ao Direito e à Justiça – *João Pedroso*	17
Acidentes de trabalho – *Teresa Maneca Lima*	18
Afrodescendentes – *Catarina Gomes*	19
Agricultura – *Stefania Barca*	20
Água – *Paula Duarte Lopes*	21
Ajuda externa – *Teresa Cravo*	22
Alemanha – *António Sousa Ribeiro*	23
Alterações climáticas – *Ricardo Coelho*	24
Alternativa – *Bruno Sena Martins*	25
Ambientalismo – *Rita Serra*	26
Angola – *Catarina Gomes*	27
Argentina – *Margarida Gomes*	27
Arquitetura – *Mário Krüger*	28
Arte – *António Olaio*	29
Assistencialismo – *Pedro Hespanha*	30
Ativo tóxico – *Ana Cordeiro Santos*	31
Auditoria (cidadã à dívida pública) – *Manuel Carvalho da Silva*	32
Austeridade – *José Reis*	33
Autogestão – *Filipe Almeida*	34
B	
Banca – *Ana Cordeiro Santos*	35
Banco Central Europeu – *José Reis*	36
Bens comuns – *José Manuel Pureza*	36

Biodiversidade – *Rita Serra* 37
Biotecnologia – *Susana Costa* 38
Brasil – *Tatiana Moura* 39
BRIC – *André Barrinha* 40

C

Caos e Ordem – *Clara Keating* 41
Capitalismo – *Boaventura de Sousa Santos* 42
China – *Helena Rodrigues* 43
Cidadania – *Maria José Canelo* 44
Cidade Criativa – *Carlos Fortuna* 45
Ciência – *Tiago Santos Pereira* 46
Ciências Sociais – *João Arriscado Nunes* 47
Classe média – *Elísio Estanque* 47
Classes sociais – *Elísio Estanque* 48
Clientelismo – *Fernando Ruivo* 49
Coerência – *António Sousa Ribeiro* 50
Colonialismo (e pós-colonialismo) – *Maria Paula Meneses* 50
Comércio Justo – *Teresa Cunha* 51
Comércio livre – *João Rodrigues* 52
Comissões de trabalhadores – *Hermes Augusto Costa* 53
Competitividade – *João Tolda* 54
Concertação Social – *António Casimiro Ferreira* 55
Condições de trabalho – *Teresa Maneca Lima* 56
Confiança – *Cláudia Lopes* 57
Constituição – *Élida Lauris dos Santos* 58
Consumo – *Catarina Frade* 59
Consumo Solidário – *Luciane Lucas dos Santos* 60
Contágio – *João Arriscado Nunes* 61
Contratação coletiva – *Manuel Carvalho da Silva* 61
Cooperação para o Desenvolvimento – *Mónica Rafael Simões* 62
Cooperativismo – *Rui Namorado* 63
Corrupção – *Paula Fernando* 64
Crescimento (decrescimento) – *Ricardo Coelho* 65
Criatividade – *António Pinho Vargas* 66
Criminalidade – *Conceição Gomes* 67
Crise – *Mathias Thaler* 68
Custos sociais – *Vítor Neves* 69

D

Défice (orçamental) – *Vítor Neves*	70
Deficiência – *Fernando Fontes*	71
Democracia – *Antoni Aguiló*	72
Demografia – *Sílvia Portugal*	72
Depressão – *Luísa Sales*	73
Desemprego – *Pedro Araújo*	74
Desigualdade – *José Manuel Mendes*	75
Deslocalização – *Manuel Carvalho da Silva*	76
Direito – *Conceição Gomes*	77
Direitos – *Tiago Ribeiro*	78
Direitos Humanos – *Sisay Yeshanew*	79
Discriminação – *Ana Cristina Santos*	80
Dívida – *José Maria Castro Caldas*	81

E

Ecologia de saberes – *João Arriscado Nunes*	82
Economia popular – *Pedro Hespanha*	82
Economia Solidária – *Pedro Hespanha e Luciane Lucas dos Santos*	83
Economia verde – *Stefania Barca*	84
Emigração – *José Carlos Marques*	85
Empreendedorismo – *Mónica Lopes*	86
Emprego – *Virgínia Ferreira*	87
Energia – *Stefania Barca*	88
Enobrecimento urbano – *Carlos Fortuna*	89
Escola pública – *Paulo Peixoto*	90
Espaço público – *Claudino Ferreira*	91
Espanha – *Antoni Aguiló*	92
Especulação – *Vítor Neves*	93
Estado de exceção – *Valerio Nitrato Izzo*	94
Estado-Providência – *Sílvia Ferreira*	95
Ética (nos negócios) – *Filipe Almeida*	96
EUA – *Isabel Caldeira*	96
Euro – *José Reis*	97
Euro-obrigações – *Marisa Matias*	98
Excecionalismo norte-americano – *Isabel Caldeira*	99

F

Fascismo social – *José Manuel Mendes*	100

Feminismo – *Rosa Monteiro* ... 101
Festa – *Graça Capinha* ... 102
Financeirização – *Ana Cordeiro Santos* ... 103
Flexibilidade – *António Casimiro Ferreira* ... 104
Flexigurança – *Hermes Augusto Costa* ... 105
Fórum Social Mundial – *Giovanni Allegretti* ... 106
Fundo Monetário Internacional – *João Rodrigues* ... 107
Fundos de pensões – *Sílvia Ferreira* ... 107
Futuro – *Boaventura de Sousa Santos* ... 108

G

Geração à rasca – *Tiago Ribeiro* ... 109
Gestão (empresarialização) – *Daniel Francisco* ... 110
Globalização – *Boaventura de Sousa Santos* ... 111
Grécia – *Rui Bebiano* ... 112
Greve – *Hugo Dias* ... 113
Guerra – *Margarida Calafate Ribeiro* ... 114

H

Habitação – *José António Bandeirinha* ... 115
Homofobia – *Ana Cristina Santos* ... 116
Horário de trabalho – *António Casimiro Ferreira* ... 117
Humanidades – *António Sousa Ribeiro* ... 118
Humanitarismo – *Daniela Nascimento* ... 119

I

Identidade – *António Sousa Ribeiro* ... 120
Ideologia – *Rui Bebiano* ... 121
Imigração – *Elsa Lechner* ... 122
Impostos – *Lina Coelho* ... 123
Indignados – *Bela Irina Castro* ... 124
Individualismo – *Adriana Bebiano* ... 125
Indústria – *João Tolda* ... 126
Indústrias culturais – *Nancy Duxbury* ... 126
Inovação – *Tiago Santos Pereira* ... 127
Insegurança – *Katia Cardoso* ... 128
Insolvência – *Catarina Frade* ... 129
Investimento – *José Reis* ... 130
Irlanda – *Adriana Bebiano* ... 131
Islândia – *Licínia Simão* ... 132

Itália – *Michele Grigolo* — 133

J
Juros – *José Maria Castro Caldas* — 134
Justiça social – *Madalena Duarte* — 135

L
Lazer – *Claudino Ferreira* — 136
Leis – *Conceição Gomes* — 137
Liberdade – *Maria Irene Ramalho* — 138
Literatura – *Maria Irene Ramalho* — 139
Luxo – *André Brito Correia* — 139

M
Marxismo – *Miguel Cardina* — 140
Média – *Rui Bebiano* — 141
Medo – *Júlia Garraio* — 142
Memória – *Mihaela Mihai* — 143
Mercadorização – *João Rodrigues* — 144
Microcrédito – *Cláudia Nogueira* — 145
Movimentos sociais – *Ana Cristina Santos* — 146
Multiculturalismo – *António Sousa Ribeiro* — 147
Música – *António Pinho Vargas* — 148
Mutualismo – *Rui Namorado* — 148

N
Neoconservador – *Maria Irene Ramalho* — 149
Neoliberalismo – *João Rodrigues* — 150

O
OIT – *Manuel Carvalho da Silva e Marina Henriques* — 151
Orçamento de Estado – *José Manuel Pureza* — 152
Orçamento Participativo – *Giovanni Allegretti* — 153
Ordenamento do território – *Alexandre Oliveira Tavares* — 154

P
Paraísos fiscais – *Marisa Matias* — 155
Parcerias público-privadas – *Paula Fernando* — 156
Património – *Paulo Peixoto* — 157
Patronato – *Hermes Augusto Costa* — 158
Pensamento único – *Miguel Cardina* — 159
PIB – *Lina Coelho* — 159
PIGS – *José Maria Castro Caldas* — 160

Pobreza – *Pedro Hespanha* 161
Poder local – *Fernando Ruivo* 162
Poesia – *Graça Capinha* 163
Políticas públicas – *Lina Coelho* 164
Portugal – *Maria Irene Ramalho* 165
Poupança – *Catarina Frade* 166
Precariedade – *Alfredo Campos* 167
Primavera Árabe – *Sofia José Santos* 168
Privatização – *João Rodrigues* 168
Produtividade – *Hermes Augusto Costa* 169
Promessa – *João Pedroso* 170
Propriedade Intelectual – *Tiago Santos Pereira* 171
Protesto – *José Manuel Mendes* 172

Q
Qualidade de vida urbana – *José António Bandeirinha* 173

R
Racismo – *Marta Araújo e Sílvia Rodríguez Maeso* 174
Rap – *Boaventura de Sousa Santos* 175
Recessão – *José Maria Castro Caldas* 176
Reconhecimento – *Ana Cristina Santos* 177
Redes sociais – *Sílvia Portugal* 178
Reestruturação da dívida – *José Maria Castro Caldas* 179
Reforma administrativa local – *Catarina Martins* 179
Reformas estruturais – *Lina Coelho* 180
Reformas judiciais – *João Paulo Dias* 181
Refugiados – *Iside Gjergji* 182
Regulação pública – *Maria Manuel Leitão Marques* 183
Religião – *Teresa Toldy* 184
Resistência – *Graça Capinha* 185
Responsabilidade social das empresas – *Teresa Maneca Lima* 186
Revolta – *Maria Paula Meneses* 187
Revolução – *Manuela Cruzeiro* 188
Risco – *José Manuel Mendes* 189

S
Salário – *António Casimiro Ferreira* 190
Saúde – *João Arriscado Nunes* 190
Segurança alimentar – *Rita Serra* 191

Segurança social – *Sílvia Ferreira*	192
Serviço Nacional de Saúde – *Mauro Serapioni*	193
Sexismo – *Cecília MacDowell Santos*	194
Sindicalismo – *Elísio Estanque*	195
Soberania – *Maria Raquel Freire*	196
Socialismo – *Miguel Cardina*	197
Sociedade-Providência – *Sílvia Portugal*	198
Subprime – *Ana Cordeiro Santos*	199
Sul (global) – *Maria Paula Meneses*	199

T

Taxas moderadoras – *Mauro Serapioni*	200
Taxa Tobin – *João Paulo Dias*	201
Teatro – *André Brito Correia*	202
Teoria crítica – *Bruno Sena Martins*	203
Terceiro setor – *Sílvia Ferreira*	204
Trabalho – *Manuel Carvalho da Silva*	205
Transparência – *Patrícia Branco*	206
Tribunais – *Conceição Gomes*	207
Troika – *José Manuel Pureza*	208
Turismo – *Carina Gomes*	209

U

União Europeia – *Marisa Matias*	210
Universidade – *Paulo Peixoto*	211
Utopia – *Boaventura de Sousa Santos*	212

V

Violência doméstica – *Madalena Duarte*	212
Violência (estrutural) – *Sílvia Roque*	213
Voluntariado – *Mauro Serapioni*	214

W

Wall Street (*Occupy*) – *Hugo Dias*	215
WikiLeaks – *Sara Araújo*	216
Wikipédia – *José Luis Exeni Rodríguez*	217

Prefácio

Os investigadores do Centro de Estudos Sociais (CES) da Universidade de Coimbra prepararam este Dicionário a pensar nas cidadãs e cidadãos comuns que, num momento difícil da sociedade portuguesa, são todos os dias bombardeados com notícias cujo alcance nem sempre entendem, mas que sabem trazerem más novidades para as suas vidas. As notícias vêm recheadas de palavras, conceitos, eventos, números, acrónimos que não são do conhecimento comum e que, noutra altura, seriam ignorados e tidos como falta de sensibilidade dos redatores ante leitores, ouvintes ou espectadores que têm mais que fazer do que estudar notícias ou perder tempo a decifrar comentadores.

Agora, porém, é diferente, uma vez que o que se noticia hoje pode transformar-se amanhã em perda de salário ou de pensão, em aumento do preço dos medicamentos ou dos transportes, em ter de tirar o filho das atividades extraescolares ou de cortar na alimentação. As notícias de hoje são o dia anterior de um quotidiano cada vez mais difícil, de uma vida familiar cada vez mais penosa, de horizontes e expectativas de vida cada vez mais incertos e até ameaçadores. As notícias são hoje a expressão da nossa impotência perante o futuro e, mesmo quando parecem tomar o nosso partido, suscitar a nossa revolta, apontar alternativas, fazem-no de uma maneira pouco convincente ou pouco clara.

O Dicionário que ora vos apresentamos visa contribuir para aumentar a capacidade de controlo das cidadãs e dos cidadãos sobre o que leem, ouvem ou veem, entendendo o que é dito e o que fica por dizer, abrindo espaço para pensarem soluções alternativas para os seus problemas, isto é, para os problemas dos cidadãos e não para os problemas dos mercados, que parecem ser agora as únicas entidades com direito à estabilidade e à esperança.

As entradas foram escolhidas e redigidas por um conjunto muito amplo de investigadores do CES, tendo em atenção o objetivo do Dicionário. A redação foi o mais possível descarregada de termos técnicos e de jargão científico. As entradas são assinadas pelos autores, que, em última instância, são os responsáveis pelo seu conteúdo.

O Centro de Estudos Sociais é um Laboratório Associado do Estado cuja missão é contribuir para a definição de políticas públicas e para a sua socialização crítica na sociedade portuguesa. Para que tal tarefa seja cabalmente cumprida, é necessário que as cidadãs e os cidadãos entendam bem o que lhes é dito, o alcance do que lhes é exigido e as alternativas que existem ou são pensáveis para que o caos e a turbulência que desabam sobre as suas vidas sejam, pelo menos, um pouco menos destrutivos. Este é o objetivo do Dicionário.

A elaboração do Dicionário num prazo muito curto só foi possível devido ao enorme entusiasmo com que os investigadores do CES aderiram de imediato ao projeto. A coordenação global ficou a cargo de um conjunto de jovens investigadores, secretariados por Sílvia Lima, secretária-executiva do CES-Lisboa. Foram eles Ana Cristina Santos, Bruno Sena Martins, João Paulo Dias, João Rodrigues e Margarida Gomes. Os coordenadores foram assessorados por uma comissão de revisão técnica, estilística e científica constituída por António Sousa Ribeiro, Hermes Augusto Costa, José Maria Castro Caldas, Manuel Carvalho da Silva, Rui Bebiano e Teresa Tavares.

Concebemos esta edição do Dicionário como uma primeira edição e levamos tão a sério o propósito de o transformar num instrumento útil aos Portugueses que, desde já, nos dispomos a uma segunda edição, interativa, em que serão incluídas entradas sugeridas pelos nossos leitores. Basta, para isso, que nos escrevam para: dicionario@ces.uc.pt indicando no assunto: Nova Entrada. Uma frase curta bastará para nos justificarem o interesse da inclusão da entrada sugerida. Também podem colaborar connosco, comentando algumas das entradas já constantes desta edição, escrevendo para o mesmo endereço e indicando no assunto: Comentário à Entrada.

Elaborámos este Dicionário com o propósito de contribuir para melhorar a qualidade da informação e ampliar o debate sobre os problemas e desafios com que a sociedade portuguesa se defronta. Aos nossos leitores cabe a última palavra sobre se cumprimos bem o nosso objetivo.

Boaventura de Sousa Santos
Diretor do Centro de Estudos Socais
Universidade de Coimbra

25 de Abril

O processo de transfiguração do país que o 25 de Abril de 1974 abriu foi descrito como "Revolução dos Três D" (Democratizar, Descolonizar, Desenvolver). Este é o fundamento comum dos projetos políticos com os quais nos confrontámos por mais de três décadas e meia. A expressão pode parecer hoje algo redutora por não englobar as enormes mudanças que estavam para ocorrer no campo da vida privada, das relações de trabalho e das práticas culturais, mas não deixa de verbalizar princípios programáticos e uma linha de rumo que cruzaram os anos e os diferentes governos. Democratizar supunha assim abrir a gestão da coisa pública e do coletivo à voz e à vontade livremente expressa dos cidadãos, o que até ali era impossível. Descolonizar significava alijar o fardo da ideia de império e do domínio dos povos colonizados, o que até ali era impraticável. Desenvolver impunha encontrar e expandir novos ritmos para a criação de riqueza e o bem-estar das populações, o que não constava das perspetivas do velho "país habitual", idealizado por Salazar como quieto, naturalmente desigual e indiferente às tentações da vida moderna.

A memória partilhada do 25 de Abril guardou esse rastro, que, até há pouco, governo algum se propôs contrariar. À esquerda ou à direita do bloco político que tomou conta da gestão do Portugal pós-revolucionário, com ou sem cravo ao peito, fosse qual fosse a posição diante da Constituição aprovada em 1976, programas e orçamentos jamais ousaram afastar o horizonte de um país melhor, habitado por portugueses mais felizes, tendencialmente «livre, justo e solidário». Só o atual contexto de crise pôs travão a esta orientação, definindo uma nova realidade na qual a ditadura dos mercados parece impor, com a complacência de quem governa, o retorno a uma paisagem na qual os processos da democracia e os caminhos do desenvolvimento são confrontados com um enorme recuo e uma subalternização neocolonial. Na década de 1980, referindo-se a Portugal, João Martins Pereira falava da «singular intensidade do seu passado recente». No presente, perante o cenário de resignação e pessimismo que emana da atuação das autoridades públicas, o recurso a estratégias de alternativa passa pelo exercício de uma intensidade democrática em ação, de uma dinâmica do possível, da qual o 25 de Abril permanece um sinal.

Rui Bebiano

AAA (agências de notação)

AAA, triplo A, é a classificação máxima atribuída pelas principais agências de notação de risco de crédito (agências de *rating*) a obrigações ou títulos de débito e às entidades que os emitem nos mercados de capitais. As escalas usadas pelas agências são, em geral, combinatórias de símbolos e representam os sucessivos níveis em que classificam os títulos de dívida. O nível de confiança máximo (*prime*) das três principais agências é, no essencial, o mesmo, AAA. Mede-se o risco envolvido na aquisição de títulos, desde os que merecem inteira confiança ("investimento") até ao que se consideram "especulativos", arriscados ou em *default*, isto é, emitidos por uma entidade incapaz de saldar compromissos. A notação refere-se, pois, à solvência do emitente e à qualidade do instrumento financeiro emitido, tendo em conta informação sobre ativos e passivos, receitas, nível de endividamento e comportamentos financeiros.

A notação do crédito através de entidades de natureza mercantil, as agências, tem uma longa história, iniciada no século XIX, quando se tratava de facilitar participações em grandes investimentos de natureza infraestrutural (grandes obras) ou produtiva. Foi, assim, um instrumento de mobilização de poupanças para o financiamento de projetos de desenvolvimento e de empresas neles envolvidas. No entanto, a notoriedade das agências e do *rating* adquiriu expressão máxima em tempos recentes, no período de financeirização das economias, quando fundos de montantes muito elevados se tornaram intervenientes na concessão do crédito e procuram rendimentos através de operações sistemáticas realizadas à escala global. Os próprios Estados passaram a financiar-se através dos chamados mercados financeiros e as dívidas soberanas tornaram-se objeto dessas transações. Os efeitos perversos do papel das agências, a conflitualidade de interesses que as envolve e a arbitrariedade das suas decisões, alheias a uma regulação adequada, têm sido severamente criticados.

José Reis

Ação coletiva

A ação coletiva pode constituir-se enquanto *modus operandi* num processo de conflito, negociação e resolução de situações problemáticas. Emerge da existência de interesses divergentes e visa a transformação de descontentamento ou de reivindicação em atos públicos de natureza coletiva. Traduz-se numa reação organizada face a ameaças concretas, procurando intencionalmente ativar processos de mobilização capazes de transformar uma conjuntura ou as estruturas político-sociais vigentes. Sendo, numa das suas dimensões, parte integrante da morfologia do conflito social, não deve ser entendida como patologia, mas como idiossincrasia racional de coletivos que partilham interesses, objetivos e ideologias comuns. É, nesse sentido, um *recurso político* de grupos sociais "sem poder" e assenta no direito de intervir na ordem pública.

A anatomia da ação coletiva pode assumir formatos variáveis, desde rituais de manifestação no espaço público (ações de protesto, concentrações ou greves) a formas de intervenção menos diretas (abaixo-assinados, manifestos, etc.), que, na sua evolução, podem conduzir à organização de movimentos sociais consolidados. Enquanto expressão da possibilidade de participação direta dos cidadãos na vida pública e na definição do bem comum constitui-se como uma interpelação a sistemas democráticos rígidos e hierarquizados, que consagram a representação instituída como única forma de governação.

Atualmente, muitas das formas de ação coletiva encontram a sua identidade e mundividência no combate às consequências de políticas neoliberais, suscitando a convergência de estratégias num movimento global, antissistémico, que encontra no Fórum Social Mundial uma das suas traduções mais eloquentes. O conceito resulta, portanto, de uma conjugação de sentidos conciliadores que marcam a polissemia que lhe é subjacente: é um sinónimo de reivindicação, pressão, contestação, questionamento e resistência. Mas é também uma expressão de participação, de afirmação de alternativa e de emancipação.

Ana Raquel Matos

Acesso ao Direito e à Justiça

O acesso ao direito e à justiça tem um papel central nas democracias, dado que não há democracia sem o respeito pela garantia dos direitos dos cidadãos.

Estes, por sua vez, não existem se o sistema jurídico e judicial não for de livre acesso a todos, independentemente de classe social, sexo, raça, etnia e religião.

Aceder ao direito e à justiça significa a conquista da cidadania e alcançar o estatuto de sujeito de direito e de direitos. Assim, garantir o acesso ao direito e à justiça é assegurar que os cidadãos conhecem os seus direitos, que não se resignam quando estes são lesados e que têm condições para vencer os custos e as barreiras psicológicas, sociais, económicas e culturais para aceder ao direito (informação e/ou consulta jurídica e patrocínio jurídico) e aos meios mais adequados e legitimados – sejam judiciais (tribunais) ou não judiciais (resolução alternativa de litígios) – para a resolução do seu litígio.

Daí que o acesso ao direito e à justiça seja hoje considerado não só um direito fundamental, como também um direito social e humano, com consagração no direito internacional e constitucional (art.º 20.º da CRP). O acesso ao direito e à justiça é, assim, um compensador das desigualdades sociais, democratizando os conflitos sociais (v.g., de família, trabalho, etc.) e contribuindo para o respeito pela dignidade humana e melhoria da qualidade da democracia.

Neste início do século XXI verifica-se uma tensão entre, por um lado, os defensores da supressão das políticas públicas e dos regimes jurídicos de acesso ao direito e à justiça e, por outro, aqueles que defendem a sua (re)universalização enquanto política pública e prática social, em cada sociedade. O caminho parece ser uma política de ação pública do acesso ao direito e à justiça articulada entre os atores do Estado e da comunidade (ONG) que, em parceria, disponibilizem aos cidadãos informação e representação jurídica e um sistema acessível de resolução de conflitos.

João Pedroso

Acidentes de trabalho

A cada cinco segundos há um acidente de trabalho na Europa. Em Portugal, este valor ronda os 230 mil acidentes/ano. Em termos mundiais, o número de pessoas vítimas de acidentes de trabalho, por ano, é cerca de três vezes o número de pessoas que morrem em conflitos armados. Perante as 450 mortes diárias de trabalhadores europeus por causas relacionadas com o trabalho, a segurança e a saúde laborais não podem ser consideradas um luxo, mesmo em tempos de crise, nem continuarem a ser vistas como um custo acrescido por parte das empresas.

Os impactos da crise têm efeitos potencialmente negativos na segurança e saúde no trabalho e nas condições de trabalho em geral, apesar de a redução do emprego conduzir a uma diminuição dos acidentes de trabalho em alguns países. O aumento da intensidade e pressão do trabalho, o crescimento do grau de insegurança quanto ao emprego, a redução do investimento em políticas de prevenção e a redução das exigências em termos de segurança por parte dos trabalhadores, face às condições de precariedade em que se encontram, contribuem para uma maior incidência dos riscos profissionais e dos acidentes de trabalho.

As políticas de prevenção dos acidentes de trabalho (e doenças profissionais) têm salvado milhares de vidas, do mesmo modo que contribuem para o aumento da competitividade e o crescimento económico, uma vez que permitem reduzir os custos económicos associados. Deste modo, as políticas e medidas de prevenção não podem ser prejudicadas pelos constrangimentos económicos e financeiros das empresas e dos governos. Por outro lado, perante a inevitabilidade de prevenir todos os acidentes de trabalho, a reparação dos danos resultantes e os níveis de proteção social dos trabalhadores sinistrados não podem ser reduzidos. Os acidentes de trabalho têm impactos sociais e familiares graves que deixam a descoberto um conjunto de vulnerabilidades e injustiças, que pode ser agravado pelo acidente e pela condição de incapacitado. As repercussões de um acidente saem do local de trabalho e passam para a casa da vítima, fragilizando a sua condição de cidadão e conduzindo ao seu afastamento do mundo do trabalho.

Teresa Maneca Lima

Afrodescendentes

A imigração de africanos – sobretudo dos PALOP – para Portugal conheceu um forte impulso após a descolonização. Estas comunidades e os seus descendentes, cidadãos portugueses de pleno direito, enfrentam, ainda hoje, grande parte dos problemas de marginalização e exclusão que encontraram à chegada. Diversos estudos revelam que a taxa de desemprego da população ativa de imigrantes africanos é superior à registada noutras comunidades imigrantes (sendo a integração no mercado de trabalho marcada pela precariedade, por salários comparativamente mais baixos e pela evidente insuficiência de direitos e de proteção social), e que as perceções dominantes da sociedade portuguesa sobre o imigrante africano tendem a ser marcadas por estereótipos negativos. Estas tendências têm sido intensificadas em contexto de crise económica. Quem constrói a marginalidade? A ONU proclamou o ano de 2011 como o Ano Internacional dos afrodescendentes. Apesar de alguns aspetos problemáticos do seu enquadramento, esta iniciativa torna explícito o reconhecimento do colonialismo como causa maior nos fenómenos de racismo, discriminação, marginalização e exclusão dos povos indígenas, incluindo africanos, e seus descendentes. Este reconhecimento importa na medida em que permite compreender que o colonialismo, longe de ser uma realidade histórica terminada, persiste enquanto estrutura de relação. O desafio reside em compreender que fenómenos como o racismo e a exclusão não decorrem de preconceitos individuais mas, sim, de estruturas de pensamento e prática de cariz colonial operantes e excludentes. Isto permite desconstruir noções mistificadas que descrevem Portugal como um país onde o racismo não é um fenómeno de relevo. Estas noções continuam a informar a formulação de políticas públicas, reduzindo a integração de imigrantes a uma questão de assimilação normativa sem confrontar diretamente as dinâmicas e as consequências do racismo e sem contrariar eficazmente a lógica de perpetuação geracional da exclusão.

Catarina Gomes

Agricultura

A crise da agricultura é provavelmente a mais grave das consequências da globalização económica do último meio século. Ela evidenciou-se dramaticamente nas crises alimentares que afligiram os países pobres em 2008 e 2011. Os seus contornos podem ser caracterizados por meio de uma série de dados alarmantes sobre o aumento dos preços ao consumo, da fome, da malnutrição e de doenças crónicas como obesidade e diabetes. A origem da grande maioria destes problemas foi a industrialização da agricultura, que, juntamente com a chamada "revolução verde", veio a impor as monoculturas com altos *inputs* de petróleo, agroquímicos e água, aumentando a erosão dos solos e a exaustão dos aquíferos e reduzindo a diversidade biológica e dos ecossistemas, o que contribui para uma maior suscetibilidade a eventos catastróficos.

A agricultura industrial também trouxe novos riscos para a saúde, perda de autonomia dos agricultores, rendimentos decrescentes. Este modelo foi-se impondo ao mundo inteiro por meio dos acordos comerciais do período do pós-guerra, e especialmente das últimas duas décadas, que levaram à imposição dos produtos agrícolas do Norte nos mercados do Sul, à abolição das reservas alimentares destes e, consequentemente, ao empobrecimento dos camponeses e ao abandono/expulsão rural acompanhada do "açambarcamento" de terras por parte de grandes multinacionais e Estados tendo em vista a especulação sobre valores futuros, a implantação de monoculturas de agrocombustíveis e de outros produtos com alto valor de mercado. As mudanças climáticas da última década contribuíram também para agravar as crises alimentares e a subida dos preços agrícolas, provocando perda de colheitas devido a desastres naturais.

A alternativa ao modelo corrente de agricultura, tal como vai sendo defendida por organizações e movimentos sociais internacionais, como o *Food First!*, *GRAIN* e *Via Campesina*, consiste em três medidas fundamentais: 1) manter a terra na posse de comunidades de agricultores, 2) apoiar métodos agro-ecológicos de cultivo com programas de investigação participativa, 3) mudar as políticas de mercado no sentido de alcançar a soberania alimentar local.

Stefania Barca

Água

A governação nacional da água tem seguido grosso modo um modelo de serviço público com uma forte componente hidráulica: toda a população com direito de acesso a água potável e o Estado como responsável por assegurar essa universalidade construindo as infraestruturas necessárias.

O alargamento do modelo neoliberal ao setor da água tem tido implicações profundas um pouco por todo o mundo, nomeadamente com a definição do preço como mecanismo de distribuição. Esta mercantilização da água é justificada pela necessidade de tornar o Estado eficiente e de financiar os investimentos necessários à manutenção da rede de tratamento e abastecimento, envolvendo, normalmente, a participação de privados. Este processo possibilita que um direito de cidadania se transforme num direito de consumo, permitindo a exclusão do acesso à água por falta de pagamento. A crise financeira agudiza este processo mercantilizador ao requerer uma diminuição da despesa do Estado e a participação do setor privado também no setor da água. Em vários países esta situação desencadeou conflitos violentos. Ainda assim, alguns governos têm conseguido gerir estas tensões, definindo critérios e mecanismos para que o princípio da equidade social seja assegurado, mesmo com a definição e atualização de preços e a participação de privados.

A consagração do direito humano à água constitui um instrumento com potencial para minimizar os impactos negativos da mercantilização, ao definir um montante mínimo gratuito de água por dia e por pessoa. A discussão em torno da governação da água inclui a criação de um modelo participativo de definição de prioridades de utilização pelos habitantes da bacia de cada rio, lago ou aquífero, mesmo que internacional, e, ao mesmo tempo, a defesa da água como bem comum não só da região que a envolve, mas da própria humanidade. Estes diversos níveis não são excludentes e atribuem às pessoas, às comunidades, aos Estados, às regiões e à própria humanidade uma voz no processo de governação. Sem uma discussão alargada sobre a proteção da água e a garantia do acesso universal sustentável à água a toda a população, qualquer modelo de governação hídrica se encontra permeável aos interesses económicos e políticos do momento.

Paula Duarte Lopes

Ajuda externa

A ajuda externa é a transferência voluntária de recursos financeiros, bens ou serviços para um Estado e respetiva sociedade, na forma de donativos ou empréstimos bonificados, com a finalidade de promover o desenvolvimento económico e o bem-estar social. Não obstante os dois princípios básicos da ajuda externa – emanar de um dever moral altruísta e produzir resultados benéficos para o recetor – encontrarem pouco eco nas relações internacionais contemporâneas, a recorrente associação do termo a situações em visível contradição com esta lógica de motivação e impacto tem contribuído para um entendimento distorcido das intervenções dos países mais ricos em países mais pobres.

Particularmente evidente no caso de Portugal, o discurso dominante da "ajuda" para se referir à ação da troika camufla uma situação que deveria, na realidade, ser caracterizada como empréstimo não-concessional, com juros entre 4 e 5% que podem vir a atingir metade do valor total do financiamento externo. A ideia de "auxílio" não só engrandece os credores, como esconde a principal motivação da intervenção externa: a salvaguarda dos seus próprios interesses económicos – evidenciada pelo facto de os países que suportam a maior parte do empréstimo serem aqueles mais expostos a uma eventual falência do Estado português.

Esta representação generalizada da intervenção enquanto "ajuda" produz ainda uma clara relação de poder entre credores e devedores que permite internalizar a culpa e externalizar a solução. Responsabilizado pela crise, o devedor é colocado numa situação de aceitação passiva das receitas impostas para a ultrapassar. Notícias sobre o governo português apostado em ser um "bom aluno" evidenciam uma lógica de dependência que não se esgota na sua dimensão financeira e se manifesta, de forma porventura mais premente, na adoção acrítica do modelo económico prescrito pelos credores. Em última análise, a perceção de "ajuda" legitima a assimetria entre os países que intervêm e os que são intervencionados, construindo uma aparência de inevitabilidade que resiste mesmo perante resultados contraditórios e o agravamento da crise que se propunha resolver.

Teresa Cravo

Alemanha

Entre os países que constituem a atual União Europeia, a República Federal da Alemanha é o maior, o mais populoso e o que dispõe de uma economia mais robusta. No pós-Segunda Guerra Mundial, a rápida recuperação de um país destruído e dividido, na sequência do muitas vezes equivocamente chamado "milagre económico", fez-se em dois planos: a partir de uma poderosa dinâmica de reconstrução e desenvolvimento baseada na ajuda externa, através do Plano Marshall, e, concomitantemente, através da integração europeia, com o embrião do que viria a ser a atual União. O processo de unificação, em 1990, colocou desafios enormes à política e à economia alemãs, pela necessidade de destinar recursos avultadíssimos à integração do espaço alemão e à recuperação económica do Leste, mas, ao mesmo tempo, marcou o início de um reposicionamento e a definitiva conquista de um lugar crescentemente hegemónico no contexto da União Europeia.

A situação europeia da RFA alterou-se muito substancialmente com a unificação, a queda do império soviético e o deslocamento dos equilíbrios interestatais, na sequência da adesão sucessiva de novos países à União Europeia e da ressurreição do conceito de uma "Europa Central". Com uma marcada vocação exportadora, a economia alemã foi também uma das principais beneficiárias da criação da moeda única europeia. Apesar disso, no plano interno, a assunção de uma posição de hegemonia no âmbito europeu tem, paradoxalmente, vindo a ser combinada com visões tendencialmente provincianas, por vezes mesmo de cariz nacionalista. Estas têm contribuído, através da consolidação de um eixo germano-francês ("Merkozy") dominado pela Alemanha e em condições de influenciar decididamente as tomadas de decisão, para a afirmação de um discurso político hegemónico que silencia as alternativas e, concomitantemente, para a ausência de medidas políticas europeias verdadeiramente suscetíveis de fazer frente à crise económica atual e de conduzir a uma Europa mais justa e igualitária.

António Sousa Ribeiro

Alterações climáticas

O efeito de estufa, que descreve a relação entre os gases com efeito de estufa e a temperatura média da Terra, foi comprovado laboratorialmente pelo físico John Tyndall já em 1861. Mas seria necessário esperar mais de um século até que as alterações climáticas entrassem na agenda política, nomeadamente por causa das incertezas profundas em torno das previsões do clima futuro.

Com o fim de fornecer aos decisores políticos dados objetivos que pudessem servir de base para as políticas ambientais, foi criado, em 1988, o Painel Intergovernamental para as Alterações Climáticas (PIAC), ao abrigo das Nações Unidas. O painel agrega milhares de cientistas e de decisores políticos, e tem por missão produzir relatórios que sintetizem o estado geral da ciência do clima. Mas a criação do PIAC não resolveu as disputas sobre a verdade científica e as políticas ambientais. Descobertas científicas suscetíveis de sustentar a regulação da atividade produtiva têm sido regularmente arrastadas do laboratório para espaços públicos de debate e deliberação. Para a contestação dos resultados científicos, contribuíram muito as campanhas de desinformação financiadas por empresas de combustíveis fósseis, assim como a contestação da parte de forças políticas conservadoras.

Apesar da polémica, foi assinado em 1997 o Protocolo de Quioto, que prevê uma redução até 2012 das emissões de gases com efeito de estufa em 5%, a partir do nível de 1990. Mas este acordo tem sido criticado por ambientalistas como sendo pouco ambicioso. Por outro lado, a ligação entre o esforço de redução de emissões e um mercado especulativo de créditos de carbono tem criado tensões crescentes com movimentos pela justiça ambiental e comunidades locais do Sul global, que se opõem à solução de mercado por permitir que as empresas do Norte continuem a poluir. A recente introdução das florestas no mercado de carbono apenas agravará as tensões, na medida em que implica a privatização das florestas do Sul, onde vivem comunidades indígenas.

Ricardo Coelho

Alternativa

O capitalismo neoliberal será crescentemente contestado na medida em que as suas crises permitam entrever novos rumos, menos voláteis, menos imperialistas, menos dependentes de assimetrias estruturais. Em qualquer contexto sócio-histórico, as lógicas dominantes de organização da vida social coexistem com propostas de alternativa cuja premência se adensa em função de vários fatores. Assim, o imperativo de alternativas tende a ganhar força, em primeiro lugar, com o reconhecimento da insustentabilidade de um dado modelo de desenvolvimento – ou da própria ideia de desenvolvimento. Neste particular, em vista de uma galopante degradação ambiental, avulta a contradição entre a finitude dos recursos do planeta e a ilusão capitalista de uma acumulação infinita.

Em segundo lugar, o anseio de alternativas depende da possibilidade de se verterem descontentamentos e desesperos em insurgências ativas pela justiça social. Uma tal tradução, afeita a denunciar sistemas de exploração, incita a um aprofundamento democrático bem como a um pensamento pós-colonial. Num momento em que a voragem cumulativa acirra desigualdades no espaço europeu, importa que o reconhecimento da predação capitalista seja igualmente a denúncia do modelo socioeconómico que, através do colonialismo e do neocolonialismo, longamente tem exaurido o Sul global.

Em terceiro lugar, o reclamar de alternativas depende da verosimilhança atribuída a um outro mundo possível. O pensamento da alternativa reconhece hoje a falência de modelos únicos, pelo que será crucial a construção de diálogos e de inteligibilidades entre as diferentes formas de resistir à dominação capitalista no mundo. Porque nada é mais plausível do que aquilo que existe, é importante que a busca de soluções comece por valorizar experiências em que o privilégio da solidariedade e do ambiente tenham dado provas de congregarem o desígnio de vidas decentes e futuros sustentáveis. Porque nada é mais letal do que a resignação, é importante que a alternativa às crises do capitalismo não seja a submissão a mais capitalismo. Na recusa do sistema económico que governa o presente, a busca de alternativas convoca as imaginações forjadas a partir dos muitos presentes silenciados.

Bruno Sena Martins

Ambientalismo

O ambientalismo agrega um conjunto heterogéneo de movimentos sociais em torno de perspetivas éticas e políticas que defendem explicitamente outras formas de nos relacionarmos com o ambiente e com as outras espécies do planeta, para promover a saúde, o bem-estar humano e os ecossistemas dos quais fazemos parte.

As sucessivas crises ecológicas resultantes de modos de produção industriais e intensivos revelaram as consequências inesperadas das novas tecnologias. A visão dominante do ambientalismo trabalha em propostas científicas e sociais para reduzir os impactos negativos dos modos de produção, envolvendo os Estados e a sociedade civil em cooperação com as indústrias e mercados de consumo, de forma a encontrar soluções menos agressivas para a saúde e para o ambiente. No entanto, os conflitos ambientais revelam também as dimensões sociais dos problemas e as dificuldades de implementar sistemas de regulação eficazes para tecnologias mais "limpas".

Os movimentos defensores da justiça ambiental centram-se na denúncia de problemas que afetam de forma desigual as populações, incidindo de forma particularmente violenta sobre os trabalhadores e grupos vulneráveis. As lutas por justiça articulam-se frequentemente com as lutas pela realização dos direitos humanos e dos direitos da natureza, na forma de mobilizações sócio-legais pela reparação do ambiente e da saúde de comunidades afetadas. Desta forma, lutas pela subsistência por parte de comunidades com formas diferentes de organização social, de relação com o ambiente e com outras espécies podem vir a ser enquadradas como movimentos ambientalistas.

Atualmente, existe uma pluralidade de conhecimentos e práticas científicas, tanto por parte de profissionais como das populações em geral, que podem servir de base para nos relacionarmos de forma diferente com a biosfera de que dependemos. Por isso, o movimento ambientalista está em evolução contínua, com a criação de novas alianças desde os níveis locais para construir outras globalizações.

Rita Serra

Angola

O primeiro investimento angolano em Portugal consistiu na tentativa de compra de 49% do BANIF pelo Estado de Angola na década de 1990. Em 2005, a Sonangol realiza o seu primeiro investimento de relevo na Galp Energia. Em 2007, a Sonangol entra no capital do BCP. Recentemente, capital angolano passou a deter posições no BPI e na ZON. Apesar desta presença, o investimento direto angolano em Portugal representou, em 2010, apenas 0,1% do total de investimento estrangeiro no país. Por outro lado, Angola representa um dos principais destinos das exportações portuguesas. Entre 2006 e 2007, estas apresentaram um crescimento de 38,8%. E, embora se tenha registado uma quebra de 15% das exportações portuguesas para Angola durante 2010, o país continua a deter a quarta posição dos principais destinos das exportações portuguesas.

Marcadas de modo indelével pela dominação colonial portuguesa, as relações entre os dois países têm sido reconfiguradas pelas contingências da crise europeia que afeta Portugal de modo especialmente contundente. Espartilhado por um programa de ajustamento estrutural que impõe ao país o prosseguimento ultraortodoxo dos receituários mais radicais do neoliberalismo, o país procura, através da sua política de privatizações, captar investimento estrangeiro, dando particular atenção ao investimento angolano. Este tem sido objeto de alguns receios por parte de setores da sociedade portuguesa e de responsáveis europeus. Todavia, em face da inaptidão europeia para encontrar soluções, o espaço da CPLP, com relevo para Brasil e Angola, afigura-se como avenida para que Portugal possa reposicionar-se nas atuais reconfigurações geopolíticas e económicas da globalização. A questão a colocar é se de tais reconfigurações emergirão novos modelos de desenvolvimento sustentado, democrático e partilhado, incluindo para Portugal e para a Europa e seus parceiros, ou se permitirão a intensificação da ortodoxia neoliberal e do concomitante agravamento da dualização social.

Catarina Gomes

Argentina

Ao longo dos anos 80 do século XX, a Argentina conheceu um processo de baixo crescimento e elevada inflação. Enfrentando uma das maiores dívidas externas do mundo, os governos argentinos tentaram algumas iniciativas de estabilização dos preços. Em 1991, lançaram o Plano de Convertibilidade, adotando a paridade cambial do peso argentino com o dólar americano. O FMI e o Banco Mundial consideraram que se tratava de um exemplo a ser seguido pelos países periféricos. Entre 1992 e 1998, a economia cresceu ao ritmo de 6% ao ano. A privatização das empresas públicas, a desregulação do mercado de trabalho e a abertura incondicional ao capital externo resultaram na acumulação de um défice corrente de mais de 60 mil milhões de dólares, financiado por uma entrada de capitais de cerca de 100 mil milhões de dólares.

Em 2001, a situação atingiu o ponto de rutura com a fuga maciça de capitais. O FMI colocou o país em *default*, anunciando que não daria nem mais um dólar à Argentina sem que fosse definido um programa económico sustentável. As medidas destinadas a alcançar o "défice zero" sob intervenção do FMI previam duros ajustes, que desencadearam a contestação social.

A 24 de dezembro de 2001, o presidente Saá, declarou a suspensão dos pagamentos de todos os instrumentos de débito. Em janeiro de 2002, o governo argentino decretou o fim da convertibilidade, o que se traduziu na pesificação da economia e numa forte desvalorização cambial. A crise política consumiu quatro presidentes em pouco mais de uma semana. Em 25 de maio de 2003, Néstor Kirchner assumiu a presidência, defendendo a tese da corresponsabilidade dos investidores privados, do próprio FMI e das demais organizações financeiras internacionais na formação da dívida. Em março de 2005, 76,07% dos credores privados concordaram com a proposta de reestruturação da dívida apresentada pelo governo, apesar de representar uma perda de cerca de 73% face ao valor original dos títulos. O FMI classificou de "muito bom" o resultado da troca da dívida externa argentina.

A forma como a Argentina negociou a reestruturação da dívida externa, sem a intervenção do FMI, abre a possibilidade de outros países encararem o incumprimento como uma opção política.

Margarida Gomes

Arquitetura

No momento presente o país confronta-se com uma crise económica e financeira, com dimensões anteriormente difíceis de imaginar, cujas consequências se abatem sobre o seu território urbanizado ou em vias de urbanização. Os efeitos desta crise, devida aos excessivos níveis de endividamento, levou a que as instituições financeiras diminuíssem drasticamente o crédito disponível para investimentos em novas construções ou em reabilitação das existentes. Este efeito é visível nas estatísticas da construção e da habitação que mostram que o número de construções decresceu, na última década, sensivelmente para metade, tanto no que se refere a novas construções como à requalificação do parque edificado. Acrescente-se a esta rarefação dos investimentos a diminuição da procura de serviços profissionais de arquitetura, o que conduziu, em alguns casos, a uma inaceitável relação custo/qualidade dos serviços prestados e a uma emigração, sem precedentes, de quadros profissionais qualificados, principalmente perante o atual estado de desordenamento do território, a que não é estranha a manta de retalhos da legislação urbanística e a atuação das forças económicas afetas ao setor da construção. Como se isso não bastasse, junte-se a esta situação a crise ambiental resultante das alterações climáticas e cuja resolução se configura como uma prioridade, na medida em que põe em risco de vida imediato as populações residentes, como coloca em causa o património construído.

A arquitetura tem por finalidade tornar a vida das pessoas mais confortável e feliz e de fazer face aos desafios, sejam estes oriundos das oscilações do mercado da construção, sejam devidos às alterações da natureza. A questão está em saber lidar, perante um futuro incerto e um património arquitetónico de referência, com as variáveis de projeto e de conceção de obra para atenuar, de forma significativa e sustentável, estes problemas inadiáveis. Impõe-se, consequentemente, o estabelecimento de uma política pública de arquitetura que, perante as forças do mercado e de forma ordenada, estabeleça objetivos e metas para promover a qualidade das intervenções arquitetónicas face aos presentes desafios, sejam estes de natureza económico-financeira, de natureza ambiental ou de natureza patrimonial e cultural.

Mário Krüger

Arte

A arte é uma necessidade paralela à vida. Vive dela e dela prescinde. E é na ação de prescindir dela que, paradoxalmente, afirma a vida, porque precisa da vida para dela se afastar. Ou seja: parte dela, manifesta-se a partir dela.

Em tempo de crise, não propriamente da arte, mas do mundo em que a arte vive, e onde vivem todas as outras coisas, mais do que o que muda na arte, interessa o que poderá mudar no olhar sobre ela e, sobretudo, como poderá ser afetado o olhar que ela terá de si própria.

Nas estratégias da arte, para subsistência da experiência estética, podemos encontrar a manutenção da dúvida. Mas uma dúvida sobranceira, não propriamente humilde, denunciando a falácia das certezas.

Muitos encontram na arte uma alternativa à racionalidade (e, na valorização do irracional em arte, encontram a facilidade de uma definição que, prescindindo da lógica, nem precisa de se definir). Mas o lugar da arte dificilmente se afirmará por essa manifestação de uma diferença exótica, num mundo em que a irracionalidade impera.

Por outro lado, num mundo em crise, está aberta a vingança oportunista da mediocridade. O pragmatismo da procura da sobrevivência material torna "quase" permissível colocar a possibilidade da suspensão da arte. Ou, então, criar na arte um sentimento de necessidade absoluta de justificação ética, numa procura desesperada de prova de utilidade.

Perante a realidade, ou as realidades do indivíduo, na sua dimensão singular ou coletiva, a arte é sobretudo produto da perceção e da inteligência.

Em certas formas de encarar uma dimensão romântica da arte, uma atmosfera depressiva e adversa até seria o cadinho ideal para a criatividade. Mas os artistas sabem que a arte não é propriamente um paliativo para as mágoas da vida.

Ultrapassada a insanidade, desejavelmente temporária, que as crises provocam, será certamente reconhecido na arte um dos mais expressivos redutos de dignidade.

António Olaio

Assistencialismo

O assistencialismo é uma perspetiva de intervenção social que prioriza a organização de respostas para os casos de necessidade extrema, em vez de garantir padrões mínimos de bem-estar para todos. Nas sociedades contemporâneas, em que os Estados assumem particulares obrigações em matéria de proteção social, ela marcou o perfil das políticas sociais públicas de muitos países enquanto medidas de caráter subsidiário, de recurso eventual, e condicionadas à prova da falta de meios para resolver os problemas.

Sendo este o regime regra dos Estados-Providência de tipo liberal, como a Inglaterra ou os Estados Unidos da América, a filosofia assistencialista tem vindo a ganhar apoios em governos conservadores e mesmo social-democratas, e a influenciar as reformas levadas a cabo por muitos deles nestas duas últimas décadas. Os cortes na despesa social para reduzir ou evitar os défices das contas públicas saldam-se, quase sempre, em perdas de direitos para alguns, com o argumento de que estes devem ser garantidos apenas a quem deles precisa e, deste modo, princípios de seletividade têm vindo a substituir progressivamente as tendências universalistas da proteção social. Ao mesmo tempo que as alternativas na área dos impostos, de uma mais justa redistribuição dos encargos fiscais, ou de uma recalibragem dos riscos cobertos pela proteção social pública são descartadas, os beneficiários das políticas sociais são obrigados a um regime apertado de contrapartidas, cujo escrutínio rigoroso leva facilmente à perda de direitos ou à marginalização social de quem não teve acesso às oportunidades de vida que uma sociedade desigual oferece apenas a alguns dos seus membros.

Tendo surgido, nas práticas do passado, essencialmente como uma iniciativa privada ligada a instituições filantrópicas, grupos informais de entreajuda e organizações religiosas, a assistência social está de novo a ser privatizada ou, quando não, a afastar-se dos padrões de solidariedade e universalismo baseados na cidadania social que as sociedades democráticas se impuseram e os seus Estados pareciam respeitar.

Pedro Hespanha

Ativo tóxico

Este termo tornou-se familiar com a crise financeira, aplicando-se não só à titularização dos créditos hipotecários, que permitiu aos bancos vender os empréstimos concedidos por si como títulos transacionáveis (como os MBS – *mortgage backed securities*), mas também aos produtos financeiros que a partir deles foram criados. É o caso dos CDS (*credit default swaps*), que são contratos de seguro do valor de um crédito em que o vendedor se compromete a indemnizar o comprador de todo o valor da dívida que não venha a ser paga. Embora estes ativos se apresentassem como muito arriscados, os ganhos que proporcionavam tornavam-nos irresistíveis, quer para as sociedades financeiras, quer para os gestores, que recebiam comissões em função dos seus desempenhos de curto prazo.

Quando o setor imobiliário colapsou, tornou-se claro que estes ativos estavam sobrevalorizados. Mas os bancos e outras instituições financeiras resistiram à sua venda numa vã tentativa de evitar fortes desvalorizações. O sistema financeiro ficou assim entulhado de ativos que nada valiam. Em setembro de

2008, o Banco Lehman Brothers, um dos principais vendedores de títulos hipotecários, faliu. Vários bancos e instituições financeiras foram posteriormente nacionalizados para evitar o colapso do sistema financeiro norte-americano. O mesmo receio levou a semelhantes intervenções em outros países.

Os ativos tóxicos explicam assim a transmissão da crise do imobiliário norte-americano ao sistema financeiro mundial. Atingindo inicialmente os bancos que tinham promovido o crédito hipotecário de alto risco nos EUA, a crise do imobiliário acabou por se propagar às sociedades financeiras que tinham assumido o risco deste crédito através da compra dos títulos, levando depois atrás todas aquelas que detinham as suas ações. O sistema financeiro no seu conjunto acabou por ser arrastado, afetando a capacidade de financiamento da economia mundial, resultando na mais grave recessão económica desde a crise de 1929.

Ana Cordeiro Santos

Auditoria (cidadã à dívida pública)

Auditar é verificar as contas de uma organização, empresa ou setor de atividade. Existem auditorias internas e externas, desenvolvidas nas mais diversas áreas, para identificar vulnerabilidades face a riscos e desvios relativamente a objetivos e compromissos que obrigam os auditados. Os profissionais que as executam devem ser certificados para a função e seguir normas rigorosas, desde o plano técnico ao ético, o que muitas vezes não acontece.

A Auditoria Cidadã à Dívida Pública refere-se a um ato de um grupo de cidadãos que visa auditar as contas do Estado e, em particular, a sua dívida, procurando determinar a legitimidade de cada parcela. O movimento da auditoria cidadã teve origem na América do Sul, sendo o caso mais conhecido e bem-sucedido o do Equador. A crise da dívida na América do Sul, nos anos 80 do século XX, expôs conflitos claros entre a obrigação de cumprir os contratos de empréstimo e as obrigações primordiais dos Estados. O serviço da dívida, no contexto de uma espiral de subida dos juros, tornou-se um fardo nos orçamentos dos Estados, impedindo a satisfação de necessidades básicas e o financiamento de projetos de desenvolvimento. O FMI e o Banco Mundial responderam a esta crise com programas de "ajustamento estrutural", voltados exclusivamente para a salvaguarda dos interesses dos credores. No entanto, o direito internacional reconhece que as obrigações resultantes de empréstimos não são absolutas nem incondicionais. A legitimidade jurídica da dívida pública pressupõe a existência de conformidade da dívida com o interesse geral e a não existência de conflito entre o serviço da dívida e os direitos humanos fundamentais. Algumas dívidas não respeitam estas condições e, nesse caso, a decisão soberana de repúdio da dívida por parte dos Estados devedores é legítima.

Com a "crise da dívida soberana", o movimento da Auditoria Cidadã, que se desenvolveu na América do Sul, chegou à Europa. Existem processos de auditoria cidadã, e outras campanhas similares em curso, na Irlanda, Grécia, França, Itália, Espanha, Reino Unido, Bélgica e Polónia. Em Portugal, uma iniciativa de Auditoria Cidadã iniciou-se a 17 de dezembro de 2011.

Manuel Carvalho da Silva

Austeridade

O termo austeridade, no contexto económico atual, designa um conjunto de opções de política económica e social que tem como finalidade conter ou fazer regredir a despesa pública através de restrições nos orçamentos dos Estados e, desse modo, alterar a política redistributiva e os gastos associados ao funcionamento da economia e à reprodução social.

Por detrás das políticas de austeridade está a convicção de que os rendimentos formados na economia, correspondentes à riqueza criada, são inferiores à despesa pública e privada, inviabilizando a poupança, gerando défices e desequilibrando as relações intergeracionais, e que isso deve ser contido no curto prazo. Corresponde-lhe uma retórica sobre a "gordura do Estado", sobre os comportamentos "irresponsáveis" dos cidadãos e sobre a confiança que é preciso dar aos mercados financeiros, considerados as fontes de financiamento da economia.

As políticas de austeridade começam por ser políticas orçamentais, com incidência na despesa pública na sua globalidade e, em especial, no investimento e nas funções sociais do Estado, mas tornam-se numa ação sobre os custos salariais e o valor do trabalho. Atingem, por isso, os direitos sociais adquiridos e a proteção social, num contexto em que o desemprego tende a crescer significativamente. Acarretam, inevitavelmente, uma compressão forte da procura e do poder de compra, pelo que reduzem o crescimento da economia e a possibilidade que as empresas têm de escoar a sua produção, o que origina descidas dos salários em todo o sistema de emprego, com acréscimo de assimetrias na relação laboral. São, pois, políticas recessivas.

Pode considerar-se que a via da austeridade está, em geral, associada a um empobrecimento dos países (desvalorização interna) e dos que vivem do rendimento do trabalho, sendo por isso fonte de desigualdades e injustiças crescentes, e à redução da capacidade produtiva através da diminuição do capital privado e do capital fixo social.

José Reis

Autogestão

A autogestão é um modelo de organização coletiva, baseado num ideal de democracia direta, em que os trabalhadores asseguram, diretamente ou através de representantes, a gestão da empresa ou instituição a que pertencem. Trata-se de um sistema de governo em que os produtores são decisores no que respeita aos meios e aos fins da produção. É uma proposta social e politicamente mais ambiciosa do que a simples participação (que significa apenas intervir em estruturas preexistentes com finalidades pré-definidas), a cogestão (que significa partilhar responsabilidades de gestão apenas dos meios produtivos) ou o controlo operário (que significa conceder aos trabalhadores apenas o poder de supervisão sobre o processo produtivo).

Fazendo coincidir o fator trabalho com a propriedade dos meios de produção, a autogestão estabelece-se por oposição às relações clássicas de produção capitalista, baseadas num princípio de dependência e submissão recíprocas entre o proprietário dos meios e o produtor de valor a partir daqueles (ou seja, o trabalhador). O ideal democrático da autogestão constitui um projeto de transformação social em si mesmo, podendo a sua pretensão emancipatória estender-se para além do perímetro da empresa: comunidades locais, escolas, hospitais e serviços públicos em geral.

Uma das fontes dos desequilíbrios da economia atual é a total separação entre o capital que investe e o trabalho que produz, i.e., uma economia centrada nos fins e não nos meios. Em contexto de crise, a revitalização da atenção dada aos meios pode ser uma alternativa poderosa ao modelo capitalista dominante, permitindo que pequenas iniciativas locais respondam com eficácia e justiça às necessidades comunitárias. As experiências cooperativas são um bom exemplo de autogestão, ao tentarem manter sob controlo dos trabalhadores as decisões de gestão e a forma como a riqueza gerada é aplicada, reinvestindo na atividade coletiva e remunerando o trabalho, não o capital. A maior ameaça a um novo modelo de organização económica não é a ausência de interessados, mas o desconhecimento das soluções propostas pela tecnologia social e as possibilidades criadoras da nova economia solidária.

Filipe Almeida

Banca

A banca está no epicentro da atual crise. Sendo vital para a economia, o crédito confere um enorme poder a quem o controla. Portugal, com a integração monetária, beneficiou de um financiamento externo acessível que pôde canalizar para uma pouco produtiva economia da construção com o apoio de um Estado que criou um regime fiscal favorável à banca e à compra de habitação própria. A banca beneficiou também de privatizações geradoras de comissões ou lucrativas parcerias público-privadas.

A banca portuguesa não foi diretamente atingida pela crise imobiliária e bolsista norte-americana. Sofreu sobretudo o embate da perda de confiança generalizada nos mercados interbancários europeus onde se financiava. Hoje enfrenta o crescimento do crédito malparado fruto da fragilidade das famílias e empresas resultante da austeridade imposta pela UE e FMI. Esta intervenção externa teve contudo o seu apoio. O financiamento externo garantido pela Troika adiou uma reestruturação da dívida pública nacional, que muito prejudicaria a banca que nela tem um dos seus principais ativos, e facilita a sua recapitalização, minorando perdas para os acionistas. Os bancos têm ainda o privilégio, não conferido aos Estados, de poderem aceder a financiamento a taxas de juro quase nulas por parte do BCE, por prazos cada vez mais longos e com cada vez menos restrições, o que lhes permite ir consolidando os seus agora fragilizados balanços.

Tendo beneficiado de condições de exceção que não foram oferecidas a nenhum outro ramo de atividade económica, a banca tem a capacidade de transferir cada vez mais encargos para o Estado sem que estes sejam devidamente acompanhados de contrapartidas de controlo público direto, já que são os recursos públicos que estão a ser mobilizados e já que o crédito é um bem público. O caráter privado da banca continua a ser ideologicamente preservado, enquanto os seus prejuízos são por todos partilhados.

Ana Cordeiro Santos

Banco Central Europeu

O BCE é a autoridade monetária responsável pela moeda comum europeia, o euro. Tem como base jurídico-política o "Tratado que institui a Comunidade Europeia" e os "Estatutos do Sistema Europeu de Bancos Centrais e do Banco Central Europeu". Iniciou funções em 1 de junho de 1998, preparando a substituição de moedas nacionais pelo euro. As suas atribuições fundamentais são a definição e execução da política monetária para a área do euro, incluindo as taxas de juro diretoras; a condução de operações cambiais; a detenção e gestão das reservas oficiais dos países da área do euro e o bom funcionamento dos sistemas de pagamentos.

Três circunstâncias fazem do BCE uma entidade ortodoxa, sujeito a críticas que o responsabilizam pela dimensão da crise. A primeira resulta de assumir como objetivo primordial, quiçá exclusivo, a manutenção da estabilidade de preços a médio prazo. Esta prioridade tem filiação em doutrinas monetaristas. Para o BCE, a estabilidade de preços é «a base para um crescimento económico sustentável e para a prosperidade». O apoio ao emprego e ao crescimento, definido como não inflacionista, é secundário. Nisso se distingue da Reserva Federal norte-americana, que prossegue os dois objetivos conjuntamente.

A segunda circunstância é a designada independência política do BCE. Também doutrinariamente, assume que a independência dos bancos centrais «é benéfica para a manutenção da estabilidade de preços». Por isso, não podem «solicitar ou receber instruções das instituições» da União Europeia ou dos governos.

Finalmente, O BCE está proibido de conceder empréstimos à União e aos Estados, na convicção de que assim se protege da influência das autoridades públicas e isenta a economia da influência "perturbadora" da moeda. O facto de conceder empréstimos aos bancos a juros baixos, aceitando como garantias obrigações de Estados que pagam juros elevados, permite defender que o BCE favorece as operações financeiras e não as finanças públicas.

José Reis

Bens comuns

De acordo com um entendimento que supera a mera definição técnica, os bens comuns (*commons*) são os que se revelam indispensáveis para a garantia da vida de todos – a água, as sementes, o ar – e os serviços públicos necessários a que essa vida seja digna.

Nas sociedades pré-capitalistas, os bens comuns tinham uma importância económica e social clara. A não apropriação privada da terra ou da água repercutia-se numa conceção não individualista da pastorícia, da agricultura ou da pesca. A sacralização capitalista da propriedade privada como matriz de organização da relação entre as pessoas e as coisas, e a transformação de todas as coisas em mercadorias potenciais acarretou uma quase extinção da realidade dos bens comuns em favor da sua apropriação privada. Ora, a essa histórica orientação privatizadora, o neoliberalismo contemporâneo acrescentou uma voragem inédita e instalou-a no campo dos bens e dos serviços essenciais à vida digna de todos, desde a água às florestas, à educação ou à saúde.

O pensamento económico dominante do capitalismo neoliberal insinua que, mantendo-se comuns, estes bens tendem a ser sobreconsumidos e a ver a sua qualidade desgastada. A mercadorização desses bens e a consequente definição de direitos de propriedade sobre eles são tidas por tal pensamento como imperativos para corrigir a tendência para o que é designado como "a tragédia dos bens comuns". Ora, este modo de pensar arranca de dois pressupostos: o primeiro é a prevalência da conceção antropológica individualista e excludente do *homo œconomicus*; o segundo é a ausência de regras de uso partilhadas por todos os beneficiários dos bens comuns.

Contrariando o primeiro, a ética do bem comum coloca o centro nas condições conjuntas que favorecem o desenvolvimento integral de todos. Em oposição ao segundo, o regime de património comum da humanidade adota as regras da participação, responsabilidade e justiça intra e intergeracional como pilares da administração dos bens comuns.

José Manuel Pureza

Biodiversidade

Entende-se por biodiversidade a totalidade da vida no planeta, nas suas infinitas variações, desde o nível bioquímico às diferentes espécies e organismos. Os seres vivos habitam na crosta terrestre e modificam os ciclos biogeoquímicos, a atmosfera e o clima, criando condições favoráveis à nossa própria existência enquanto espécie. Os organismos estão em permanente relação entre si e com o planeta, através da água, do solo e do ar, estabelecendo trocas contínuas de matéria e energia através de associações simbióticas.

A visão dominante da biodiversidade é centrada na capacidade humana de a conservar a fim de a explorar como recurso para a acumulação de capital. Alguns dos seus usos são explorados por indústrias farmacêuticas, cosméticas, alimentares, materiais, caça, pesca e turismo, entre outras. Mais recentemente, fala-se de novos mercados de serviços ambientais, tais como os sumidouros de carbono. Esta conceção da biodiversidade conduziu à sua redução drástica através da simplificação dos ecossistemas para fins produtivos e da impermeabilização de solos para construção urbana. Ao mesmo tempo, conduziu ao confinamento da biodiversidade em áreas de conservação, enraizando-se a ideia de que o ser humano não é capaz de coexistir no seu ambiente com outras espécies sem as destruir.

No entanto, existem outras formas de organização social humana e de nos relacionarmos com as espécies a fim de assegurarmos a nossa provisão e qualidade de vida. Há no mundo inúmeras comunidades que conseguem produzir e manter locais de elevada biodiversidade, com base noutras economias políticas, conhecimentos e práticas. Os sistemas de produção mais biodiversos são agroecológicos e multifuncionais, e contam com várias espécies de animais, plantas, cogumelos e microrganismos. Através das suas práticas quotidianas, os seres humanos participam ativamente na reprodução dos ambientes onde vivem e desenvolvem uma convivência com outras espécies com as quais se relacionam e das quais dependem.

Rita Serra

Biotecnologia

Nas três últimas décadas, a rápida expansão de conhecimentos e técnicas ao dispor da ciência levou a que esta se tornasse um instrumento para ser utilizado pelo ser humano, ao serviço do ser humano e com aplicação direta no ser humano. Intrinsecamente associada à genética, a clonagem humana ou de órgãos é ainda uma promessa por cumprir. Porém, as técnicas de regeneração celular, a criopreservação de células do cordão umbilical ou a reprodução medicamente assistida são já utilizadas. Os organismos geneticamente modificados (OGM) são outra das aplicações possíveis, numa tentativa de debelar um dos grandes flagelos mundiais: a fome.

Os diferentes usos que a biotecnologia coloca hoje ao dispor do ser humano surgem como uma promessa de mais saúde e melhor qualidade de vida, trazendo uma esperança renovada não só a quem não tem o que comer, mas também a quem padece de doenças, permitindo a sua deteção precoce e identificando potenciais doentes assintomáticos, ou mesmo tornando possível a procriação sem a união de dois seres de sexo oposto. Concomitantemente, tem vindo a constituir-se como uma arma crucial no combate à insegurança, à criminalidade e ao terrorismo, quer através da utilização de métodos biométricos, que permitem o reconhecimento de características individuais (retina ou íris, por exemplo), quer através de bases de dados de perfis genéticos de ADN, que, ao armazenarem informações genéticas sobre os indivíduos, tornarão mais fácil identificar e condenar criminosos e ilibar inocentes, trazendo *quiçá* uma (falsa) aparência de mais segurança aos cidadãos. No próprio cenário do crime é visível o uso cada vez mais generalizado de tecnologia de ADN na análise de vestígios, propondo-se auxiliar na descoberta e apuramento da verdade, dando um contributo para uma justiça mais célere, mais eficaz e mais rigorosa. Importa, porém, equacionar as implicações éticas, morais e sociais, os benefícios, os limites, os custos (incluindo os sociais), as potencialidades e os riscos da utilização da biotecnologia.

Susana Costa

Brasil

Com 192 milhões de habitantes, a República Federativa do Brasil passou a ser, recentemente, a sexta economia mundial por PIB nominal e mantém-se enquanto maior economia da América Latina. Considerada uma superpotência emergente, pelo seu contingente populacional e rápido crescimento económico, integra, desde 2001, a lista dos BRIC, em conjunto com a Rússia, Índia e China. É um dos países de destino de portugueses que, perante a crise económico-financeira, emigram. O país atravessa, desde 2000, uma fase que tem sido apelidada de novo desenvolvimentismo, alicerçada na exportação de produtos manufaturados ou produtos primários de alto valor acrescentado (entre 2002 e 2008 as exportações triplicaram, em particular para a China) e recusando a substituição de importações como estratégia de superação da restrição externa ao crescimento.

Juntamente com o processo de crescimento do mercado de produtos primários, o Brasil passou a ter governos com maiores vínculos sociais, com maior intervenção no planeamento da produção e na distribuição de rendimentos. No entanto, a pobreza e a desigualdade constituem, ainda, os grandes desafios da sociedade brasileira atual. Apesar de ter havido uma evolução positiva da maioria dos indicadores sociais na última década, nomeadamente em relação ao aumento da esperança média de vida, diminuição da mortalidade infantil, acesso a saneamento básico, recolha de lixo, diminuição da taxa de analfabetismo, existem ainda claras diferenças regionais, em particular no que diz respeito ao nível de rendimentos.

Calcula-se que em 2011 existissem 16,2 milhões de brasileiros (8,6% do total) vivendo na miséria extrema ou com um ganho mensal de até 70 reais, na sua maioria jovens, sendo as regiões Nordeste e Norte as mais afetadas, contrastando com o Sul do país. No entanto, este número é já inferior ao de 2003, calculando-se que ao longo da última década mais de 24,5 milhões de brasileiros tenham saído da pobreza.

A classe média passou a ser predominante no país, em resultado do investimento na educação e da estabilidade económica do país. Simultaneamente, entre as classes mais baixas, os programas governamentais de transferência de rendimentos (prestações dependentes dos recursos dos beneficiários) têm sido instrumentos centrais para a mobilidade social. Programas como o Fome Zero ou Bolsa Família são claros exemplos deste tipo de programas.

Tatiana Moura

BRIC

Sigla criada em 2001 por Jim O'Neil, economista da Goldman Sachs, em alusão à emergência do Brasil, Rússia, Índia e China como potências do sistema internacional. O crescimento económico destes países na última década (média de 6,6% ao ano) tem ajudado à sedimentação desta sigla no jargão político internacional. A este elevado crescimento económico, quatro vezes mais rápido do que o crescimento da economia norte-americana no mesmo período, junta-se um peso político-diplomático crescente, o que, por exemplo, obrigou à substituição do G8 pelo G20 como fórum preferencial de discussão sobre a economia global.

Dito isto, é preciso compreender que a sigla BRIC esconde duas realidades particularmente relevantes para o mundo contemporâneo. Em primeiro lugar, esconde todo um conjunto de outras potências emergentes que têm tido crescimentos significativos nos últimos anos e cuja importância poderá, a breve trecho, ser equivalente a alguns dos atuais BRIC, como são os casos da Turquia, da Indonésia e da África do Sul. Em segundo lugar, coloca num mesmo contexto países muito diferentes e com pesos muito diferenciados internacionalmente, desde logo porque nenhum dos restantes três países se compara à dimensão e importância da China. No mesmo sentido, também a Índia, potência nuclear com mais de mil milhões de habitantes, não pode ser comparada ao Brasil e à Rússia. Por fim, Moscovo não pode propriamente ser entendida como a capital de uma potência "emergente", pois, em termos militares, nunca deixou de ser uma potência e o seu crescimento tem sido baseado, não no desenvolvimento industrial, como no caso dos restantes BRIC, mas, sim, nos elevados preços de mercado dos seus recursos energéticos.

Assim, a sigla BRIC acaba por ser, sobretudo, um símbolo do reequilíbrio de poderes no sistema internacional, cada vez menos centrado no Ocidente e cada vez mais multipolar, um processo que tanto a crise financeira de 2008 como a atual crise europeia vieram, de certo modo, ajudar a acelerar.

André Barrinha

Caos e Ordem

Do étimo grego *khaos*, χαος, o caos remete primeiro para o vazio primordial, informe, ilimitado, intemporal e indefinido, estado de *não-ser* que precede e propicia a emergência de cosmos (Κοσμος), ordem do mundo, real ou aparente (também étimo de cosmética). Só depois denota confusão indiferenciada de elementos que a intervenção de demiurgos faz estabelecer em ordens universais, imaginadas em míticas narrativas e personificadas em heróis e monstros. Pensar e dizer o caos assim não é pensar e dizer a crise no lamento de oportunidades perdidas, antes dizê-la na liberdade da imaginação das alternativas. Caos e ordem são dinâmicas vitais da (bio)diversidade. A desordem espontânea é tendência fundamental da vida; ela despoleta o movimento, o trabalho dos princípios de configuração dos organismos, em equilíbrio dinâmico. Ações e atores que criam organização e certeza – seja ela espontânea (auto-organizada) ou demiúrgica – sempre geram desordem e incerteza; ao esforço da ordem corresponde a energia não convertida em trabalho útil, a *entropia*. Da dominação-domesticação da desordem emergem modelos vitais de sobrevivência; do reconhecimento da entropia emergem as matérias de transformação, relocalizada em tempos e lugares.

Diz a teoria do caos que, dada uma lei cujos princípios são altamente sensíveis às suas condições iniciais, alterações mínimas de uma trajetória no início de um sistema podem causar uma cadeia de acontecimentos no tempo que levam a transformações a grande escala, o *efeito borboleta* – onde o bater de asas de uma borboleta causa um tufão em outro lugar do planeta. O *complexo* reconhece-se *não linear* pois assume mais do que um modo de articular elementos. Simultaneamente unos e plurais, porque configurando sistemas distintos, eles entretecem ações, determinações, retroações a múltiplos tempos e espaços, mesmo quando nos surgem com a aparência de um todo.

Crises são lugares privilegiados de conhecimento. Colocam-nos nos abismos e vazios do que (ainda) não está lá. Permitem pensar a ação humana situada em contextos permeados por ordens-constrangimentos e caos-criatividades que emergem da sobrevivência e da resistência à adversidade e à violência. Improvisos e surpresas são, por isso mesmo, dinâmicas radicais da alternativa.

Clara Keating

Capitalismo

É um modo de produção de mercadorias (bens e serviços) que assenta na separação entre o capital, que detém a propriedade dos meios de produção (máquinas, sistemas de gestão e de informação, tecnologias e matérias-primas), e a força de trabalho, que mobiliza esses meios para produzir riqueza. A remuneração da força de trabalho fica sempre aquém do valor que cria, e nessa diferença ou excedente consiste o lucro do empresário e a consequente exploração do trabalhador.

Ao longo dos últimos duzentos anos, boa parte das lutas sociais foi travada para decidir o montante dessa diferença ou excedente. Por maiores que sejam os compromissos capital-trabalho, resta sempre a contradição entre o capital, para quem o trabalho é uma mercadoria que só deve ser usada enquanto necessita dela, e os trabalhadores, para quem a sua força de trabalho não é uma mercadoria como as outras, quer porque é a única que produz riqueza, quer porque é o centro da vida pessoal e familiar do trabalhador, e que por isso não pode ser socialmente descartada só por deixar de ser útil para o capital.

Para além da contradição entre o capital e o trabalho, o capitalismo gera uma contradição entre o capital e a natureza. A natureza é concebida pelo capital como uma fonte potencialmente inesgotável de matérias-primas, um tipo, entre outros, de mercadorias. Acontece que as matérias-primas são uma falsa mercadoria, já que não foram produzidas por trabalho humano, os recursos naturais não são inesgotáveis e a sua exploração acarreta consequências sociais e ambientais extremamente gravosas para as populações e para a natureza.

Onde estão os limites da exploração da força de trabalho e da depredação da natureza? Como esta pergunta faz pouco sentido para o capital, é a sociedade que deve perguntar: quais são os limites do capitalismo? A questão não é tanto a de saber se o capitalismo sobreviverá. É mais a de saber se sobreviveremos ao capitalismo.

Boaventura de Sousa Santos

China

A China é um ator central no contexto da atual crise mundial. Além de ser a segunda principal economia em termos de Produto Interno Bruto (PIB), é o país que mais exporta e aquele que detém maiores reservas em moeda estrangeira e ouro.

Tendo em conta o seu peso económico, a China é parte fundamental no delineamento de estratégias para ultrapassar a crise. Pequim tem-se empenhado, por um lado, em adquirir títulos de dívida soberana de algumas economias europeias e, por outro, em incentivar as suas empresas estatais a investir no estrangeiro. Com efeito, a sua ação tem sido essencial para alimentar as soluções neoliberais de curto prazo definidas pelos Estados-membros da União Europeia. O processo de privatizações em Portugal previsto pelo programa de ajustamento financeiro, que permitiu a entrada da "Three Gorges" no capital da EDP e da "State Grid" na REN, constitui um exemplo disso mesmo.

No entanto, além das estratégias puramente financeiras e economicistas, é fundamental que a China participe do esforço político para encontrar soluções que permitam gerar alternativas e ultrapassar a crise. O seu papel é essencial para a definição de regras justas que regulem a nível global o comércio, a propriedade intelectual e o mercado cambial. A sua disponibilidade para lidar com questões como o dumping social ou a depreciação do *yuan* devem fazer parte deste esforço. Os diálogos que mantém com o Brasil e a Índia, tanto a nível multilateral como a nível bilateral, são exemplos da vontade de Pequim de, juntamente com outros países em processo de desenvolvimento, delinear alternativas a uma crise cuja origem e cujos efeitos se situam principalmente no mundo desenvolvido.

De facto, apesar da crise, a China tem conseguido manter taxas de crescimento económico elevadas. A opção de não seguir à risca a doutrina neoliberal, mantendo uma forte participação do Estado na economia deu ao

Partido Comunista Chinês (PCC) mais condições para gerir com mais agilidade os efeitos da crise. Contudo, esta também mostrou com mais clareza os riscos que o PCC corre por basear a sua legitimidade política sobretudo no desempenho económico do Estado. Num contexto de esfriamento do crescimento económico, já sentido em 2011, os problemas internos da China, como as assimetrias regionais, as desigualdades sociais e a ausência de estruturas políticas democráticas, tornam-se mais prementes.

Helena Rodrigues

Cidadania

Com origem na Grécia Antiga, a cidadania irá desenvolver-se como uma das grandes conquistas da democracia moderna. Mecanismo de integração igualitária e participada, a cidadania rege a relação indivíduo-Estado mediante um conjunto de direitos e deveres recíprocos. Esta ideia moderna de cidadania resulta da politização dos direitos humanos emergentes da Revolução Francesa, com a transformação do súbdito em cidadão no âmbito dos novos Estados-nação.

A cidadania acompanha o desenvolvimento do capitalismo e dos grandes impérios coloniais e os ideais de igualdade e universalidade permanecerão imperfeitos durante muito tempo – que o digam os estrangeiros, as mulheres, os escravos, os súbditos imperiais e as classes baixas. Só no pós-guerra do séc. XX a cidadania defronta o capitalismo com a criação dos direitos sociais e do Estado-Providência (T.H. Marshall). Mas o papel do Estado como garante da cidadania foi sempre marcado pela ambiguidade entre o dever de proteção e a segurança. O ataque às Torres Gémeas inaugurou uma era de estado de exceção que instaurou um clima de medo propício à consolidação das regras do jogo do capital. A ansiedade com a segurança passa a esconder falhas de proteção no cenário da chamada crise global: de violações de privacidade e ataques às liberdades individuais à promoção de reformas estruturais que lesam os cidadãos nos seus direitos mais básicos à saúde, à educação e ao trabalho.

O Estado protetor deu lugar ao Estado indiferente, se não ameaçador, ele próprio refém dos mercados. Hoje, como têm demonstrado os vários movimentos de rua, dos ocupas aos indignados, a cidadania é a indignação ativa, que continua a exigir a atualização dos direitos.

Maria José Canelo

Cidade Criativa

Perante o cenário de desindustrialização do Norte desenvolvido (Europa e América do Norte), surgiu, na década de 1980, a poderosa retórica da transição para uma economia nova, assente na criatividade e na inovação. A cidade criativa é um dos desenvolvimentos dessa tendência de regeneração económica global. Associada à ideia de uma "classe criativa", fundada no talento (criatividade), na tecnologia (inovação) e na tolerância (diversidade social), a cidade criativa apresenta-se como a nova concretização territorial do capitalismo neoliberal. O seu fundamento é a existência de uma malha consolidada de recursos educativos, culturais, artísticos e tecno-informacionais, que, ao lado de infraestruturas de produção e de um mercado adequado, possa fixar capital humano e massa crítica. Os efeitos da crise sistémica interrogam de modo particular a capacidade de criação de cidades criativas.

Em Portugal, o discurso da cidade criativa tem vingado em ambientes académicos e algumas franjas profissionais, sobretudo, entre gestores autárquicos. É, na maioria dos casos, uma retórica com fraco substrato, que propagandeia uma vontade de renovação urbana e um desejo de projeção externa. A insistência na realização de espetáculos, festivais, exposições, ateliês, associada à adaptação/criação de espaços culturais (museus, bibliotecas) não basta para assegurar a alternativa que as cidades criativas prometem para promover a produção cultural e melhorar as condições de vida. Nas condições atuais, devemos reclamar uma outra cidade criativa: a que alimenta a articulação local entre cultura, comunicação, comunidade e cooperação e que só pode singrar em ambiente de competente governação democrática dos recursos locais e exógenos.

Para além da ostensiva autodesignação, as cidades criativas portuguesas devem pôr a criatividade ao serviço da sua própria condição urbana e social. A qualidade de vida (cultural), a coesão social e o emprego são as suas metas. Quanto mais bem-sucedidas internamente, mais competitivas se hão de revelar no exterior e mais merecida será a sua autoproclamada divisa.

Carlos Fortuna

Ciência

Vista como um método, uma instituição, ou simplesmente uma atividade distinta, a ciência é um elemento central para a compreensão da relação entre o ser humano e a natureza, gozando por isso mesmo de um estatuto privilegiado nas sociedades contemporâneas.

Etimologicamente derivada de "conhecimento" – os cientistas eram inicialmente identificados como filósofos da natureza –, a ciência distingue-se enquanto corpo teórico de conhecimento, baseado num método próprio – o método científico –, com regras próprias de publicação e validação do conhecimento, pelos pares, com centros de investigação dedicados, respetivas carreiras profissionais e regras deontológicas, abrangendo assim áreas disciplinares diversas: as ciências naturais, da engenharia, sociais e as humanidades. No entanto, várias mudanças se têm vindo a registar na prática e cultura que definem a ciência. A centralidade do conhecimento no modelo económico atual – que alguns autores apelidam de *economia baseada no conhecimento* – levou à expansão das atividades de produção de conhecimento, cada vez menos circunscritas às organizações académicas. A panóplia de instituições envolvidas e a crescente exploração do conhecimento fora do ambiente controlado do laboratório criaram novas necessidades de regulação entre o interesse público do conhecimento, o seu impacto social e os interesses económicos. Controvérsias em torno das alterações climáticas, do desenvolvimento das novas biotecnologias, ou mesmo da identificação e análise da crise económica, são evidência destas tensões.

As controvérsias sociotécnicas, com uma dimensão científica e pública, têm vindo a evidenciar a necessidade de outras formas de intermediação com a ciência. Neste contexto, conhecimentos locais, envolvendo atores externos à esfera da instituição científica e formas de conhecimento baseadas na experiência, têm vindo a ganhar novo reconhecimento e a demonstrar a sua importância na análise e processo de decisão, complementando o contributo dos "peritos". Têm-se vindo assim a desenvolver formas alternativas de governação, fomentando a participação pública dos cidadãos e o debate com cientistas. Estas experiências tornam claro que uma nova forma de legitimidade e autoridade da ciência se deverá basear não na sua demarcação mas, sim, em novas formas de comunicação entre a ciência e a sociedade.

Tiago Santos Pereira

Ciências Sociais

O capital de conhecimento e os instrumentos de análise das ciências sociais são de grande relevância para a compreensão da crise atual, transformando esta num momento de interrogação crítica sobre as origens da crise, as diferenças entre os grupos sociais por ela atingidos e as consequências para estes. As ciências sociais permitem converter em interrogações e problemas o que, para os que professam o pensamento único que domina a ortodoxia económica e política, são evidências e certezas indiscutíveis; elas permitem mostrar como as políticas de austeridade e a erosão da democracia que as acompanha não resultam da necessidade, mas de escolhas políticas associadas a certos interesses e opostas a outros.

As ciências sociais ajudam também a entender, e podem contribuir para fortalecer, as formas, tanto as novas como as "velhas", de mobilização e de protesto social enquanto exercício da democracia e intervenção legítima dos cidadãos no espaço público. A própria pluralidade interna das ciências sociais é uma importante reserva de conhecimentos e de experiências, que terão de ser confrontados com a diversidade de conhecimentos e de experiências que fazem o mundo, contribuindo para alimentar a experimentação que procura respostas novas e de sentido emancipatório para os problemas da sociedade.

O retomar da experimentação social e política está, certamente, nas mãos dos cidadãos e cidadãs, da sociedade civil, de movimentos sociais e políticos, e também de um Estado capaz de participar na invenção de novos espaços de exercício da democracia e da cidadania ativa. Nesse processo, o lugar que os cientistas sociais ocupam não é o de oráculos ou celebrantes de qualquer pensamento único, nem o de conselheiros de governos, de instituições supranacionais ou de instituições financeiras, mas o de parceiros que contribuem para a produção de um conhecimento público a ser apropriado pela sociedade, pelos seus movimentos e iniciativas como recurso para a mudança.

João Arriscado Nunes

Classe média

A "classe média" é uma noção algo imprecisa, mas que se impôs nas sociedades ocidentais, sobretudo à medida que um vasto conjunto de mudanças (do edifício legislativo à inovação técnica e a todo um conjunto de políticas sociais) desencadeadas na Europa do pós-guerra conduziram nos países mais avançados do Ocidente ao crescimento de novos estratos da força de trabalho assalariado, mais qualificados e com melhores condições do que os trabalhadores fabris, os *"white collars"* (colarinhos brancos), que afluíram aos serviços e preencheram as necessidades de uma burocracia crescente, quer no setor público, quer no privado. Em particular durante os "anos de ouro" do Estado-Providência, a classe média alimentou-se da ilusão de uma "sociedade da abundância", apoiada na estabilidade e na coesão social, no diálogo e no compromisso entre as classes, no crescimento ilimitado e no consumo de massa.

Sendo um conceito cujo valor heurístico era questionável, foi, na sua diversidade interna, um protagonista central da recomposição social do século XX. Despida da roupagem ideológica de que se revestiu (especialmente por parte das teorias funcionalistas americanas), a classe média e estudos com ela relacionados não deixaram de evidenciar a sua relação com a conflitualidade e os movimentos sociais, por exemplo. Temas como o "radicalismo de classe média", o sindicalismo do setor dos serviços ou a reprodução social e trajetórias de classe ilustraram facetas da classe média assalariada – e dos próprios processos de ação coletiva promovidos pelos novos movimentos sociais – reveladoras de todo um potencial transformador que as análises clássicas (correntes do marxismo em especial) não lhe reconheceram.

A classe média portuguesa cresceu à sombra do Estado social. E, tal como ele, encontra-se, hoje, à beira da ruína. O resultado pode ser a "implosão" ou a "explosão", levando alguns dos seus novos segmentos (em particular os mais jovens, saídos das universidades) a engrossar a contestação e os novos movimentos de "indignados".

Elísio Estanque

Classes sociais

O conceito de "classe social" nasce com a Revolução Industrial e vem, de certo modo, substituir as velhas "ordens" típicas da sociedade feudal. Karl Marx, de um lado, e Max Weber, de outro, estabeleceram os alicerces dos dois grandes paradigmas (rivais entre si) de análise das desigualdades e das classes. De acordo com o primeiro, no modo de produção capitalista, as classes baseiam-se nas relações de produção, isto é, no vínculo que cada grupo social mantém com os meios de produção, daí derivando as duas classes fundamentais: a burguesia (detentora da propriedade) e a classe operária ou proletariado (que apenas possui a sua força de trabalho); enquanto as camadas intermédias eram sobretudo "classes de transição". Segundo os weberianos, pelo contrário, inspirados no liberalismo (e que deram origem às teorias da estratificação social), as "classes", os "grupos de status" e os "partidos" exprimiam diferentes formas de poder na sociedade e correspondiam a distintas formas de desigualdade (na economia, na sociedade e na vida política) numa sociedade plural.

Ao contrário da noção de "estrato" (ou status), que encerra um princípio gradualista (e de mobilidade individual), o conceito de "classe social" tem subentendida a ideia de barreiras estruturais e de conflito de interesses entre as diferentes classes. Para uns (os grupos dominantes e o discurso neoliberal), faz-se crer que as oportunidades são idênticas e acabam por ser reguladas através do mercado concorrencial: a sociedade reconhece os melhores e recompensa-os de acordo com seu mérito e talento. Para outros, a razão do enriquecimento e privilégio de uma classe é o empobrecimento e a exploração de outras classes (a classe trabalhadora e mesmo os excluídos e desempregados enquanto parte do "exército de reserva").

O "precariado" emergente transporta um potencial identitário que poderá confirmar-se (ou não) enquanto sujeito político (ou movimento social), dependendo do acentuar das desigualdades, do nível de empobrecimento da "classe média" e da intensificação da crise e austeridade que hoje vivemos.

Elísio Estanque

Clientelismo

O Estado, tal como o pensamos na atualidade, é uma figura relativamente recente. Foi-se formando num processo de centripetação dos poderes disseminados pela sociedade. Nas sociedades tradicionais e no sistema político que as presidia, o clientelismo, com todo o seu cortejo de dependências pessoais, formava microssistemas autónomos de trocas e proteção muito fortes e alternativos ao próprio sistema estatal. Coexistiam, assim, diversas formas de ordens na comunidade doméstica, as quais, pensava-se, seriam tendencialmente incorporadas numa só comunidade política estatal oficial.

O que aconteceu foi que a predominância do paradigma estadualista proporcionou um quadro teórico onde prevalecia uma visão de unificação total de tais ordens, com a consequente racionalização da sociedade sob o monopólio da ordem estatal, bem como a separação nítida entre Estado e sociedade civil. Esta visão concorreu para que não fosse contemplada a possibilidade real de um eventual pluralismo e sistemas contraditórios de ordens continuassem a subsistir.

Assim, no decurso da modernização das sociedades, deve constatar-se que muitas ruturas se operaram, mas muitas continuidades se podem manter. Entre elas, dependendo da cultura política vigente, formas de clientelismo. É que não foram totalmente abaladas as relações tradicionais, persistindo sub-repticiamente traços do sistema sociopolítico preexistente. Registou-se uma adaptação face ao novo sistema administrativo e à estrutura da política (vejam-se as listas eleitorais, a composição do parlamento e o funcionamento dos partidos). A diferença está em que os referidos microssistemas autónomos se encontram agora integrados e subordinados no interior do sistema político atual. E, com o acentuar da crise e a secundarização da ética e da autoridade do Estado português, o que podemos observar é uma maior proliferação do papel dos notáveis (incluindo políticos profissionais), da personalização do poder, das fidelidades pessoais e do uso pessoal dos recursos. Em suma, do clientelismo.

Fernando Ruivo

Coerência

Do ponto de vista etimológico, coerência é a qualidade daquilo que se mantém conexo ou inteiro. Inteireza não significa rigidez, imobilismo ou teimosia, antes aponta para a capacidade de manter a fidelidade a um conjunto de princípios no seio de processos necessariamente dinâmicos de reinterpretação e adaptação a novos quadros de referência e ao devir das circunstâncias históricas. Assim, o essencial da definição do conceito joga-se no plano da ética e manifesta-se na defesa de valores fundamentais como, desde logo, o da dignidade do ser humano. A inflexibilidade de uma história única ou a recusa de pensar em alternativas não manifestam coerência mas, sim, as potencialidades repressoras e destrutivas de um pensamento hegemónico.

António Sousa Ribeiro

Colonialismo (e pós-colonialismo)

O colonialismo é um sistema de exploração de populações e recursos. O traço característico da moderna colonização europeia deriva do modo das relações de dominação, fundadas na ideia da inferioridade racial ou étnico-cultural do colonizado. A colonização gerou situações de profunda violência, incluindo o genocídio e epistemicídio. Um conceito relacionado – imperialismo – refere-se aos mecanismos pelos quais uma potência exerce poder sobre outra, seja pela imposição da soberania, pelo povoamento ou ainda através de mecanismos indiretos de controlo.

A moderna colonização é incompreensível sem referência ao capitalismo que dinamizou o sistema colonial; esta relação marca o âmbito da colonização (global), e a profundidade do seu impacto. Uma análise das estratégias políticas de dominação leva à identificação de colónias de administração direta, onde a governação (forças de defesa e segurança e da administração) estava nas mãos de agentes estrangeiros, e de administração indireta, efetuada através do recurso a agentes indígenas. O neocolonialismo pode ser visto como uma expressão de administração indireta, quando a economia e as políticas sociais estão sob controlo de forças estrangeiras.

O colonialismo, como projeto político, perseguiu um objetivo: a negação do direito à história pelos povos dominados, através da violenta usurpação do seu direito à autodeterminação. Quer em situações de colonização direta, quer de neocolonialismo, assiste-se à negação da humanidade do Sul global. A fratura instituída pela diferença colonial é reflexo da construção epistémica hegemónica, que desqualifica e exclui outros saberes, porque constituídos fora do cânone da moderna racionalidade científica.

O fim do colonialismo enquanto relação política não correspondeu ao seu termo enquanto relação económica, mentalidade e forma de sociabilidade autoritária e discriminatória. As correntes teóricas e críticas que têm vindo a desafiar a hegemonia das formas de conhecimento e de representação próprias do projeto colonial inscrevem-se no quadro do pós-colonialismo, uma gramática política que procura refletir sobre os processos de descolonização e as suas consequências. Este questionar deve ser visto como uma possibilidade contingente de mudança em direções que não reproduzem modos de subordinação cultural, política e económica.

Maria Paula Meneses

Comércio Justo

Falar de comércio justo significa reconhecer que pode haver um comércio injusto. O mais importante deste conceito é o pressuposto categórico de que comerciar pode ser uma relação equitativa, ao alcance de todas as pessoas e sem provocar dano.

O comércio justo tem sido ao longo das últimas cinco décadas um projeto de transformação ética das relações comerciais entre produtoras/es e consumidoras/es de todo o mundo. O "comércio justo" é tanto um conceito como uma rede internacional de organizações cidadãs que procura aproximar produtoras/es e consumidoras/es, de modo a reduzir drasticamente o fosso entre o valor pago na produção e o preço final ao consumidor. O comércio justo é uma abordagem mais global das relações de troca, introduzindo nelas uma ideia vital: desmercadorizar. Isto quer dizer que o comércio só pode ser justo se não se puder comprar e vender tudo e qualquer coisa; se não houver preço para os valores que garantem qualidade, felicidade e bem viver para todas e todos.

O comércio justo implica, assim, que as relações comerciais, quaisquer que elas sejam, devam cumprir os seguintes requisitos de justiça cosmopolita: 1) pagamento de salário igual para trabalho igual; 2) não financiamento de tráficos – armas, pessoas ou drogas; 3) recusa do trabalho infantil; 4) uso de energias limpas e renováveis; 5) utilização ecológica de todos os recursos naturais; 6) manutenção de uma relação comercial leal e estável entre as/os produtoras/es e vendedoras/es; 7) prática da democracia participativa no seio das organizações da rede; 8) elaboração de investigação de apoio à inovação, melhoria da qualidade e certificação internacional de produtos, bens e serviços; 9) promoção da produção local e dos circuitos comerciais de proximidade como constituintes críticos da sustentabilidade social e económica global; 10) investimento constante em alternativas concretas e realizáveis como modo de superação do capitalismo e de todas as injustiças por ele causadas.

Teresa Cunha

Comércio livre

É uma peça da ideologia da globalização económica, segundo a qual a remoção das barreiras à circulação de bens e de serviços entre os países promove a afetação eficiente de recursos. Segundo os apologistas do comércio livre, os Estados devem abster-se de políticas ditas protecionistas e celebrar acordos internacionais tendentes à abertura dos seus mercados. Apesar destes tratados de comércio, na realidade, os governos das principais potências continuam a fazer o que sempre fizeram e o que sempre proibiram aos países menos poderosos: criam, através de apoios públicos e de barreiras mais ou menos assumidas, as condições para que os setores que consideram estratégicos sobrevivam à crise e para que novas indústrias emirjam e dominem os mercados.

Esta é aliás a história secreta da construção dos capitalismos. Basta lembrar que o argumento da proteção das indústrias emergentes surgiu no final do século XVIII nos EUA antes de ser teorizado pelo alemão Friedrich List no século XIX e de ser aplicado a partir daí, em maior ou menor medida, em todos os processos de desenvolvimento. O sempre seletivo comércio livre é na maior parte dos casos o protecionismo dos mais fortes, ou seja, o protecionismo dos países que dispõem de empresas capazes de competir nos mercados internacionais e dos que dispõem de meios intelectuais para que, por exemplo, monopólios associados a direitos de propriedade intelectual desapareçam de vista, bem como práticas deliberadas de desvalorização cambial ou social.

As regras do comércio e do investimento internacionais são infinitamente maleáveis e a autarcia ou comércio livre são duas alternativas redutoras: os países subdesenvolvidos devem poder copiar as práticas de proteção industrial seletiva e temporária dos países bem-sucedidos; os países desenvolvidos devem poder evitar a erosão das regras laborais ou ambientais, bloqueando formas de concorrência e de chantagem do capital consideradas ilegítimas. Trata-se de reconhecer a gravidade da atual crise da globalização que a ideologia do comércio livre ajudou a gerar.

João Rodrigues

Comissões de trabalhadores

As comissões de trabalhadores (CT) são estruturas de representação coletiva de trabalhadores e reforço de participação democrática na vida da empresa. São seus direitos legais: a obtenção de informações necessárias ao exercício da sua atividade; o controlo de gestão ao nível da empresa; a aquisição de informação sobre aspetos económicos/financeiros ou sociais relativos à atividade da empresa; serem consultadas pela entidade empregadora sempre que esta pretenda tomar medidas que impliquem alterações de critérios relacionados com classificação profissional, promoções, deslocalizações, redução do número de trabalhadores, processos de insolvência, entre outros; a participação nos processos de reestruturação empresarial, organização do trabalho, formação profissional, elaboração da legislação laboral, etc.

Em Portugal o papel de relevo das CT – cuja génese, em alguns casos, assentava em experiências organizativas anteriores – deu-se após o 25 de Abril, momento de intensa reivindicação de condições de trabalho, de higiene e segurança, de salários, etc., na vida de milhares de empresas. Mas pelo menos desde a década de 1990 assiste-se ao enfraquecimento das CT (dados oficiais identificam menos de 200 CT), ditado por fatores como: processos de privatização; dissolução de pequenas e médias empresas; deslocalizações de multinacionais; reforço da precariedade laboral; aumento dos contratos a termo, do trabalho temporário ou de subcontratações; excesso de partidarização das próprias CT, etc.

A crise económica atual devia ser pretexto para reavivar o que de melhor as CT produziram: uma cultura de proximidade com os trabalhadores e incremento da sua participação, um questionamento e diálogo dinâmicos com as próprias administrações das empresas (o exemplo da Autoeuropa, inspirado no "modelo" alemão de parceria social, é uma das experiências de relevo). Em detrimento de rivalidades com outras estruturas (como as sindicais, também em crise), as CT devem pugnar pelo incremento de uma "frente comum" contra a perda de democracia laboral nas empresas, reunindo sindicatos, representantes de trabalhadores para a segurança e conselhos de empresa europeus.

Hermes Augusto Costa

Competitividade

Aplicado frequentemente com significados diversos e a contextos organizacionais tão distintos como empresas ou setores de produção e regiões ou países, o conceito de competitividade expressa, no essencial, a capacidade sustentada de evolução num ambiente seletivo. Perante o dinamismo, a diversidade e a complexidade crescentes das competências utilizadas nas atuais dinâmicas produtivas e inovadoras, a integração de recursos humanos qualificados é um fator fundamental da competitividade de uma organização. Esta integração apoia-se em múltiplas relações favoráveis ao desenvolvimento de conhecimentos interdependentes.

As relações entre os elementos internos de uma organização são a base nuclear da identidade e das competências específicas que suportam a capacidade inovadora e a competitividade dessa organização. A perda de competitividade de um elemento da organização deteriora progressivamente a competitividade global dessa organização e a cooperação entre os seus elementos internos; na ausência de mecanismos solidários que as contrariem, essas deteriorações tornam-se estruturais, acentuando-se o isolamento do elemento menos competitivo e a desagregação da identidade e da competitividade da organização. Para além de dependerem do funcionamento interno, a capacidade inovadora e a competitividade de uma organização são também influenciadas pelas relações externas: através de práticas cooperativas com elementos externos favoráveis ao desenvolvimento dos seus conhecimentos, uma organização consolida a sua capacidade inovadora e a sua competitividade; a ausência dessas práticas conduz ao enfraquecimento cumulativo de competências e ao encaminhamento da organização para um isolamento e uma rivalidade crescentes.

A promoção da competitividade de contextos menos desenvolvidos e em crise, como a economia portuguesa, depende da adoção de políticas que promovam relações internas e externas favoráveis à difusão integrada de inovações organizacionais, com base na criação de novas atividades produtivas, na dinamização das complementaridades dessas atividades com as existentes e no desenvolvimento de novas competências.

João Tolda

Concertação Social

A concertação social encontra-se teoricamente vinculada ao conceito de neocorporativismo correspondendo a uma prática de procura de acordos, envolvendo o governo e as organizações sindicais e patronais. O alcance das negociações tem objetos variados, indo desde o diálogo em torno de políticas públicas (fiscais, segurança social, rendimentos, legislação laboral, emprego, produtividade e competitividade, etc.), até temas setorializados (segurança, saúde e higiene no trabalho, formação profissional, etc.). Embora grande parte da discussão sobre a concertação se tenha debruçado sobre a concertação social propriamente dita, esta não se tem limitado à política social. Pode estabelecer-se como características da concertação o modo como os interesses se organizam, o qual se caracteriza pelo monopólio de representação, pela coordenação hierárquica através de associações e pelo reconhecimento oficial do estatuto semipúblico dessas associações. A política de concertação pode ser entendida pelo modo como as decisões se tomam e executam: contextos funcionalmente especializados; consulta prévia ou debate legislativo; paridade de representação; consentimento unânime como regra usual de decisão e não regra da maioria de votos; responsabilidade partilhada como modelo usual de política executiva.

A concertação social desenvolve-se aos níveis macro, meso e micro. De par com a variedade e singularidade das experiências nacionais de concertação social pode estabelecer-se uma periodização marcada por três momentos: a expansão e esgotamento da macroconcertação entre os anos 1970 e 1980; o retorno do diálogo social nos anos 1990, relacionado com os processos de integração europeia e de globalização; e o atual momento que se pode designar pela concertação social da crise.

A recente experiência portuguesa da concertação social evidencia o modo como este novo cenário se constitui num forte desafio às práticas e políticas de concertação, uma vez que o processo negocial se encontra associado ao processo de legitimação e implementação das medidas de austeridade, tornando difícil a obtenção de resultados consequentes com o espírito concertativo. O novo quadro recessivo permite que as matérias laborais sejam diluídas no processo amplo das "reformas estruturais", que chocam com as especificidades político-jurídicas e a efetividade dos direitos sociais e laborais.

António Casimiro Ferreira

Condições de trabalho

Falar de condições de trabalho é abordar o modo como os trabalhadores percebem, vivenciam e realizam o seu trabalho. Não estão apenas em causa condições associadas à relação contratual, mas também ao ambiente de trabalho: tarefas realizadas; constrangimentos; condições físicas e ambientais de execução; relação do trabalhador com o posto de trabalho; condições cognitivas e impactos na saúde e segurança dos trabalhadores.

Se nos anos 80 do século XX a melhoria das condições de trabalho se instrumentalizou ao serviço da competitividade das empresas, sendo claro que constituía uma dimensão-chave para um trabalho decente e produtivo e prioritária para a saúde e bem-estar dos trabalhadores e suas famílias, hoje, num momento de crise económica, a melhoria das condições de trabalho é vista pelas empresas como mais um custo a suportar e os benefícios alcançados, a longo prazo, parecem esquecidos. Por sua vez, o aumento do número de trabalhadores em situação de desemprego força trabalhadores empregados a aceitar condições de trabalho precárias e inseguras. Esta situação parece, por um lado, legitimar as práticas empresariais e, por outro, aumentar a vulnerabilidade dos trabalhadores, na medida em que estes experimentam cada vez mais a insegurança no emprego, a diminuição de rendimentos e uma menor proteção no trabalho. Além disso, são forçados a assumir riscos no mercado e nos locais de trabalho e consequentemente estão expostos a fatores nocivos para a sua saúde e segurança.

Torna-se, portanto, necessário voltar a reconhecer a centralidade das condições de trabalho decentes na melhoria da produtividade e das condições de vida dos trabalhadores, uma vez que estas são determinantes para a eficiência da produção e têm impactos humanos e económicos, conforme revelado pelo número de dias de trabalho perdidos em consequência de acidente e/ou doença profissional. Consequentemente, o desenvolvimento económico de um país não pode ser independente do modo como trata os seus trabalhadores.

Teresa Maneca Lima

Confiança

A confiança é entendida como valor moral que alicerça a vida em sociedade. Pode dizer respeito a outras pessoas, ao governo, a empresas ou à economia. A confiança baseia-se na crença de que os outros partilham valores fundamentais como justiça, honestidade e respeito pelo próximo. Para se estabelecerem relações de confiança entre os membros de uma comunidade, estes têm de concordar sobre estes valores. Ainda que nem sempre o comportamento dos outros corresponda às expectativas, a confiança nos outros em geral não é afetada por experiências negativas, pois as pessoas não fazem necessariamente generalizações a partir de comportamentos particulares. A confiança nos outros é relativamente resistente à mudança.

A confiança nos outros facilita as relações sociais e transações económicas. Da organização das pessoas em grupos pode resultar a ação cívica. Por isso, considera-se que a confiança é a base da democracia. As pessoas que confiam mais nos outros têm uma visão mais positiva do mundo e acreditam que é possível agir sobre a sociedade; estão também mais dispostas a dispor do seu tempo, a fazer trabalho comunitário e são mais tolerantes perante grupos minoritários. Os países em que as pessoas confiam mais nos outros tendem a ter governos mais democráticos, menos corrupção e maior justiça distributiva.

A confiança pode estender-se a governos, líderes políticos e à economia. As perceções sobre a eficácia dos governos baseiam-se no grau em que os cidadãos confiam nos seus líderes e nas políticas governamentais. As pessoas tendem a confiar em governos que demonstrem capacidade de gerar crescimento económico, criar emprego, fornecer acesso a serviços sociais e a operar de uma forma transparente. A confiança no governo é mais baixa quando as expectativas dos cidadãos sobre a forma desejável de atuação são defraudadas. Nesta situação, a autoridade do governo e dos governantes é posta em causa. Durante uma crise económica, a incerteza sobre a capacidade do governo para superar os desafios impostos afeta negativamente a confiança no governo, o que pode resultar numa maior abstenção e desinteresse pela política, trazendo graves implicações para o funcionamento das instituições democráticas.

Cláudia Lopes

Constituição

A constituição enquanto documento fundamental da comunidade política relaciona-se estreitamente com os pressupostos de afirmação do Estado moderno: a nação soberana, o indivíduo cidadão e a separação de poderes. Verificam-se três desdobramentos. Primeiro, o de constituição da liberdade política moderna. Se a promessa de fundação constitucional moderna foi revolucionária, situando a soberania popular como poder constituinte originário, a credibilidade que convocou para a forma de governo democrática, na prática, afunilou o sentido e o alcance da própria democracia no âmbito de uma organização burguesa, liberal, oligárquica e censitária. O segundo aspeto é racional-legal, de estabilização da ordem política e racionalização da ordem jurídica em que a constituição valida as normas e os valores políticos, regulando os conflitos fundamentais de distribuição dos direitos e dos recursos de poder. Projeta-se assim um terceiro aspeto, a constituição como pacto social, que tem resistido ao enfraquecimento da soberania e à ineficácia da cidadania. Perante uma turbulência de escalas e de valores, as comunidades políticas nacionais têm sofrido o impacto cruzado quer da influência transnacional de poderosos atores políticos e económicos, quer da sobrecarga simbólica dos valores constitucionais. Testemunha-se o questionamento da legitimidade e da capacidade de integração das sociabilidades pela constituição, evidenciando-se que muitos dos denominadores comuns que orientaram o processo constituinte dos Estados modernos pronunciaram, sob a afirmação da igualdade, a exclusão e a invisibilidade da diferença dos povos constituídos.

Atualmente, assiste-se esperançosamente a um constitucionalismo vindo de baixo, influenciado pelos movimentos identitários de democratização e de libertação colonial e pós-colonial no Sul global (Brasil, África do Sul, Bolívia, Equador). A luta pela liberdade dos povos tem caminhado a par da luta pela libertação das armadilhas das constituições modernas.

Élida Lauris dos Santos

Consumo

O consumo compreende a atividade de uso e fruição de bens e serviços, surgindo como a última etapa de um processo que envolve também a produção e a distribuição. No caso dos indivíduos, o consumo destina-se não apenas a satisfazer necessidades fisiológicas, mas também necessidades sociais e culturais. É, por isso, também uma forma de os indivíduos se relacionarem entre si. O indivíduo não consome apenas um carro ou um iogurte, mas um *determinado* carro ou iogurte. O consumo contribui para a integração social dos indivíduos, colocando ao seu alcance os mesmos elementos de conforto dos indivíduos do mesmo estrato socioeconómico.

Esta dupla função do consumo – *satisfação de necessidades básicas* e *construção de identidade e pertença sociais* – está presentemente sob forte pressão. Com as dificuldades financeiras, os padrões de consumo das famílias portuguesas têm vindo a degradar-se. Primeiro foi a redução ou supressão de bens culturais e de lazer. Depois, dos transportes, equipamentos do lar, vestuário e calçado. Por fim, da própria alimentação. Estatísticas oficiais mostram um crescimento acentuado do consumo de produtos de "marca branca", enquanto outros indicadores dão conta de um aumento dos pedidos de apoio a autarquias e a instituições de solidariedade social por parte de famílias que já não conseguem satisfazer as necessidades diárias de alimentação. Idosos, desempregados, famílias monoparentais ou com baixos rendimentos são grupos especialmente vulneráveis.

Esta redução dos níveis e da qualidade do consumo reflete-se igualmente no desempenho social e nas expetativas dos indivíduos. Comprar certas marcas ou produtos, jantar fora ou fazer férias, frequentar atividades extracurriculares ou ir ao cabeleireiro tornam-se consumos de luxo, inacessíveis para quem perde o emprego ou parte do salário. E isso agrava a imagem negativa que estas pessoas têm de si, enquanto as afasta do convívio social, lhes cria quadros depressivos, lhes hipoteca a produtividade e compromete oportunidades futuras.

Catarina Frade

Consumo Solidário

Consumo solidário é um conceito abrangente que designa experiências solidárias de consumo que, por princípio, são coletivas e autogestionárias. Embora os contextos de crise sejam propícios à sua disseminação, o consumo solidário sugere um modelo alternativo e contra-hegemónico de organização da vida económica, combatendo a exclusão, incentivando o trabalho associado e promovendo cadeias produtivas mais justas.

O conjunto de iniciativas compreendidas no termo é bastante diverso, embora possamos delinear quatro grupos principais: 1) coletivos de consumidores organizados (como as cooperativas de consumo e os clubes de compras coletivas); 2) articulações entre consumo e produção (caso das redes colaborativas solidárias e das *Community Supported Agriculture*, que recebem, em Portugal, o nome de Re.ci.pro.co – RElação de CIdadania entre PROdutores e COnsumidores); 3) comércio justo e 4) redes solidárias de troca. O tema do consumo solidário costuma também incorporar o debate sobre vias alternativas de comercialização, fora dos mercados convencionais e das grandes superfícies (feiras e mercados solidários, compras públicas, centros comunitários de comercialização, lojas de comércio justo e clubes de troca com uso de moeda social).

A diferença entre o consumo capitalista e o consumo solidário assenta nos valores que estão subjacentes a este último, ao propor um modelo de sociabilidade desvinculado da acumulação e ostentação de bens. Experiências como os mercados solidários, as cooperativas de consumidores e os arranjos comunitários de produção e consumo evidenciam que as identidades podem ser constituídas – e mesmo fortalecidas – sem o sistema de classificação social que move a cultura de consumo. Em tempos de crise, a mobilização dos cidadãos pode redimensionar o fenómeno económico, recuperando os princípios de colaboração mútua, os saberes populares e a capacidade de articulação coletiva. A reprodutibilidade ampliada destas experiências revigora o próprio sentido de solidariedade: a caridade cede lugar à distribuição equitativa de bens, saberes e oportunidades.

Luciane Lucas dos Santos

Contágio

A história da crise tem sido contada como se os países da Europa do Sul (ou da sua periferia, como a Irlanda) fossem focos de uma doença que, a não ser travada através de meios radicais, rapidamente se propagaria ao conjunto dos países da União Europeia através de um efeito de contágio. Só um tratamento de choque, como o que está a ser imposto a esses países, permitiria conter a ameaça, circunscrevê-la e extirpar as suas causas. A imagem do contágio é usada também para caracterizar a transmissão da crise para a chamada economia real, com os seus efeitos negativos sobre o investimento produtivo, o emprego, a produção e o consumo. Invoca-se a necessidade de manter ou restaurar a saúde (financeira, orçamental e económica) dos países através de curas de "emagrecimento" do Estado e dos serviços públicos – e, literalmente, da maioria dos cidadãos, que assistem assim à erosão tanto dos seus rendimentos como do seu bem-estar.

O medo do contágio leva a tomar medidas de exceção, inicialmente contra um país, que depois se tornam regra e passam a ser aplicadas a outros países, sempre evocando as fragilidades e falta de rigor no controlo das suas contas públicas e do seu endividamento, alegadamente demonstrada pela experiência histórica. Esta história desloca, assim, para os países económica e politicamente mais vulneráveis uma responsabilidade que deixa de pertencer ao capital financeiro, às agências de notação e aos especuladores, e à proteção que lhes é concedida, de facto, por organizações financeiras internacionais, pela União Europeia e pelo Banco Central Europeu, pelos Bancos Centrais e pelos governos nacionais.

Uma outra história da crise poderia ser contada. A linguagem da medicina pode continuar a servir de inspiração a essa outra história. Aí, a crise surgiria como uma das manifestações recorrentes de uma doença endémica a um sistema económico global dominado pelo capital financeiro, agravada por agressões a um espaço económico e monetário caracterizado por acentuadas desigualdades entre países.

João Arriscado Nunes

Contratação coletiva

A contratação coletiva constituiu-se historicamente como núcleo fundamental na determinação das condições de trabalho. Limitou o arbítrio patronal e foi, talvez, o mais eficaz instrumento de políticas para uma mais justa distribuição da riqueza em toda a segunda metade do século XX. Trata-se de um direito que, por um lado, emergiu do reconhecimento de que só são possíveis relações de trabalho equilibradas se o trabalhador for representado coletivamente (por sindicatos) e que, por outro, assenta na necessidade de normalização das relações de trabalho nas empresas e nos serviços públicos, estruturada em compromissos coletivos que garantam estabilidade. Esta necessidade é reconhecida por todas as partes envolvidas na regulamentação das relações de trabalho e nos diversos processos de negociação coletiva e, por isso, está plasmada em normas e recomendações da OIT.

A contratação coletiva assegura aos trabalhadores: condições de subsistência e busca de salários dignos; direitos individuais e coletivos; enquadramento profissional e trajetórias profissionais; direitos laborais e sindicais; relacionamento entre as partes; informação e participação dos trabalhadores; direitos sociais fundamentais.

A Constituição da República Portuguesa inscreve o direito à contratação coletiva como direito exclusivo dos sindicatos. No quadro das relações de forças existentes, esse direito foi exercido com regularidade e com obtenção de importantes resultados até ao início dos anos 2000. Entretanto, a aprovação do Código de Trabalho, em 2003, e as subsequentes revisões, em 2006 e 2009, introduziram alterações que desequilibraram o quadro base da contratação coletiva e iniciou-se uma perda significativa do seu alcance e da sua efetivação.

O Memorando da Troika e o Acordo da Comissão Permanente de Concertação Social, em janeiro último, que lhe foi associado vieram retirar a exclusividade da negociação aos sindicatos, congelar a publicação de portarias de extensão, aprofundar a individualização das relações de trabalho, submeter fortemente a contratação a objetivos económicos e financeiros das empresas e do Estado e reforçar o poder unilateral do patrão. Neste cenário observa-se uma menor disponibilidade patronal para a negociação coletiva. Em nome da crise e da inevitabilidade das políticas de austeridade é posto em causa o direito à contratação coletiva.

Manuel Carvalho da Silva

Cooperação para o Desenvolvimento

Cooperação para o desenvolvimento pode definir-se como um conjunto de políticas e práticas implementadas em conjunto por países considerados desenvolvidos e em desenvolvimento com a finalidade de promover o bem-estar económico e social destes últimos de forma sustentável e duradoura. O conceito é muito amplo e tem sido objeto de debate durante os últimos 60 anos, acompanhando a evolução das teorias do desenvolvimento e as transformações geopolíticas internacionais. A sua utilização na esfera das políticas públicas assumiu-se como instrumento de resposta a sentimentos de reparação pós-colonial e de solidariedade moral e humanitária, a proximidades linguísticas e culturais e a interesses económicos e geopolíticos.

A arquitetura mundial da cooperação é hoje substancialmente diferente do assistencialismo que a caracterizava inicialmente, centrando-se no desenvolvimento de capacidades e na definição conjunta de prioridades, e pautando-se pela fragmentação e pluralização de atores públicos e privados, pela diversidade de fluxos financeiros e por uma nova geografia/ideologia de doadores (China, Índia, Brasil, Turquia ou Coreia do Sul).

A atual crise veio exacerbar dinâmicas complexas que perpetuam desigualdades e que priorizam a cooperação com os países estrategicamente mais importantes. Os cortes orçamentais na cooperação pelos doadores "tradicionais" têm tido como efeito imediato uma enorme fragilização dos orçamentos nacionais dos parceiros, realidade agravada com a diminuição de outros fluxos originários destes países, como o investimento direto estrangeiro ou as remessas dos emigrantes.

A agenda global do desenvolvimento reconhece hoje que a cooperação é incapaz, por si só, de responder às causas multidimensionais da pobreza e que tem mesmo contribuído para a perpetuação de dependências. Continua, contudo, marcada por uma proliferação de intervenientes, interesses e perspetivas em frequente contradição e a carecer de visões e agendas definidas e lideradas pelos países em desenvolvimento.

Mónica Rafael Simões

Cooperativismo

O cooperativismo reflete as experiências cooperativas, a respetiva teorização e uma doutrina que faz a sua apologia, abrangendo também o correspondente movimento social. As cooperativas afirmaram-se como organizações diferenciadas, no começo do século XIX, em alguns países europeus. Baseiam-se na cooperação, tecido conjuntivo das sociedades humanas.

O vínculo ao movimento operário está no seu código genético, o que não exclui a posterior diversificação social dos cooperadores.

Estendem-se por todo o mundo, contando com mais de 800 milhões de membros. Fundada em 1895, a Aliança Cooperativa Internacional é mundialmente representativa, sendo a instância de legitimação de uma identidade cooperativa universal, constituída por um conjunto de princípios, um leque de valores e uma noção de cooperativa. Recordem-se os princípios: liberdade e voluntariedade da adesão; administração democrática; intercooperação; autonomia; interesse pela comunidade; promoção da educação; distribuição adequada dos resultados. Entre os valores, destacam-se a igualdade, a solidariedade, a honestidade e o altruísmo. Quanto à noção de cooperativa, ela tem como vetor a síntese de uma associação com uma empresa. Esta identidade exprime diferença, em face da lógica capitalista dominante. Uma diferença que, embora reflita uma subalternidade estrutural do cooperativismo num contexto capitalista, implica uma atitude de resistência, radicada numa lógica específica.

Na ordem jurídico-constitucional portuguesa, as cooperativas fazem parte do setor cooperativo e social, que coexiste com o público e o privado, correspondendo, em larga medida, à economia social. Para a União Europeia, é também pacífica a sua inserção na economia social. Em sinergia com as outras organizações e práticas por ela abrangidas, as cooperativas dão resposta a vários tipos de problemas imediatos suscitados pela crise das sociedades atuais, sem prejuízo da vocação para se projetarem num horizonte alternativo ao sistema capitalista.

Rui Namorado

Corrupção

O fenómeno da corrupção assume diversas configurações, sendo utilizado para definir realidades muito diversas. Denominador comum a todas elas é a existência de uma relação de poder e de uma expectativa de obtenção de uma vantagem, lícita ou ilícita, através da prestação de uma contrapartida, seja de ordem económica, seja meramente de amizade.

Numa aceção ampla, a corrupção, enquanto violação das normas sociais, abarca um conjunto de comportamentos cuja censura social tem sofrido mutações significativas ao longo dos anos. Os favores de amizade, o privilégio da relação pessoal de confiança e a utilização de redes informais de contactos para alcançar pequenos favores ou vantagens foram, durante anos, alvo de uma generalizada aceitação e mesmo motivo de regozijo e reconhecimento social. Por sua vez, numa aceção estrita – que vincula a corrupção unicamente a comportamentos legalmente tipificados como crime, associados à criminalidade económica, ao tráfico de influências, ao abuso de poder e ao peculato –, fica de fora um conjunto vasto de atos socialmente reprováveis de influência ou troca de favores e vantagens.

Em tempos de crise, o aprofundamento das desigualdades e, essencialmente, a consciência da injustiça social agravada pelas diversas formas de corrupção (as criminais e as não criminais) arrastam para a ordem do dia a reivindicação de um combate alargado aos fenómenos de corrupção. A corrupção passa a ser reconhecida como uma das mais relevantes causas da destruição dos pilares de um Estado de direito democrático e o seu combate como uma forma de restaurar a confiança social e institucional. Nesta sequência, os tribunais são chamados a assumir o seu papel repressivo e de reposição da legitimidade do sistema político. Assim, se o combate à corrupção pelo judiciário pode contribuir para a maior legitimidade social dos tribunais, também o tornará mais débil se não ajustar a resposta às expectativas geradas com a sua atuação.

Paula Fernando

Crescimento (decrescimento)

O crescimento económico é entendido usualmente como um objetivo de política prioritário, se não o mais importante de todos. Assistimos frequentemente a debates sobre políticas ambientais, de saúde, laborais ou de redistribuição de rendimentos, entre outros, centrados mais no impacto que estas políticas terão no crescimento e menos no seu valor intrínseco. Por detrás destes debates está o pressuposto de que existe uma relação direta entre o crescimento contínuo na quantidade de coisas produzidas e consumidas e certos fins valorizados socialmente, como o emprego, o bem-estar e até a felicidade humana.

A importância dada ao crescimento, contudo, é contestável do ponto de vista moral e da ecologia. De um lado, temos a ideia de que a acumulação material sem fim não torna as pessoas mais felizes, não cria bem-estar social e induz sentimentos de ganância, competição e individualismo que são contrários à vida boa em sociedade. Do outro, temos a constatação de que não é possível um sistema produtivo expandir-se ilimitadamente com base em recursos que, por definição, são limitados.

Destas críticas ao crescimento surgem várias propostas de reforma ou transformação do sistema produtivo, desde a introdução de indicadores alternativos ao PIB na contabilidade nacional até ao pós-crescimentismo (onde se inclui o decrescimentismo). Em particular, as propostas pós-crescimentistas, de inspiração tão diversa como o budismo, o "bem viver" indígena, o eco-socialismo, o autonomismo ou o localismo, visam a reorientação do sistema produtivo para a satisfação das necessidades humanas essenciais, desligando o emprego e a proteção social em relação ao crescimento. O que estas propostas têm em comum é a ideia de que a sustentabilidade, social e ambiental, é incompatível com o crescimento. Por outras palavras, para os pós-crescimentistas a expressão "crescimento sustentável", muito em voga em contexto de crise, é uma contradição nos termos.

Ricardo Coelho

Criatividade

A criatividade é vista normalmente como pertencendo à esfera individual ou como característica de grupos restritos de artistas. Mas, na realidade, ela manifesta-se sempre em interação com o todo social. Nessa medida, a crise atual, ao ser capaz de se infiltrar nas subjetividades dos artistas, ao poder atingi-los na esfera mais íntima, pode ter efeitos destrutivos, provocar angústias, dúvidas, sofrimentos e conduzir ao desânimo. Mesmo sabendo-se que muitos artistas foram capazes de criar, desde obras de arte, até obras de vida, nas mais adversas circunstâncias históricas.

A crise atual do capitalismo coloca vários desafios aos artistas que vivem e fazem o seu trabalho nos países das periferias europeias. Uma das suas vertentes é o avanço da ofensiva contra a participação do Estado no apoio às artes minoritárias, visando diminuir essa participação e considerar o mercado e os seus critérios como os únicos relevantes. Esta posição, que se vem manifestando há décadas, segue em paralelo com os ataques ao Estado Social europeu e pode traduzir-se no aumento do peso da indústria cultural de massas, dominada amplamente pelos Estados Unidos. Nem todas as práticas artísticas têm o mesmo grau de mobilidade e de independência. Quanto menor for o número de pessoas envolvidas, maiores serão as possibilidades de inventar soluções. Mas o desafio em questão passará inevitavelmente pela criação de novos contextos de trabalho, de novas redes, de novas formas de enquadramento institucional e, forçosamente, por uma elevada capacidade de autorreflexão: Qual é o meu lugar neste mundo? De que forma o meu trabalho se pode relacionar com as pessoas, o que é que eu posso fazer, organizar, criar, incentivar ou inventar nessa direção?

Certamente que haverá lugar para o protesto, a reivindicação justa, a reclamação do direito à presença no espaço público, para além daquilo que é fornecido em pacotes pela indústria cultural hegemónica. Mas este tipo de ação, o protesto, ganhará se for acompanhado pela autorreflexão crítica e produtiva e pelo contributo ativo para a formulação de alternativas.

António Pinho Vargas

Criminalidade

O *agendamento* mediático da criminalidade privilegia duas abordagens: crescimento exponencial dos crimes de furto e de roubo e combate ineficaz das instâncias policiais e judiciais. A incidência desta agenda, ainda que os indicadores a não confirmem totalmente, tem um forte impacto, tanto nas representações dos cidadãos sobre o sistema de justiça penal, como nas políticas públicas de combate à criminalidade. A ampliação do sentimento de insegurança facilita o caminho de políticas securitárias mais restritivas de direitos e liberdades, mais carcerárias e mais seletivas.

Os estudos e os indicadores conhecidos sobre a criminalidade permitem um outro ângulo de abordagem. Mostram como as respostas à criminalidade, por parte dos poderes político e judicial, são estruturalmente muito desiguais: mais assertivas para determinados tipos de crime e mais brandas para outros. O combate à corrupção e à criminalidade económica em geral, crimes altamente predadores do Estado social e da democracia, responsáveis em parte pela crise económica que o país atravessa e pela desestruturação social, também ela indutora do aumento da criminalidade que ameaça diretamente os bens e a integridade física dos cidadãos, tem-se traduzido em políticas e práticas judiciárias muito pouco eficazes. Perdidos no emaranhado de leis e na teia burocrática dos tribunais, os poucos processos que vão sendo investigados e acusados (o peso relativo destes crimes no conjunto da criminalidade é muito baixo, suspeitando-se de taxas elevadas de criminalidade oculta) acabam, com muita frequência, com um saldo favorável ao agente do crime: absolvido de uma acusação que o Ministério Público, contra uma defesa muito profissionalizada e bem preparada, não conseguiu provar; condenado a uma pena "leve"; ou com o processo prescrito.

As sociedades mais seguras não têm cadeias sobrelotadas de cidadãos pobres. Têm baixos índices de corrupção e uma distribuição da riqueza mais igualitária.

Conceição Gomes

Crise

Na nossa linguagem comum, "crise" significa algo em perigo, sob ataque, em transformação. Apesar de usarmos, de facto, esta palavra quotidianamente nas nossas vidas para falar de todo o tipo de situações, não pode ser negado que o conceito tem também complexas conotações políticas.

Numa abordagem descritiva, "crise" indica situações em que agentes ou estruturas políticas passam por mudanças radicais. Neste sentido, discutimos nas ciências sociais a "crise da democracia parlamentar" ou a "crise do Estado-Providência". É característico destes usos descritivos do termo que as perspetivas de futuro – saídas da crise – fiquem frequentemente por considerar: podemos não saber exatamente para onde a estrada nos leva, mas estamos com certeza perdidos. Este uso descritivo pode ser contrastado com um mais "performativo". Por vezes, a palavra "crise" não é tanto usada para descrever uma situação difícil, e até perigosa, mas antes para agravar e até criar essa mesma situação. A História antiga e contemporânea diz-nos que os políticos (e poderes dominantes) procuram produzir, frequente e ativamente, um clima de crise – seja social, económico ou "afetivo" – de forma a alterar o equilíbrio da balança constitucional de poderes a seu favor. Neste sentido, "crise" contém alguma similitude com outra poderosa expressão do discurso político: exceção. Momentos de crise, tal como estados de exceção, albergam enormes riscos para as instituições democráticas, dado que concedem aos que governam uma autoridade especial, muitas vezes sem qualquer controlo. "Crise", longe de ser neutro, é claramente um conceito concebido para o combate.

É neste ponto que ressalta a importância de outra prática, uma prática que provém da mesma raiz grega de crise: crítica. Confrontados que estamos com a perturbadora cacofonia dos discursos sobre a crise, torna-se prioritário investigar criticamente as origens e a natureza da situação em que vivemos. Ainda que um dicionário sobre a atual crise seja uma ferramenta útil e, de facto, indispensável no atual contexto, tal atitude crítica não pode nunca tornar-se um privilégio apenas de peritos académicos. E, se a pressão em tempos de crise (percecionada ou real) é esmagadora para asfixiar o debate público, de maneira a "reforçar" a unidade coletiva, o desenvolvimento oposto – um diálogo societal exaustivo e plural sobre os caminhos de saída da crise – será altamente desejável.

Mathias Thaler

Custos sociais

Nas economias capitalistas, como a nossa, uma parte significativa dos custos da atividade económica tende a ser transferida para a sociedade, não entrando na contabilidade de custos das empresas. São *custos sociais*. Custos não pagos pelos agentes que os produzem.

Estes custos cobrem um amplo espectro de deseconomias ambientais e sociais, incluindo aspetos tão diversos e heterogéneos como a poluição ambiental; o esgotamento dos recursos não renováveis e a exaustão dos recursos renováveis; o congestionamento urbano; a deterioração das condições de trabalho, os acidentes de trabalho e as doenças profissionais; os efeitos nocivos das mudanças tecnológicas ditadas por interesses estritamente privados, a instabilidade económica e o desemprego; ou, como está a acontecer com particular pungência no decurso da presente crise, o sacrifício do bem-estar das pessoas aos ritmos, interesses e exigências da "máquina" económica. Incluem, na verdade, uma variedade de deseconomias, riscos e incertezas com um caráter cumulativo, cujo impacto se pode estender até muito longe no futuro.

A existência de custos sociais deve-se fundamentalmente à circunstância de a busca do lucro resultar num prémio à minimização dos custos privados de produção. Ao minimizarem os seus custos internos, as empresas tendem a *transferi-los* para terceiros e para a comunidade em geral, maximizando efetivamente os custos sociais. Pode dizer-se que estes custos são inevitáveis no quadro da economia capitalista. Por isso K. William Kapp lhe chamou «uma economia de custos não pagos». Na medida em que os custos sociais traduzem violações de direitos sociais – podendo, aliás, ser vistos como o seu reverso –, transcendê-los implica assumir a vida humana como central e aqueles direitos como o referencial último da atividade económica.

Vítor Neves

Défice (orçamental)

O discurso dominante sobre a crise tende a enfatizar o problema do desequilíbrio persistente das contas públicas. A atual crise portuguesa seria, nessa perspetiva, indissociável da acumulação continuada de elevados *défices orçamentais*. O défice orçamental é o valor anual (negativo) do saldo global das administrações públicas (Administração Central, Administração Regional e Local e Fundos da Segurança Social), isto é, resulta da diferença entre as receitas e as despesas efetivas do conjunto das administrações públicas e corresponde às necessidades anuais de financiamento do setor público. É habitualmente expresso em percentagem do PIB. A dívida pública é o resultado dos défices acumulados.

Recentemente a proposta de fixação constitucional de um limite para o défice trouxe para o espaço público a discussão em torno da noção de défice estrutural. Este é o valor que se obtém supondo que a economia se encontrava numa situação de produto potencial (ou tendencial). É considerado o valor que resultaria da eliminação da componente cíclica do défice (um valor que permitiria separar o efeito dos estabilizadores automáticos associados à expansão ou contração da atividade económica do efeito das medidas "discricionárias" dos poderes públicos). Na verdade, a ideia da fixação de um teto para o défice dito estrutural é muito discutível. E a recente proposta franco-alemã de fixação desse teto em 0,5% do PIB para os países da zona euro é, acima de tudo, perigosa, podendo constituir um entrave à implementação de políticas orçamentais ativas. A sustentabilidade das contas públicas é essencial. Mas o problema da dívida externa portuguesa é muito mais do que uma questão orçamental. É um problema económico global da economia portuguesa e do seu modo de inserção internacional. Os *défices externos* acumulados ao longo de décadas pelo conjunto da economia portuguesa – incluindo famílias, banca e empresas – não deixam dúvidas quanto à parcialidade de uma visão quase exclusivamente centrada nos défices públicos.

O discurso dominante tem servido sobretudo como arma ideológica no combate às funções sociais do Estado. Um pensamento alternativo sobre a crise deve afirmar que os défices com que a economia e a sociedade portuguesa se confrontam são diversos – orçamentais, externos e sociais. Nesse sentido, bem pode dizer-se que, na verdade, «há mais vida para além do défice».

Vítor Neves

Deficiência

Nos Estudos da Deficiência existem diversas definições e modelos, com potenciais de emancipação distintos para as pessoas com deficiência. No caso do modelo médico ou individual de deficiência, esta é entendida como uma consequência direta da incapacidade. A única "esperança" para um corpo "diferente" reside no tratamento médico e nos serviços de reabilitação geridos por profissionais. A deficiência é, assim, o resultado de um corpo "imperfeito" e as pessoas com deficiência apresentam-se como dependentes e passivas face às suas biografias.

A crescente politização das pessoas com deficiência no Reino Unido e nos EUA e a formação de organizações de pessoas com deficiência politicamente comprometidas permitiram a emergência de uma visão alternativa da deficiência – o modelo social. De acordo com esta nova perspetiva, a deficiência não é criada pela incapacidade, mas pela sociedade através das barreiras sociais, culturais e físicas que ergue. Este entendimento da deficiência representa uma viragem, ao recentrar a intervenção na sociedade e não no indivíduo. A necessidade de conciliar estes dois modelos deu origem ao que se designa por modelo biopsicossocial, mediante o qual a deficiência resulta das condições de saúde e do contexto de vida de cada indivíduo. Esta perspetiva tem servido de alicerce a muitas das políticas sociais mais recentes, sem todavia se traduzir num impacto real na vida das pessoas com deficiência.

A influência do modelo médico e a ênfase em fatores médicos e individuais, dominante nas políticas sociais na área da deficiência, têm constituído entraves à emancipação das pessoas com deficiência. Num contexto de crise económica, tal ênfase torna-se ainda mais problemática. A ausência de políticas de cariz estrutural capazes de eliminar as barreiras físicas e culturais à cidadania das pessoas com deficiência, bem como a redução dos direitos sociais utilizados como forma de assegurar uma igualdade de oportunidades, relegam as pessoas com deficiência para situações de extrema pobreza e exclusão social.

Fernando Fontes

Democracia

A palavra mais humilhada, empobrecida e abusada de todas as palavras políticas. Poucas palavras evocam tanta emoção e, ao mesmo tempo, tanta deceção. Tem sido cruelmente invocada para cometer e justificar guerras, invasões, colonização, despotismos e diferentes formas de violência e opressão.

Para os conformistas, a democracia reduz-se à sua dimensão política, que a considera apenas o procedimento menos mau para a eleição de representantes políticos. No atual contexto da crise financeira e económica, a democracia é um instrumento ao serviço da ideologia e dos interesses dos poderes económicos e políticos dominantes.

No entanto, no seu sentido alternativo e emancipatório, a democracia não é simples e unicamente um método político, um sistema de governo ou apenas uma realidade estática. É um processo inacabado, aberto, dinâmico, contraditório, multidimensional e de longa duração que consiste em transformar relações desiguais de poder em relações de autoridade partilhada em todos os âmbitos da vida (laborais, familiares, económicos, educativos, religiosos, culturais, etc.). Assim concebida, longe de ser um aliado das ideologias dominantes, a democracia é toda a luta social e política que cria as condições para o exercício da igualdade na diversidade ou, noutras palavras, fornece as bases para o desenvolvimento de capacidades, conhecimentos e valores que criam e reproduzem práticas de solidariedade, participação e busca efetiva da igualdade.

Antoni Aguiló

Demografia

Os indicadores demográficos são, talvez, os dados que melhor espelham as intensas transformações do nosso país nas últimas quatro décadas. A sua evolução revela, por um lado, mudanças significativas e, por outro, nalguns casos, ritmos rápidos de transformação. A mudança mais notável é certamente a queda da fecundidade para os níveis mais baixos do mundo, extraordinária pelos níveis de partida e de chegada dos valores em causa (o valor médio era, em 1960, 3,2 filhos por mulher e, em 2011, 1,3), pelo ritmo vertiginoso da descida e pela uniformização à escala nacional. No entanto, se esta é a mudança que mais se destaca, outras, mais ou menos relacionadas com ela, se têm feito sentir: a descida da dimensão média das famílias; o aumento dos casais sem filhos e das pessoas sós; o crescimento dos nascimentos fora do casamento; a generalização da contraceção; o aumento da idade média ao primeiro casamento; o decréscimo da nupcialidade; o aumento da divorcialidade; o crescimento continuado das taxas de atividade feminina; o aumento das taxas de escolarização; o prolongamento das carreiras escolares. Os indicadores multiplicam-se, revelando as mudanças das últimas décadas. Estas transformações resultam hoje em profundas tensões ao nível das práticas e das representações.

A quebra da fecundidade e o aumento da esperança média de vida deram origem a uma estrutura demográfica envelhecida, duplicaram a população dependente de cuidados e transformaram a geração adulta ativa numa geração sanduíche, entalada entre os cuidados das crianças e dos idosos, sem dispor de estruturas de apoio. Numa sociedade onde a família continua a ser a grande responsável pela proteção social, são cada vez maiores os limites impostos à ação das solidariedades familiares. Por um lado, a instabilidade das uniões e a complexificação dos laços de parentesco podem diluir a força das obrigações familiares. Por outro, as mulheres são as principais prestadoras de cuidados, num contexto de forte participação no mercado de trabalho.

A retração do Estado social representa uma pressão adicional sobre este modelo e, seguramente, sustentará o declínio continuado da fecundidade e a ausência de alternativas para a população envelhecida. O envelhecimento demográfico não tem sido encarado como um desafio social e económico, pelo que temos hoje uma sociedade cujos valores culturais estão em profunda contradição com a realidade demográfica.

Sílvia Portugal

Depressão

O conceito de Saúde Mental não se restringe à ausência de doença mental. É um estado de bem-estar em que o indivíduo entende as suas próprias capacidades, lida com as pressões normais da vida, tem a flexibilidade cognitiva e emocional necessária à interação social e manifesta resiliência perante as adversidades. Percebe-se, pois, que a Saúde Mental é resultante e dependente de um equilíbrio dinâmico de fatores biológicos, psicológicos e sociais. De entre estes, destacam-se os determinantes sociais da saúde, ou seja, o conjunto das circunstâncias em que decorre o dia-a-dia. Pobreza, desemprego, más condições ambientais, baixo acesso à educação, ambiente familiar disfuncional, exclusão social, discriminação sexual, acontecimentos traumáticos, são determinantes sociais que atuam como fatores de risco, influenciando o desencadear da doença.

Compreende-se assim que uma crise económica seja precipitante de alto risco para a saúde mental dos indivíduos, das famílias, das sociedades. A ameaça da precariedade, os problemas financeiros, o desemprego, o empobrecimento, a falência das redes de suporte o isolamento social e provocam modificações significativas no modo como o individuo se olha a si, ao mundo que o cerca e ao futuro. E adoece-se pela perda da esperança, pelo aumento dos comportamentos de risco, pelo agravamento da vulnerabilidade às doenças ditas orgânicas. E agrava-se o estado de doença pela incapacidade financeira de obter resposta terapêutica. Sabe-se que em Portugal a subida de 1% no desemprego está associada a um aumento de 4,4% de suicídios. Para cada suicídio existem pelo menos 100 casos adicionais de depressão, patologia cuja taxa de incidência aumenta quando sobem os índices de desigualdade social.

Para preservar a saúde mental das populações em períodos de crise económica, a OMS sublinha a relevância dos determinantes sociais e aponta para a criação de programas de trabalho ativo, apoio social às famílias, valorização dos cuidados primários a pessoas de maior risco, promoção de resiliência e reestruturação de dívidas. Nestes períodos, os países são empurrados para cortes financeiros que afetam os programas de proteção social. Mas, da análise de recessões anteriores, constata-se que a criação de empregos e de redes de segurança social específicas são apostas válidas que previnem o resvalar dos indicadores de saúde mental e que resultam em benefícios económicos posteriores.

Luísa Sales

Desemprego

É geralmente aceite que a noção moderna de desemprego emerge, nos finais do século XIX e início do século XX, com a consolidação da sociedade industrial e do trabalho assalariado e que se estabiliza com as políticas e instituições especializadas na sua gestão. A noção de desemprego encontra-se internacionalmente harmonizada pelas recomendações da OIT. É com base nestas que o INE, a partir do Inquérito ao Emprego, classifica os indivíduos, com 15 ou mais anos, em relação ao mercado de trabalho num de três estados: emprego, desemprego ou inatividade. É considerada desempregada uma pessoa com 15 ou mais anos, sem trabalho remunerado ou outro, disponível para trabalhar num trabalho remunerado ou não, e que efetuou diligências para encontrar emprego.

No atual contexto de crescente diversificação, heterogeneidade e invisibilidade do trabalho e do emprego, multiplicam-se as relações com o trabalho e o emprego e, logo, com o desemprego, dificultando a sua quantificação, introduzindo alterações no seu significado social, diversificando as suas vivências e, mais grave, limitando o acesso às proteções na eventualidade de desemprego. O desemprego pode, pois, ser definido como um problema social complexo e constituir o ponto de partida para interrogar, por um lado, a atual tendência para a naturalização do risco laboral e para a banalização do escamoteamento do valor-trabalho e, por outro, as medidas políticas destinadas a colmatar os seus efeitos sociais e individuais. Os números do desemprego não são, todavia, suficientes para abarcar o fenómeno em toda a sua espessura.

Independentemente da partilha de uma condição objetiva, os/as desempregados/as continuam a viver diferentes condições sociais e a pertencer a diferentes grupos sociais, pelo que as desigualdades encontram eco nas experiências do desemprego. Perante a ampliação dos números do desemprego, os/as desempregados/as precisam de existir e, logo, de um olhar sociológico que abra espaço às experiências plurais que compõem o polo desqualificado da dicotomia trabalho/não-trabalho e que existem, quando sustentadas somente por uma lógica produtivista, sob uma forma desqualificada de existir.

Pedro Araújo

Desigualdade

O conceito de desigualdade pressupõe o de igualdade. Para Hannah Arendt, a igualdade é o resultado da organização e da ação humanas orientadas pelo princípio de justiça. Não nascemos iguais, tornamo-nos iguais em comunidades que buscam direitos iguais. A proposta mais consistente e fundadora sobre a origem das desigualdades advém de Jean-Jacques Rousseau quando afirmou que as mesmas emergiram no dia em que «o primeiro [ser humano], tendo cercado um terreno, afirmou: Isto é meu, e encontrou pessoas suficientemente simples para acreditar nele. Foi o verdadeiro fundador da sociedade civil».

Assim, a desigualdade é sempre social e relacionada com os contextos (do local ao global) de exploração de um ser humano por outro com base em recursos distribuídos de forma desigual e injusta.

O acesso e a posse de propriedade como fatores primordiais da desigualdade foram reafirmados pelas correntes marxistas, a que se acrescentaram posteriormente reflexões sobre o papel de outros determinantes na desigualdade, tais como a diferença entre sexos e fatores étnicos e raciais. Nas sociedades contemporâneas, um dos principais fatores de reprodução das desigualdades é a escola e o acesso diferenciado à aquisição de conhecimentos e de competências que permitam a realização de processos de mobilidade e de ascensão social.

Numa situação de crise e de predominância de um discurso liberal que acentua a escassez de recursos económicos, as desigualdades de cariz económico e social tendem a acentuar-se por dificuldade dos Estados em aplicar medidas de redistribuição da riqueza e pela diminuição dos apoios sociais aos mais desprotegidos. A crise legitima a hegemonia do discurso associado ao darwinismo social de seleção dos mais capazes e aptos e da exigência de cada um ser o empreendedor de si próprio. Ora, sem projeto coletivo e sem o princípio de justiça e de direitos iguais, não há igualdade. Refira-se, por último, que Portugal é um dos países da OCDE, segundo relatório de 2012, com maiores desigualdades de rendimento e onde as desigualdades sociais são mais acentuadas.

José Manuel Mendes

Deslocalização

O conceito de deslocalização é utilizado em situações diversas. A deslocalização de uma empresa significa, em princípio, a sua transferência de um país para outro. Mas, por exemplo, processos de externalização ou subcontratação podem surgir carregados de conteúdos de deslocalização e não serem referenciados como tal. Em regra, identificam-se como objetivos principais das deslocalizações de empresas a redução dos custos de trabalho e a exploração de normas ambientais menos exigentes, fator este a que está associada, muitas vezes, a deslocalização do carbono. Nos objetivos das deslocalizações entra um grande conjunto de fatores e uma utilização diversificada conforme o tipo de atividade e o grau de qualificação da mão-
-de-obra; a dimensão e proximidade dos mercados; os custos de contexto

e os incentivos oferecidos pelos países acolhedores; a mão-de-obra disponível, os salários, os direitos laborais e sociais praticados; a qualidade e o funcionamento das instituições; a estabilidade política; as exigências fiscais. A deslocalização das sedes de empresas para países ou localidades com regimes fiscais particularmente favoráveis, começa a entrar no léxico comum como deslocalização fiscal. Fala-se também em deslocalização eletrónica quando há utilização de mão-de-obra à distância. Por vezes são trabalhadores bastante qualificados em países com baixos custos salariais e baixo nível de vida. A conjugação do poder e da capacidade de ação estratégica das multinacionais com os processos de deslocalização e com as possibilidades de utilização de um "mercado de trabalho global", fatores que têm entre si forte conexão, gera uma espiral de harmonização no retrocesso dos direitos laborais e sociais de grande parte dos trabalhadores.

Há que construir alternativas socialmente aceitáveis que garantam: os direitos humanos fundamentais no trabalho; o objetivo universal da harmonização social no progresso; um diálogo social nacional e internacional que defenda e efetive a contratação coletiva; a eliminação dos paraísos fiscais; normas sociais no comércio internacional; o desenvolvimento dos países.

Manuel Carvalho da Silva

Direito

Em sentido amplo, o direito reúne toda a normatividade a que os cidadãos e empresas fazem apelo na regulação da sua atividade ou na resolução dos seus conflitos. Nesse sentido, as normas do direito podem ter origem no Estado ou serem por ele reconhecidas, em poderes vários, públicos ou privados, nacionais ou internacionais. Os cidadãos e as empresas podem, consoante os contextos, fazer apelo a diferente normatividade. Por exemplo, uma empresa pode resolver um conflito laboral de acordo com as leis do Estado, um litígio internacional de acordo com as regras internacionais dos negócios e um determinado problema de acordo com regras da comunidade onde está sedeada.

Mas ainda que se considere como direito as normas emanadas de fontes oficialmente reconhecidas, o direito é muito mais amplo que as leis em vigor. Integram-no os princípios e as regras de direito internacional de aplicação universal, como a *Declaração dos Direitos Humanos*, as convenções, tratados e acordos subscritos pelos Estados ou aos quais aderiram, a Constituição, as leis, algumas decisões dos tribunais superiores (nalguns países), regras e costumes oficialmente reconhecidos (por exemplo, convenções coletivas de trabalho, acordos de empresas).

Significa, assim, que são múltiplas as fontes de direito às quais os cidadãos podem lançar mão na defesa dos seus interesses e direitos. Sempre que as leis os não satisfaçam ou limitem, poderão, por exemplo, fazer apelo à Constituição ou a determinadas convenções internacionais. Mas o sucesso dessa mobilização ampla do direito oficial está condicionado a uma decisão favorável dos tribunais. Nesse sentido, o maior ou menor potencial emancipatório do direito depende muito do compromisso dos tribunais com a cidadania e com a democracia. A construção de um sistema de justiça eficiente, de qualidade e democrático depende não só do direito oficial, mas também da capacidade que os poderes – político e judicial – tiverem em definir e executar uma agenda estratégica capaz de mudar a face da justiça que corresponda a uma exigência cidadã. O que fizermos do direito e da justiça irá marcar o futuro da nossa sociedade democrática.

Conceição Gomes

Direitos

Os direitos são um importante testemunho e património de lutas e aquisições civis, políticas e sociais empreendidas em nome das liberdades individuais e coletivas e do acesso igualitário a bens considerados fundamentais. São uma das mais consistentes inovações políticas desde finais do século XVIII e um indicador importante da coesão e equidade nas sociedades contemporâneas. Ao longo de diferentes gerações, a afirmação dos direitos ancorou-se num amplo consenso, que institucionalizou interesses contraditórios e assimétricos e confiou ao Estado um papel regulador e redistribuidor dos recursos existentes, definindo as oportunidades de inclusão de acordo com a pressão das expectativas e dos movimentos sociais.

Mesmo com amplas zonas de exclusão, a democratização da sociedade portuguesa, a partir de 1974, significou um aumento extraordinário do reconhecimento da igualdade (de género ou de orientação sexual) e da proteção dos cidadãos nas diferentes esferas da sua vida (saúde, trabalho, educação). Representou também uma importante transição moral dos modelos assistencialistas ou de mercado para o princípio dos direitos enquanto fonte igualitária e inclusiva de bem-estar social. As respostas tecnocráticas para a crise económica e financeira advogam não haver alternativa que não redunde em pobreza, precariedade e desemprego, pelo que os direitos estão hoje a ser radicalmente questionados e ressimbolizados. O discurso dominante considera os *direitos adquiridos* um sinal de privilégio e acomodação, portanto a causa primeira da crise: hoje vive-se mal porque ontem se viveu demasiado bem.

Ao invés de estimular um falso conflito entre gerações, segundo o qual a solução para as dificuldades dos mais jovens passa pela destruição dos direitos de todos, o resgate de uma política crítica e solidária deverá fazer o caminho oposto, construindo alternativas individuais e coletivas a partir do reconhecimento e do aprofundamento dos direitos sociais, económicos e culturais.

Tiago Ribeiro

Direitos Humanos

Os Direitos Humanos são valores fundamentais de liberdade, igualdade e dignidade que pertencem a todos os seres humanos. São comummente categorizados em três grupos: os *direitos civis e políticos*, que dizem respeito à liberdade, à proteção contra os abusos do Estado e à participação na vida política. Incluem o direito a procurar, receber e difundir informação, a liberdade de reunião, associação e manifestação, o direito a constituir e aderir a sindicatos para a proteção dos seus interesses, e o direito de votar e de ser eleito; os *direitos económicos, sociais e culturais*, que procuram proteger e promover a satisfação das necessidades humanas básicas, os fatores determinantes da qualidade de vida e os valores culturais. Incluem o direito a condições de trabalho justas e favoráveis e a proteção contra o desemprego, o direito a um nível de vida adequado para o indivíduo e a sua família, incluindo alimentação, vestuário, habitação e assistência médica, e o direito à segurança social em situação de perda dos meios de subsistência por circunstâncias independentes da sua vontade; e os *direitos coletivos*, que incluem o direito dos povos a determinarem livremente o seu estatuto político, o direito à prossecução do desenvolvimento económico, social e cultural de acordo com políticas livremente escolhidas e o direito a um ambiente saudável. Os três grupos de Direitos Humanos são considerados indivisíveis e interdependentes.

A Constituição portuguesa garante os três grupos de Direitos Humanos e Portugal é também signatário de tratados internacionais que protegem este tipo de direitos. Tem, por isso, a obrigação de: *respeitar* os Direitos Humanos, abstendo-se de interferir no seu pleno gozo; *proteger* os detentores de direitos contra a intrusão de terceiros; e *cumprir* os direitos, adotando medidas progressivas positivas para os assegurar. Alguns Direitos Humanos podem, contudo, ser limitados em estados de emergência e quando é necessário proteger a segurança nacional, a ordem pública, a saúde ou a moral públicas, ou os direitos e liberdades de outrem.

Sisay Yeshanew

Discriminação

É um processo de diferenciação entre pessoas ou grupos sociais assente em critérios estabelecidos por quem detém o poder de produzir hierarquias de valor. Associados à discriminação estão processos adicionais de exclusão, invisibilização, marginalização, opressão, segregação e violência, cujas consequências são frequentemente dramáticas nas vidas daqueles/as que os experienciam de forma direta e/ou simbólica. Na base da discriminação estão preconceitos de natureza cultural, ideológica e/ou social, responsáveis pela (re)produção de estereótipos, configurando representações imaginadas acerca de quem é construído como marginal ao grupo social dominante. A fórmula "nós versus Outros" caracteriza os discursos discriminatórios, consolidando formas de alterização que cristalizam fronteiras entre categorias posicionadas hierarquicamente no acesso a bens, direitos e recursos. Entre as formas de discriminação mais resilientes em Portugal incluem-se a deficientização, a discriminação por idade e classe social, a homofobia, o racismo, o sexismo, a transfobia e a xenofobia.

Contrariamente à ideia de que a crise económica afeta todas as pessoas, são cada vez mais evidentes os modos diferenciados como a austeridade se manifesta de acordo com assimetrias de poder. Com efeito, o desemprego e a redução de respostas e apoios estatais conduzem a um aumento de fenómenos de discriminação que têm como alvo as populações mais vulneráveis. Por exemplo, a introdução ou aumento de taxas moderadoras na área da saúde tem consequências imediatas para grupos socioeconómicos mais desfavorecidos, que são assim impedidos ou desencorajados de aceder a um bem essencial, revelando uma forma de discriminação.

O estabelecimento de medidas conducentes a um agravamento da discriminação entre pessoas e grupos sociais nas mais variadas áreas constitui uma violação grave da Constituição da República Portuguesa, cujo Princípio da Igualdade (artigo 13.º) declara iguais todos os cidadãos e cidadãs.

Acresce que, com o aumento da discriminação, o projeto de «construção de uma sociedade livre, justa e solidária» (artigo 1.º da Constituição) fica irremediavelmente comprometido.

Ana Cristina Santos

Dívida

Quando alguém nos faz um favor, nos cede um bem, ou simplesmente nos ajuda, dizemos "obrigado". O gesto feito em nosso benefício obriga-nos a reciprocar no futuro. O "obrigado" proferido assinala que reconhecemos uma dívida. Este é o entendimento amplo de "dívida". No entanto, a par deste, existe um entendimento mais estreito – comercial ou financeiro – que é evocado no caso de transações que não são saldadas no momento. O adiamento da contraprestação pode, ou não, ser acompanhado de um prémio atribuído ao credor pela espera. Contraem-se dívidas quando a contrapartida da prestação de serviços ou cedência de bens fica adiada ou quando se toma dinheiro de empréstimo.

As crises atuais têm a dívida no seu cerne. A dívida que em 2007 deu origem ao afloramento bancário da crise foi a de locatários de habitações adquiridas a crédito nos EUA, pressionados por amortizações e juros crescentes e pela desvalorização dos imóveis decorrente do rebentamento da bolha especulativa do imobiliário. Como estas dívidas haviam sido disseminadas por todo o sistema financeiro mundial, sob a forma de produtos financeiros derivados, o rebentamento da bolha do imobiliário transformou-se numa crise financeira sistémica. A contração do crédito que daí resultou fez com que a crise financeira se tornasse uma recessão económica à escala global.

Em consequência da recessão e dos resgates dos bancos pelos Estados, os défices e as dívidas públicas cresceram muito rapidamente. Nos EUA, a dívida cresceu de 62% do Produto Interno Bruto (PIB), em 2007, para 101%, em 2011, no Japão, de 167% para 206%, no conjunto da União Europeia, de 66% para 88%. Embora a zona euro estivesse em melhor situação do que os EUA e o Japão, foi precisamente na União Europeia que eclodiu a chamada crise da dívida soberana. A partir de Março de 2010 as taxas de juro da dívida da Grécia, Irlanda e Portugal iniciaram uma escalada. Com taxas de juros proibitivas, os governos destes países escolheram procurar financiamento junto do FMI e da União Europeia, ficando sujeitos a programas de austeridade.

José Maria Castro Caldas

Ecologia de saberes

A resposta à crise passa por apropriar ou inventar espaços públicos onde ganham forma outros modos de pensar a sociedade e de habitar o mundo, resgatando uma imensa riqueza de experiências que não podem ser desperdiçadas. Através de múltiplos encontros, diálogos e traduções, emerge o que Boaventura de Sousa Santos chamou uma ecologia de saberes. Esse processo encontra expressão nas assembleias dos movimentos de indignados ou de ocupas, nos assentamentos, escolas e iniciativas do Movimentos dos Sem Terra, no Brasil, nos movimentos indígenas, nos movimentos de mulheres e LGBT, nos espaços criados no âmbito do Fórum Social Mundial e dos seus fóruns temáticos, nos diferentes espaços de participação cidadã na definição e avaliação de políticas públicas ou no governo local, ou em iniciativas de Educação Popular.

Perante a imposição de uma explicação oficial da crise, sustentada pela autoridade da monocultura da ciência económica oficial e pela ideia de que não existe alternativa a esta nem às políticas que dela decorrem, a construção de um outro conhecimento e de outras formas de ação política ocorre através de processos de resgate e partilha de experiências diversas, do diálogo entre tradições intelectuais e culturais, entre correntes heterodoxas dentro dos saberes académicos e científicos, da capacidade de reflexão e de constituição de saberes orientados para a ação, sobre as forças e fraquezas das formas de resistência, de reinvenção dos espaços públicos, de intervenção política, da constituição de alianças, da criação de espaços de tradução entre experiências e saberes de sentido emancipatório, independentemente da sua origem. A dinâmica da ecologia de saberes é, assim, um processo continuado de aprendizagem.

Como todas as ecologias, nestas coexistem saberes diferentes que dialogam, que se confrontam, que se articulam, que discutem, criando novas formas de conhecer, de partilhar e de desenvolver as experiências que permitem vislumbrar um outro mundo para além da crise.

João Arriscado Nunes

Economia popular

O conceito de economia popular acentua a condição do sujeito coletivo "povo", a parte mais desprovida da sociedade em contraste com as categorias sociais privilegiadas pelo nascimento, pela cultura ou pela fortuna. Numa aceção mais geral, a economia popular é constituída por atividades económicas e práticas sociais desenvolvidas pelas classes populares para garantirem, através do trabalho e dos recursos escassos de que dispõem, a satisfação de necessidades básicas, tanto materiais como imateriais, e, se possível, melhorarem as suas condições de vida. Complementarmente, as redes de entreajuda e as diversas formas de ação coletiva permitem aproveitar os recursos da comunidade e consolidar uma cultura de solidariedade capaz de manter a coesão do grupo.

Não sendo meros resíduos pré-capitalistas, estas formas económicas persistem tanto nas áreas rurais quanto nas urbanas e renovam-se em períodos de crise. Abundantes estudos sobre o campesinato e a pequena produção artesanal mostram que um sistema económico que nunca foi dominante em parte nenhuma pode sobreviver durante séculos e manter o essencial da sua racionalidade. Uma espécie de economia moral, baseada no costume e na experiência, funciona como concha protetora e reduz os impactos desagregadores do sistema económico dominante, seja ele o feudalismo, o capitalismo ou o socialismo de Estado. O mesmo se aplica, sem grandes alterações às restantes formas de economia popular que partilham a mesma sociabilidade de raiz local, baseada no interconhecimento, na transparência de papéis e na confiança, e se expressam em ações coletivas de caráter popular movidas pela necessidade de autopreservação.

Mesmo quando a expansão dos mercados penetra os espaços mais fechados das comunidades, a desagregação das relações sociais baseadas na reciprocidade e na entreajuda solidária e a corrosão destes valores é lenta e incompleta e, por isso, os sistemas económicos populares sofrem um processo de metamorfose mas resistem.

Pedro Hespanha

Economia Solidária

Economia Solidária é uma designação recente e ainda pouco usada em Portugal e o seu maior contributo em conjunturas de crise parece ser o de comprovar a possibilidade de modos concretos e alternativos de produzir, trocar e consumir. Numa aceção muito genérica, engloba uma diversidade de atividades económicas, baseadas em relações de cooperação e em princípios de gestão democrática, distinguindo-se assim da economia de mercado que predomina largamente nas sociedades contemporâneas, baseada em relações de competição e em princípios de valorização do capital.

Muitas dessas formas têm raízes fortes no passado, como é, a título de exemplo, o caso do trabalho comunitário ou da entreajuda camponesa, das iniciativas populares solidárias, do mutualismo rural ou operário, das cooperativas nas suas diferentes modalidades ou da produção autogestionária. Outras são mais recentes e surgem, mais ou menos espontaneamente, de situações críticas para a existência das camadas mais vulneráveis da população em que é necessário encontrar as respostas que o mercado não dá, juntando esforços e trabalhando em conjunto, como no caso dos clubes de troca, das moedas sociais ou do comércio justo, entre uma infinidade de empreendimentos possíveis. Outras, enfim, são soluções alternativas à economia capitalista, pensadas e inventadas no seio de organizações e movimentos sociais contra-hegemónicos, inspiradas num pensamento crítico do modelo económico dominante e na avaliação positiva das inúmeras iniciativas que visam democratizar a economia e desenvolver alternativas socioeconómicas mais justas, mais democráticas e mais sustentáveis através do trabalho cooperativo e solidário.

A solidariedade que dá corpo a estas iniciativas é uma solidariedade entre iguais, entre pessoas e grupos que partilham os mesmos problemas e aspirações e não se confunde, portanto, com a solidariedade, de base religiosa ou laica, fundada nos valores da caridade, do altruísmo ou da filantropia.

Pedro Hespanha e Luciane Lucas dos Santos

Economia verde

O Programa Ambiental das Nações Unidas (UNEP 2010) define a "economia verde" como aquela capaz de produzir melhores condições humanas e equidade social, reduzindo significativamente os riscos ambientais e as "escassezes ecológicas". A economia verde permitiria supostamente alcançar ao mesmo tempo uma baixa emissão de carbono, a eficiência energética e a inclusão social. Trata-se de uma formulação muito vasta de objetivos que, no atual regime técnico e económico-político, são de facto incompatíveis.

Embora a reconversão do sistema económico para tecnologias "verdes" seja uma necessidade, essa reconversão não garante por si só nem uma maior equidade social nem a preservação de recursos naturais. Em muitos casos, a implantação de estruturas que incorporam tecnologias "verdes", como a coincineração de resíduos, a energia eólica ou fotovoltaica, ou o transporte ferroviário, é objeto de disputas e contestação social por causa do impacto ambiental que elas geram nos contextos onde vão ser localizadas. Um caso emblemático é a energia atómica, considerada por alguns a forma mais "limpa" de geração de energia, por outros a mais perigosa e poluente. Além disso, tais estruturas pressupõem o emprego de trabalho humano em condições pouco sustentáveis ou saudáveis, como no caso da reciclagem de resíduos sólidos urbanos. Por último, grandes investimentos na economia "verde" podem comportar a expropriação de espaços e gasto de recursos de uso comum, como no caso da plantação de eucaliptos feita no âmbito do "mercado do carbono" global para compensar emissões de CO_2.

Visões alternativas da "economia verde", baseadas na crítica dos mecanismos económico-políticos vigentes (como as teorias do "decrescimento", do "bem viver" ou da "transição"), enfatizam três condições imprescindíveis para uma verdadeira reconversão da economia: a pequena dimensão e *relocalização* das atividades económicas, a recusa dos modelos de consumo dominantes, e a valorização não monetária da natureza e dos ecossistemas.

Stefania Barca

Emigração

Nos últimos vinte anos, a dimensão e o significado social que os movimentos migratórios de saída registaram contrastaram com a produção social e política da ausência da emigração portuguesa e, em especial, dos fluxos emigratórios. Considerada uma característica do passado e associada a uma realidade marcada por baixos níveis de desenvolvimento, a emigração dificilmente se enquadrava na narrativa do desenvolvimento económico e social corrente durante este período. Imaginando-se um país do centro, Portugal excluiu-se do grupo de países de emigração. Os dados estatísticos disponibilizados pelos países de acolhimento mostram, contudo, que, desde meados da década de 1980 e, sobretudo, nos primeiros anos do novo milénio, se intensificaram os fluxos de saída dos portugueses (que atualmente rondarão entre 70 000 e 100 000 por ano), surgiram novos destinos (Angola, Brasil, Reino Unido), desenvolveram-se destinos tradicionais da emigração (França e Suíça) e diversificaram-se os perfis migratórios.

Esta diversificação constitui uma marca diferenciadora dos movimentos emigratórios atuais, percetível através do desenvolvimento e combinação de formas de mobilidade e da modificação das características sociodemográficas dos emigrantes, em especial da crescente participação de mulheres e da maior qualificação. Embora continue a ter forte significado a emigração de cidadãos com poucas qualificações e a inserção profissional nos países de destino não se proceda, frequentemente, em conformidade com as qualificações de origem, a maior qualificação dos emigrantes atuais surge como o aspeto mais mediatizado.

A existência de emigrantes com maior nível de qualificação constitui um reflexo quer das alterações registadas nos níveis gerais de escolarização da população portuguesa, quer da insuficiência do mercado de trabalho nacional em integrar pessoas com níveis de qualificação elevados, quer, ainda, da opção deliberada por uma carreira profissional no exterior. Uma característica que tem a virtualidade de poder contribuir para a aquisição de experiência internacional e para a inserção deste grupo em redes de investigação e/ou profissionais internacionais, mas que, a manter-se, poderá contribuir para subtrair ao país uma geração de jovens altamente qualificados e, deste modo, limitar as suas possibilidades de desenvolvimento futuro.

José Carlos Marques

Empreendedorismo

O campo semântico da noção de empreendedorismo é bastante diversificado, e tem sido muito instável ao longo do último século. Tanto pode remeter-nos para uma situação na "profissão" ou para uma atitude. No primeiro caso, remete-nos para a categoria das pessoas que criam o seu próprio emprego ou das que possuem empresas; no segundo, para a atitude marcada pelas capacidades e conhecimentos postos ao serviço dos negócios. Mais recentemente, tem vindo a afirmar-se a noção de que o empreendedorismo designa a capacidade de detetar e aproveitar oportunidades de negócio. Segundo o fundador dos estudos sobre o empreendedorismo, Schumpeter, a inovação é uma componente fundamental daquela capacidade. É também de inspiração schumpeteriana a noção, amplamente promovida pelas organizações internacionais ligadas ao desenvolvimento e transposta para as políticas ativas de emprego em muitos países, de que o empreendedorismo está na base das mudanças económicas mais importantes, alterando o sistema económico a partir do seu interior. A atual crise reforçou a retórica acerca dos seus importantes benefícios, económicos e sociais, salientando que este não se limita a ser uma força que leva à criação de emprego, à competitividade e ao crescimento, mas que também contribui para a realização pessoal dos indivíduos e para alcançar objetivos de maior inclusão e coesão social.

O empreendedorismo tem vindo, assim, a ser transformado na panaceia que solucionará os graves problemas do desemprego desencadeados pela crise, através das políticas de apoio ao empreendedorismo de base tecnológica e de inovação, e que atenuará os impactos da crise através das iniciativas solidárias do microempreendedorismo, do empreendedorismo social e do empreendedorismo económico solidário. É certo, no entanto, que a reestruturação económica em curso favorece o aparecimento de iniciativas individuais, formais ou informais, e que essas atividades desempenham um papel de algum relevo, quer na adaptação às crises, quer na sustentação da coesão social.

Tudo pesado, tudo leva a crer que a retórica do empreendedorismo e a tónica nas oportunidades de negócio produzidas pelas crises reforcem de forma clara o mito da autorrealização e do individualismo.

Mónica Lopes

Emprego

No emprego incluímos todo o trabalho realizado a troco de uma remuneração, seja por conta própria ou por conta de outrem. A desregulação dos mercados de trabalho, acelerada a partir da década de 1980 com as políticas de reestruturação e liberalização económica, tem produzido *precarização* da relação de emprego, aumentando exponencialmente as chamadas modalidades atípicas de emprego (informal, temporário, a tempo parcial, sazonal, sub-remunerado, etc.), *flexibilização* dos tempos de trabalho, que se alongam e se tornam imprevisíveis e associais, e *intensificação* dos ritmos de trabalho, designadamente, por via de aplicação de novas tecnologias.

As atuais políticas de austeridade eliminam emprego no setor público, um setor que no passado tendia a ser mais protegido, bem como no setor privado, em especial na indústria, na finança e nos transportes. Estes subsetores foram os primeiros a sentir os efeitos da crise, provocando muito desemprego masculino; seguiu-se-lhe o impacto no comércio e nos serviços de proximidade, atingindo crescentemente o emprego feminino. Em consequência, têm-se acentuado a segregação e a polarização das estruturas de emprego em função do sexo e/ou da etnia e/ou da idade, com a concentração do emprego feminino, jovem e das minorias étnicas em postos de trabalho desregulados, mal remunerados e mal classificados. Estes grupos engrossam a categoria de trabalhadores/as pobres. É neste sentido que se pode falar de uma «feminização» do emprego, para significar o efeito de disseminação das características do emprego (e do desemprego) feminino a todos os setores do emprego, e que se pode falar da perda da mais bem preparada geração, que se depara com falta de alternativas ao entrar no mercado de trabalho.

O desinvestimento público e a fraca efetividade de políticas de apoio à criação e manutenção de emprego refletem-se nos crescentes níveis de desemprego. Ao mesmo tempo, são múltiplos os sinais de quebra de qualidade do emprego, de declínio dos salários nominais e reais e de mudanças importantes na composição do emprego, donde resulta aumento da sua informalização e a intensificação da agricultura de subsistência e da produção doméstica. Em suma, uma remercantilização da força de trabalho.

Virgínia Ferreira

Energia

A partir de 2004, a produção global de petróleo entrou em declínio: ou seja, o chamado *"peak oil"* – o pico máximo de capacidade produtiva global – foi alcançado de maneira estável, pois não é previsível um retorno aos níveis anteriores. *"Peak oil"* significa atingir a taxa de extração máxima do recurso mineral e entrar a partir daí numa fase descendente irreversível, devido à real escassez de petróleo face ao aumento da procura global. Embora existam outras fontes energéticas, como o carvão ou o gás natural, estas não podem substituir inteiramente o petróleo por terem características diferentes. Aliás, trata-se de recursos igualmente não renováveis. A não contingência da condição de escassez é o que diferencia a presente crise energética de outras crises energéticas da idade do petróleo, e especialmente as de 1973 e 1979, que foram causadas por acontecimentos de caráter político-económico e não por real falta de petróleo.

De facto, a humanidade já conheceu várias crises energéticas na sua história, como por exemplo a crise da madeira na Europa do século XVIII, que se resolveu com a mudança para o carvão mineral e outros combustíveis fósseis, dando início à idade do carbono. Essas crises energéticas do passado, todavia, nunca tiveram o caráter global da presente crise, pois o nível de integração económica do planeta era bastante inferior ao de hoje.

A total dependência da economia global de recursos fósseis (petróleo, gás natural e carvão mineral, todos não renováveis) torna a transição para recursos energéticos renováveis (sol, água, vento, plantas) cada vez mais urgente. Os recursos renováveis, porém, comportam mudanças de uso do solo e afetam a disponibilidade de outros recursos, como é o caso dos parques eólicos e fotovoltaicos e, em medida ainda maior, das barragens e dos agrocombustíveis. Uma visão crítica das questões energéticas deve portanto assentar na consciência de que a solução mais eficiente é a redução da necessidade de energia através de uma transição da economia para formas de produção e consumo sustentáveis.

Stefania Barca

Enobrecimento urbano

Usamos enobrecimento como tradução do vocábulo *gentrification* para traduzir a tendência de transformação social de áreas populares e degradadas das cidades da era industrial e pós-industrial em zonas nobres. É manifesta a carga política que está por detrás da enunciação deste processo de tornar "nobre" (*gentry*) um quarteirão ou um bairro específico das cidades. Na verdade, em rigor, enquanto processo de reconversão urbana, o enobrecimento implica a substituição de residentes (famílias de classes trabalhadoras, funcionários, reformados, imigrantes e franjas da classe média tradicional) e atividades populares (pequeno comércio, indústrias decadentes, armazéns devolutos) por outros residentes e outras atividades que sinalizam a feição moderna (abastada, educada, culta e consumista) das cidades contemporâneas. Em linguagem direta, o enobrecimento trata de afastar os pobres para dar aos ricos o privilégio de viver no centro da cidade. O enobrecimento enuncia, portanto, um processo de contestação e luta social.

O enobrecimento urbano, embora traduza uma tendência recente de requalificação da cidade, recua até à reforma urbanística de Paris de meados do século XIX. O afastamento das classes pobres do centro da cidade para aí instalar grandes avenidas, atividades de comércio e zonas residenciais de prestígio fez parte da modernização da capital francesa. Tal reforma facilitou também o policiamento das classes populares, reduzindo, assim, o ambiente revolucionário que Paris ainda respirava. Outras grandes cidades europeias (Berlim, Madrid, Manchester) e da América Latina (Buenos Aires) seguiram o exemplo de Paris.

Entre nós, o Parque das Nações, na zona sul de Lisboa onde se realizou a Expo'98, tem sido apontado como exemplo de enobrecimento. Porém, ao contrário da experiência das cidades do Norte da Europa e da América, no caso português não há desalojamento forçado de residentes, mas tão-só substituição de velhas instalações industriais por novas áreas residenciais, de consumo e de lazer. Parece mais acertado, portanto, falar-se de reabilitação urbana, isto é, de enobrecimento sem desalojamento de residentes. O Bairro Alto, em Lisboa, é um outro caso de falso enobrecimento na década de 1980, pois tratou-se da criação de um "bairro cultural" que convive com a presença dos moradores tradicionais.

Carlos Fortuna

Escola pública

Do ensino básico ao ensino superior, a escola pública e o acesso à educação são dois fatores indissociáveis. Sem a escola pública, a participação crescente no sistema educativo não teria sido possível. Como teriam estado mais limitados e sido mais lentos os fatores de promoção de integração social, de igualdade, de liberdade, de emancipação, de participação cultural, de disseminação da democracia, entre muitos outros. Todavia, entre as suas virtudes, a escola pública sempre transportou consigo as suas próprias contradições. Tal como outras instituições, ainda que tenha servido os intentos dos assalariados e das suas famílias, a escola pública serviu mais ainda os interesses dos empregadores. Por outro lado, perante os atuais elevados níveis de precarização e de desemprego, tornou-se incapaz de cumprir as suas promessas de inclusão. Acrescendo ainda o facto de a igualdade de oportunidades, que lhe é tão cara, nunca ter passado de uma miragem em virtude dos vários mecanismos de seleção social e económica que a própria escola pública desenvolveu.

Sitiadas pela crise e pelas retóricas neoliberais que proclamam e concretizam a redução das despesas públicas, a educação e as instituições que dela se ocupam entram no século XXI sob os auspícios do seu definhamento. É verdade que as contradições da escola pública estão igualmente presentes na escola não pública, que tem, também ela, as suas contradições intrínsecas. Desde logo, o facto de depender de recursos públicos e de, com frequência, não se alinhar pelos princípios da laicidade estatal. Porém, a crise da escola pública não deriva da sua oposição à escola privada. Deriva, sim, do facto de a educação ter passado a ser considerada, pelas correntes hegemónicas, como um negócio e um mercado como outro qualquer. Neste contexto, as escolas, incluindo muitas das públicas, filtram e triam internamente os seus alunos de modo a poder ter alunos que querem aprender e pais que, angustiados para garantirem o sucesso dos filhos, querem que estes aprendam. A escola que corresponde ao modelo de sucesso não é pública nem privada. É aquela onde os pais são os primeiros professores e onde a seletividade impera. A questão é que, cada vez mais, a imagem da escola pública vem sendo acantonada em contextos sociais e geográficos em que a segregação impede a replicação dos fatores que definem o modelo hegemónico de sucesso.

Paulo Peixoto

Espaço público

A noção de espaço público remete para o modo como nas sociedades modernas se constituiu e institucionalizou uma esfera de intermediação entre o Estado e a sociedade civil, onde se expressa publicamente a opinião sobre assuntos do interesse coletivo ou que, relevando de interesses privados, são passíveis de disputa coletiva. Buscando inspiração em Habermas, é o espaço da formação da opinião pública, do debate e do uso da razão argumentativa, onde se podem digladiar opiniões e posições distintas, gerar consensos e dissensos, legitimar vontades políticas ou contestar outras. São diversas as instâncias em que o espaço público se materializa, destacando-se os meios de comunicação social de massas, a rua e, mais recentemente, os novos espaços de debate e formação de opinião proporcionados pela internet.

Referenciada privilegiadamente a um ideal de democracia, esta conceção de espaço público estipula em teoria a possibilidade de participação livre e universal na disputa de opinião, na formação das agendas políticas e no julgamento público das decisões que afetam os coletivos. No entanto, a história tem demonstrado os limites desse espaço de possibilidades. Baseado em instâncias de mediação reguladas e codificadas, o acesso às possibilidades de expressão e visibilização é muito condicionado, não só socialmente (quem tem acesso), mas também política e normativamente (a que temas e posições se reconhece pertinência). O reconhecimento destas limitações e a alegada tendência para o recolhimento dos cidadãos na esfera da privacidade têm alimentado visões decadentistas sobre o espaço público, que denunciam o seu declínio, erosão e perversão.

No entanto, os anos mais recentes têm revelado uma inusitada dinamização do espaço público, que lhe atribui novos sentidos. De movimentos sociais, fóruns de cidadãos ou organizações da sociedade civil mais estruturados a manifestações mais espontâneas ou improvisadas, são muitas e muito heterogéneas as iniciativas que têm vindo a desafiar as lógicas de funcionamento convencional do espaço público, bem como da representação política e do exercício da cidadania. A rua vem recuperando um papel fundamental como lugar privilegiado do exercício de cidadania ativa e da visibilização de ideias e vontades políticas desafiadoras do *statu quo* e dos poderes dominantes. Recupera assim o seu potencial como espaço de representação (Lefèbvre), ainda que tal potencial se reconstrua no seio de uma relação complexa e ambivalente com outras instâncias do espaço público (como os meios de comunicação de massas ou a blogosfera). Nessa ambivalência e heterogeneidade, o desafio que traz consigo a renovada presença na rua do protesto, da reivindicação e da expressão de visões alternativas parece residir não apenas nas novas causas e agendas sociais e políticas que se inscrevem no espaço público, mas sobretudo no potencial de questionamento sobre as suas lógicas de funcionamento. Ou seja, no seu potencial de reinventar o espaço público como um espaço aberto a uma participação mais abrangente, mais capaz de albergar visões alternativas às mundivisões dominantes e menos refém de codificações e condicionalismos excludentes.

Claudino Ferreira

Espanha

O país onde, a 15 de maio de 2011, nas vésperas das eleições regionais e municipais, milhares de pessoas se concentraram na Puerta del Sol, em Madrid, para expressar os seus sentimentos de indignação e mal-estar diante de um modelo social, económico, político e ecológico globalizado que lhes rouba a sua dignidade e destrói a sua esperança. É o país onde a crise global despertou as energias utópicas e emancipatórias do fenómeno 15-M, o movimento dos indignados que levou a sociedade espanhola a participar num processo de mudança, a chamada *Spanish revolution*. Desempregados, trabalhadores precários, estudantes, reformados, jovens de toda condição, hipotecados e, em geral, gente comum e diversa com vontade de converter o seu compromisso em ação, exigiram uma mudança de rumo e um futuro digno.

Sob o lema "Não somos mercadoria nas mãos de políticos e banqueiros", a indignação materializou-se num conjunto de protestos cidadãos pacíficos, manifestações, acampamentos, ocupação de ruas e praças, assembleias e ativismo em prol da ampliação, revitalização e experiência da democracia num sentido mais real e autêntico. Mas é também o país que conheceu uma das maiores bolhas imobiliárias, que tem a maior taxa de desemprego da zona euro (com mais de cinco milhões de desempregados, sendo os jovens os mais prejudicados pela crise) e onde a direita ganhou as eleições com maioria absoluta depois do surgimento do movimento dos indignados.

Antoni Aguiló

Especulação

Consideram-se especulativas as atividades em que, em vez do benefício resultante do uso de um bem ou do retorno "normal" (de longo prazo) do capital investido, se procura a obtenção de mais-valias com base na expectativa de uma variação no preço de um bem ou ativo (terrenos, casas, bens alimentares ou energéticos, ações, títulos de dívida pública, divisas, etc.). Trata-se, no fundamental, de «comprar barato para vender caro».

Com frequência a especulação está associada a comportamentos "de manada" (*herd behaviour*), geradores de ondas de otimismo e pessimismo quantas vezes infundadas, subestimação da possibilidade de acontecimentos raros mas potencialmente devastadores (*disaster myopia*) e formação quer de bolhas especulativas, quer de movimentos de pânico. Para alguns são atividades normais numa economia de mercado capitalista; para outros são atividades moralmente condenáveis. Seja como for, o que importa destacar é que os comportamentos especulativos (1) tendem a assumir uma lógica própria, muitas vezes sem qualquer referência aos fundamentos da economia real; (2) são um fator de volatilidade com um enorme potencial de desestabilização das economias; e (3) têm uma natureza frequentemente predadora. Estes aspetos da atividade especulativa têm vindo a tornar-se tanto mais significativos quanto maior a desregulamentação dos mercados, a transformação crescente das economias no que alguns designam por "economias de casino" globalizadas e a captura do Estado pelos interesses dos especuladores.

No caso português, os efeitos nefastos das atividades de especulação são particularmente evidentes na área do imobiliário (com uma manifesta captura do Estado e autarquias locais pelos interesses dos especuladores) e, mais recentemente, nos ataques à dívida soberana. São conhecidos os resultados. No primeiro caso, eles são patentes nas enormes distorções em matéria de desenvolvimento urbano e acesso à habitação; no segundo caso, são responsáveis, ou pelo menos potenciaram, a incapacidade da economia portuguesa se continuar a financiar no mercado a taxas de juros razoáveis. Em ambos os casos, mais do que discursos moralistas contra a atividade dos especuladores, importa identificar os fatores institucionais facilitadores/potenciadores da atividade especulativa tendo em vista a definição dos instrumentos de política mais adequados para a controlar/regular, nomeadamente a tributação das mais-valias imobiliárias, das transações financeiras e outras mudanças institucionais.

Vítor Neves

Estado de exceção

Com a expressão estado de exceção indica-se, de forma geral, uma fase temporal na qual a vigência normal de um ordenamento jurídico é suspensa. A instauração de um estado de exceção está normalmente associada a fenómenos que possam constituir um perigo para a comunidade, podendo inclusive ameaçar a sua própria existência. Por esta razão, a ideia de exceção está ligada a situações de emergência, urgência e necessidade, nas quais, perante a insuficiência ou impossibilidade de adotar medidas segundo os critérios jurídicos e políticos ordinários, o estado de exceção é declarado.

Do ponto de vista histórico, encontram-se vestígios deste instituto jurídico na cultura jurídica europeia desde o período revolucionário francês. A doutrina jus-publicista do século XX, que lhe tem dedicado uma particular atenção, tem vindo a sublinhar a ligação profunda entre a soberania e o regime de exceção, chegando mesmo este a ser considerado como o autêntico marco do poder soberano (Carl Schmitt).

Nas democracias, a instauração do estado de exceção deve ser cuidadosamente controlada, a fim de evitar eventuais abusos de poder perante a indeterminação das causas. As constituições nacionais e vários documentos jurídicos de direito internacional impõem limites muito severos no recurso a este instrumento, que altera o equilíbrio entre os poderes legislativo e executivo em favor deste último. Em contextos em que se pressupõe a existência de uma ameaça (p. ex., terrorismo), de uma crise (p. ex., económica), ou em presença de eventos extremos (p. ex., desastres naturais), a suspensão das regras normalmente em vigor é invocada como forma inevitável de enfrentar necessidades imprevistas, atuais e de imediata realização. No horizonte político contemporâneo, o estado de exceção tem vindo a ser, muitas vezes, uma das formas com as quais se procura governar de forma pouco democrática e participada, aumentando os riscos de uma deriva tecnocrática ou autoritária dos processos decisórios (Giorgio Agamben).

Valerio Nitrato Izzo

Estado-Providência

O termo tem vindo a cair em desuso e a ser substituído por outros menos comprometedores, mas a ideia de Estado como responsável – direta ou indiretamente – pelo bem-estar da população persiste. O termo traduz o conceito anglo-saxónico de Estado de bem-estar (*welfare state*) sob influência do termo francês *État Providence*. Indica a intervenção do Estado no domínio da segurança social, do emprego, da educação e da saúde que se veio a desenhar desde inícios do séc. XIX e tem o seu ponto alto nos 30 Anos Gloriosos que se seguiram à II Guerra Mundial. O chamado Estado-Providência keynesiano, que articula políticas sociais e económicas, é o resultado da Grande Depressão da década de 1930. Keynes propunha um papel mais interventor do Estado e os EUA de Roosevelt saíam da Depressão com políticas económicas de investimento público e expansão dos programas sociais. Respondia-se, por um lado, às necessidades de crescimento económico estimulando a procura e, por outro, às exigências de segurança, saúde e bem-estar dos indivíduos e dos movimentos sociais.

Este pacto social rompeu-se com a crise de finais da década de 1970 e o Consenso de Washington, tendo esta forma de Estado sido objeto de reformas de retração, mais radicais em alguns países (anglo-saxónicos) e menos em outros (da Europa Continental e do Norte). Com a viragem para a inovação como base do crescimento surgiu o Estado de investimento social, centrado na educação, saúde e promoção da empregabilidade como instrumentos do crescimento económico.

Em muitos países, a erosão dos salários, das prestações sociais e dos direitos laborais criou fortes entraves ao consumo, do qual dependia o crescimento e o emprego. O consumo, o investimento e até algumas intervenções sociais passaram a ser mantidos com recurso ao crédito bancário. Perante o fracasso do sistema financeiro, uma reforma do Estado-Providência deve agora repensar a sua dependência em relação ao atual modelo de crescimento económico e consumo.

Sílvia Ferreira

Ética (nos negócios)

A tradição filosófica sugere que a ética seja entendida como uma reflexão fundamentada sobre a validade das práticas que têm impacto no bem-estar humano. Essa validade deve ter como horizontes de referência a preservação da dignidade humana e a realização do seu potencial. Por isso, dada a universalidade destes referenciais, os princípios éticos que regulam e orientam a conduta do bom cidadão são os mesmos a que deve obedecer o bom gestor. O respeito pela liberdade individual, o empenho solidário na vida coletiva e a transparência nas relações humanas são princípios que não dependem de circunstâncias particulares nem devem ser atenuados pelo "fim lucrativo" como fim em si mesmo, que não é.

A ética, no contexto empresarial, tem a função de "polícia-sinaleiro", alertando em cada caso para a eventual imoralidade das escolhas possíveis. Espera-se que, quando esse sinal surge, os decisores organizacionais travem a fundo, corrijam a rota ou evitem a escolha imoral. Se os gestores assumissem este compromisso como um elemento central da sua prática diária, talvez os perigosos desequilíbrios sociais que hoje existem fossem menos profundos e as dificuldades da própria atividade empresarial fossem menos graves.

Os gestores e empresários são, com frequência, vítimas dos seus próprios preconceitos em relação aos interesses alheios, do seu próprio medo de desalinharem o passo e, em última instância, da sua própria ação, naturalmente limitada por todas essas vulnerabilidades. O maior imperativo ético da ação empresarial é a exigência de respeito, em cada decisão, pelas liberdades positivas (promovendo o desenvolvimento) e negativas (preservando contra o dano) de cada ser humano. O maior desafio é manter a integridade desta escolha, mesmo durante uma crise económica e social.

Filipe Almeida

EUA

Os Estados Unidos da América surgiram como grande potência depois das duas guerras mundiais. No século XIX, com a Guerra Civil, consolidou-se a União e o capitalismo industrial e aboliu-se a escravatura. Afirmado o seu papel hegemónico no hemisfério ocidental com a Doutrina de Monroe, os EUA deram amplo curso à sua tendência expansionista, ocupando até final desse século todo o território para Oeste até ao Pacífico. A doutrina nacionalista do "destino manifesto", o "darwinismo social" e a crença numa "missão" civilizadora nortearam os ideólogos desta primeira fase do imperialismo americano, que avançou para as Filipinas, Cuba e Porto Rico. Entretanto, perpetuava-se a dependência de 4 milhões de ex-escravos, a que se juntaram os milhares de mexicanos convertidos, com o fim da guerra com o México, em cidadãos americanos de segunda categoria e ainda os índios do sudoeste, que aumentaram o número de nativos despojados e exilados na sua própria terra.

A afluência surgida da 1.ª Guerra Mundial esfumou-se com a queda da Bolsa em 1929 e a Grande Depressão. Com esta crise económica, de graves repercussões internacionais, culparam-se os especuladores de Wall Street, os bancos e a administração, mas o capitalismo americano reergueu-se com o *New Deal* e o próprio impulso da 2.ª Guerra Mundial, preparando assim o caminho para a hegemonia.

Conhecemos então o mundo dividido entre os «bons» do lado do *American Way of Life* e os "maus" do lado de lá da Cortina de Ferro. Do *boom* económico que se seguiu, perturbado pela crise do petróleo na década de 1970, surgiu a nova fase pós-industrial ou pós-capitalista de um imperialismo vincadamente económico. A queda da URSS, na década de 1990, pareceu benéfica para a imagem dos EUA. A sua intervenção em ações políticas de cunho imperialista, revestidas pelo sempiterno *slogan* da "defesa da democracia", o alastrar do seu modelo económico ao nível global e a difusão da sua influência cultural fizeram crer na perenidade do império. Contudo, sinais de queda explodiram com as Torres Gémeas em 2001 e ressurgiram em 2007, com nova crise económica internacional. De novo se culparam os especuladores de Wall Street, os bancos e a falta de regulação. O que sobreviverá deste "paradoxo americano", obcecado pela segurança e enredado nos seus próprios mitos?

Isabel Caldeira

Euro

O euro é a moeda comum de 17 países da UE: Áustria, Bélgica, Finlândia, França, Alemanha, Irlanda, Itália, Luxemburgo, Países Baixos, Portugal e Espanha (1999, ano em que foi introduzido como meio de pagamento eletrónico), Grécia (2001), Eslovénia (2007), Chipre e Malta (2008), Eslováquia (2009) e Estónia (2011). As notas e moedas entraram em circulação em 1 de janeiro de 2002.

A criação do euro culmina uma longa história de cooperação monetária europeia, de que faz parte a criação do Sistema Monetário Europeu, em 1979, assente no ecu, e um plano em três etapas para a União Económica e Monetária (1989), integrado no Tratado de Maastricht, em 1991. A criação do euro correspondeu à terceira fase da UEM. Nas duas anteriores estabeleceu-se a liberdade de circulação de capitais, com supressão dos controlos cambiais, e a convergência económica, através da supervisão multilateral das políticas económicas dos Estados (1990), e criou-se (1994) o Instituto Monetário Europeu, posteriormente substituído pelo BCE.

Em 1997, adotou-se o Pacto de Estabilidade e Crescimento, revisto em 2005. Trata-se de um compromisso de manutenção da disciplina orçamental que torna possível a aplicação de sanções a qualquer país cujo défice exceda 3%. O acesso ao euro depende da verificação de cinco critérios de convergência nominal relacionados com a estabilidade dos preços, os défices, a dívida pública, as taxas de juro e as taxas de câmbio.

A discussão à volta do euro hoje, no quadro da crise, é a do significado de uma integração monetária sujeita a fortes restrições de natureza orçamental entre economias com características estruturais, capacidades competitivas e modelos sociais muito diferentes. Os efeitos assimétricos dessa integração tornaram-se evidentes e geraram desequilíbrios graves para a economia portuguesa, que entrou no euro com uma taxa de câmbio sobreapreciada, o que levou a sérias dificuldades de valorização do seu aparelho produtivo e à geração de défices externos elevados.

José Reis

Euro-obrigações

A ideia da emissão de títulos de dívida à escala da União – as chamadas euro-obrigações ou *eurobonds* – ganhou adeptos à medida que a divergência entre as taxas de juro das dívidas soberanas dos países do euro se tornou evidente.

Genericamente, têm sido propostos dois tipos de *eurobonds*: a) a emissão conjunta de títulos de dívida por um grupo de países da Zona Euro (ZE), ou com partilha de risco ou numa versão em que os participantes respondem apenas pela sua parte; e b) a emissão de obrigações por uma instituição europeia, seja ela o Banco Europeu de Investimento ou o Banco Central Europeu. O primeiro tipo pode ser posto em prática com rapidez. As obrigações emitidas em comum cobririam a parte das dívidas públicas nacionais até 60% dos respetivos PIB (designadas por *blue bonds*), continuando os Estados a ser responsáveis pela dívida acima do teto permitido pelo Pacto de Estabilidade e Crescimento (designadas por *red bonds*). O segundo admite a repartição de responsabilidades, mas é o único que pode garantir empréstimos a taxas de juro que refletiriam apenas os custos do financiamento. A maioria de opiniões sustenta, no entanto, que o segundo tipo é impossível sem uma revisão dos Tratados.

Os críticos das euro-obrigações denunciam o "risco moral" nelas implícito. Ao aliviarem a "dor" que os ajustamentos em curso implicam, estas estimulariam o aumento da despesa pública, distribuindo o preço da "irresponsabilidade" pelos que "cumprem". Para estes, a contrapartida do euro é a disciplina orçamental em cada Estado da ZE. Já os seus defensores sustentam que a sobrevivência do euro exige um orçamento europeu reforçado e a capacidade de emitir dívida europeia, a baixas de taxas de juro, para financiar o relançamento económico.

Bruxelas avançou recentemente com a ideia de "obrigações de estabilidade". A direita estará na disposição de as aceitar se a estabilidade orçamental na ZE for condição prévia à emissão conjunta de dívida. Para o europeísmo de esquerda, as *eurobonds* permitem aos Estados mais frágeis ter acesso ao financiamento em tempos de crise, servem de escudo a estratégias especulativas e podem ser importantes na reestruturação das dívidas soberanas. Melhor do que governos de países sob resgate, a União pode impor aos credores acordos de troca de títulos nacionais por obrigações europeias de baixo juro e com garantia máxima de reembolso.

Marisa Matias

Excecionalismo norte-americano

O excecionalismo norte-americano refere-se à crença dos Estados Unidos da América na sua singularidade e missão universal. Presente na visão da «cidade no cimo do monte» do sermão puritano, na caracterização otimista de Alexis de Tocqueville em *Democracia na América* (1831), na celebração poética de Walt Whitman, persiste até hoje como instrumento eficaz da hegemonia.

À noção de excecionalismo associam-se outras expressões de cunho nacionalista e contorno religioso como o "Destino Manifesto". Com elas se justificaram guerras, anexação de territórios e outras intervenções imperialistas. Esta «nação entre as nações» invoca Deus para justificar ações militares agressivas ou o uso de armas nucleares, «em defesa da democracia», mesmo que o seu verdadeiro fito sejam os mercados para a exportação, a exploração de mão-de-obra barata, o domínio de pontos geopolíticos estratégicos ou o controlo do petróleo. Entrou tardiamente na 1.ª Guerra Mundial, donde saiu enriquecida; após a 2.ª, partiu à conquista de mercados para o seu enorme excedente de produção, transformando o imperialismo territorial num imperialismo económico. Todavia, a razão da escalada de riqueza e poderio dos EUA não reside numa superioridade intrínseca e natural, de fundamento religioso, nem na superioridade moral da sua democracia, como querem os adeptos do excecionalismo, mas nas condições históricas favoráveis que o seu modelo capitalista encontrou.

Apesar da aparente falta de popularidade desta conceção para o americano culto, o certo é que o excecionalismo americano serviu os propósitos da divisão maniqueísta entre democracia e comunismo durante a Guerra Fria e ainda hoje se reflete na facilidade com que os EUA empurram a responsabilidade da atual crise económica para a Europa, enjeitando o seu próprio papel. É também o excecionalismo que justifica que os EUA se assumam como polícia do mundo e principal garante da segurança do Ocidente na batalha contra o terrorismo, afirmando-se acima das normas legais e éticas aceites por outras nações.

Isabel Caldeira

Fascismo social

O conceito de fascismo social foi criado por Boaventura de Sousa Santos para dar conta das novas formas de dominação e exploração nas sociedades contemporâneas. Partindo da analogia com a noção de fascismo político, o fascismo social manifesta-se como um regime social e de civilização. O fascismo social pode existir tanto em sociedades do Norte como do Sul e caracteriza-se pela crise do contrato social, ou seja, pela ideia de que noções como as de igualdade, justiça, solidariedade e de universalidade deixam de ter valor e que a sociedade como tal não existe mas, sim, simples indivíduos e grupos sociais em prossecução dos seus interesses.

A ideia de fascismo social implica sempre a dominação explícita de um grupo por outro e, contrariamente aos fascismos políticos, assenta nas dinâmicas sociais e nos tipos de sociedade existentes. O paradoxo é que podem existir Estados democráticos perpassados por lógicas acentuadas de fascismo social. O fascismo social é um fenómeno plurifacetado, que se manifesta em várias dimensões e esferas. Está presente nos espaços segregados dos condomínios fechados, na precariedade das relações e dos contratos de trabalho, na apropriação dos bens públicos por grupos privados, no sentimento fabricado e induzido mediaticamente de insegurança pessoal e coletiva e na dominação baseada nas transações financeiras e na taxação do fator trabalho em detrimento do capital e dos rendimentos mais altos.

As situações de crise ao fragilizarem as instituições do Estado e o direito a ter direitos, ao hegemonizarem discursos marcados pela análise custos-benefícios, pela rentabilidade, pela mercadorização de todas as coisas e relações sociais favorecem e reforçam as lógicas subjacentes aos processos de fascismo social. Além do imperativo da produção de narrativas alternativas e da sua necessária presença no espaço público, o fascismo social só é posto em causa pela radicalização da reivindicação de direitos e da reposição do conceito de contrato social universal possibilitador de uma cidadania de participação.

José Manuel Mendes

Feminismo

Feminismo, palavra que devemos pronunciar no plural dada a diversidade de correntes, é liberdade e humanismo, é a luta pela liberdade e realização da pessoa humana sem restrições por se ser de um ou outro sexo. É a luta contra um sistema opressivo, muito subtil, que condiciona as cognições, opções e práticas de mulheres e homens, induzindo modelos hegemónicos de ser – não ser pessoa completa, mas "homem" ou "mulher". O sistema patriarcal que instituiu a distinção e a hierarquia dos sexos alavancou o "masculino" como modelo de "sujeito universal", "cidadão" e "trabalhador".

Um dos mais revolucionários gritos feministas é o de que "o pessoal é político", máxima com a qual o pensamento e ação feministas procuram derrubar uma das mais discriminatórias ideologias do modelo único liberal – a dicotomia público/privado. Esta colocou os homens no público/produtivo/político e fechou as mulheres no privado apolítico, excluindo as suas vozes e participação, não reconhecendo a sua contribuição social, económica, cultural e política. Fez também das questões do privado (sexualidade, família, intimidade, corpo) assuntos não desejáveis do debate político, enraizado num modelo conveniente de família como extensão do poder masculino. Trazer o pessoal ao político como grito emancipatório é mais do que trazer a intimidade, é politicizar e visibilizar um mundo de relações (de cuidados, de sexualidades, mas também de violências) e contribuições; é, por exemplo, valorizar o trabalho que nele acontece e que não entra nas contas da economia dominante, distribuí-lo de forma mais justa entre os sexos de maneira a que as mulheres tenham oportunidades no público e os homens no privado. É dizer que ambos se intersetam.

Os feminismos contestam o mundo existente e propõem uma modificação real da distribuição do poder na sociedade a partir de uma consciência crítica sobre as injustiças e sobre as ausências, e por isso se constituem como pensamento alternativo. Para eles, o desenvolvimento e a felicidade implicam mudanças profundas e duradouras na estrutura social, no funcionamento das instituições, nos valores culturais.

Rosa Monteiro

Festa

Encontro de prazer com a vida. Ou seja, encontro complexo com o mesmo, que significa, de forma inevitável, o encontro com o absolutamente outro. Nestes ecos marcuseanos, os ecos platónicos: no movimento do desejo pelo encontro, a expansão de si acontece, na assunção de um risco para o sujeito que de si se esquece nesse ato de descentramento e de reconhecimento da sua própria incompletude. A festa – esse encontro vital – resulta, assim, já da experiência individual de crise. Quando essa experiência – que é uma ordem fora da ordem dominante (a primeira lei do humano é a desobediência, proclamava Milton no início da nossa modernidade, de forma só aparentemente paradoxal) – acontece no espaço do coletivo e na praça pública, temos a poesia na rua (às vezes, a revolução), isto é, o encontro de prazer com a infinita abertura à possibilidade, que se traduz na reinvenção criativa da comunidade. Essa crise só pode, assim, entender-se como a prática de uma cidadania ativa que levará, forçosamente, à festa e/ou à expansão do humano.

A festa é pois o resultado de uma crise criativa e/ou vital, e torna-se absolutamente necessário que a exercitemos – contra aqueles/as que desconhecem, ou que esqueceram, a dimensão libertária, porque humana, de crise: que é, sempre, uma dimensão complexa, múltipla e plurivocal. Hoje, são eles/as os/as detentores/as de uma só verdade sobre a crise mundial e têm nas mãos toda a paraternália das luzes da (má) política e dos (maus) média para nos convencerem de que não temos alternativas à visão limitada da "sua" crise – crise financeira e económica de um sistema que cada vez mais evidencia sinais da morte que os/as domina.

Quais feiticeiros de Oz, esses homenzinhos, atrás da grande máquina do espetáculo de luzes, parecem desconhecer qualquer encontro de prazer com a vida, insistindo em criar limites à nossa (sua) própria humanidade. Porém, essa humana ausência de limites, celebrada ao longo de toda a Idade Média – da dança macabra ao Carnaval –, ecoa ainda na permanência deste último (surgem medidas para o eliminar) e nos bakthinianos processos de carnavalização que alguma arte contemporânea trabalha. E que dizer desses ecos na festa como forma recente de participação em processos de combate social? Movemo-nos e o encontro (com o outro e/ou a alternativa) é lei.

Graça Capinha

Financeirização

Conceito cunhado pela economia política para designar a mais importante transformação estrutural do capitalismo desde a crise da década de 1970: a crescente influência dos mercados financeiros (dos seus atores, processos, e produtos) na atividade das famílias, empresas e economias. Estes mercados expandiram-se de um modo extraordinário com a emergência de instituições dedicadas à criação e transação de complexos produtos financeiros a que se atribuíam obtusos acrónimos. Em 2007, o valor total dos ativos financeiros superava o PIB mundial em três vezes e meia.

Este processo está intimamente ligado às políticas neoliberais de privatização dos bancos, de abolição dos controlos de capitais e de desregulamentação e descompartimentação dos mercados financeiros. Para além do aumento das crises financeiras, face ao período dito de "repressão financeira" do pós-guerra, podemos assinalar outros padrões perversos.

Uma aliança entre gestores e acionistas impacientes forçou as empresas a levar a cabo estratégias de curto prazo de valorização das suas ações, fortemente parasitárias do investimento produtivo de longo prazo. Esta pressão contribuiu para uma quebra dos rendimentos do trabalho no rendimento nacional em muitos países desenvolvidos e para um aumento das desigualdades. Num contexto que é também de retração da provisão pública, os trabalhadores ficaram mais dependentes do sistema financeiro. O acesso a muitos bens passou a exigir a intermediação do setor financeiro como credor, ou mesmo como fornecedor (caso dos fundos de pensões). O resultado foi o galopante crescimento do endividamento das famílias. Embora este processo tenha sido mais intenso nos EUA e no Reino Unido, os seus efeitos depressa se alastraram à economia global, quer pela integração dos mercados financeiros, quer pelo impacto recessivo das economias financeirizadas sobre as restantes face à quebra da procura internacional e à contração de meios de financiamento.

Ana Cordeiro Santos

Flexibilidade

O conceito de flexibilidade do mercado de trabalho, da legislação laboral, das relações de trabalho em geral, parte do pressuposto de que a rigidez, associada à proteção legal, dificulta o crescimento económico e o aumento da competitividade. A fixação do cânone da flexibilidade tem decorrido de um processo reformador institucionalizado desde a década de 1980, e acentuado no quadro da atual crise, através das propostas e estratégias de emprego sustentadas pela OCDE, Banco Mundial e FMI, BCE e União Europeia.

É possível identificar três registos nesta discussão. O primeiro, o dos defensores da dimensão social do trabalho e das relações laborais, para os quais o " trabalho não é uma mercadoria" e, por essa razão, os trabalhadores carecem de uma proteção especial, a qual deve estar consignada na legislação laboral nacional e internacional. O segundo, o neoliberal – que tem estado a ser vencedor –, assente no princípio de que a flexibilidade e a adaptabilidade são inevitáveis e desejáveis, por convergirem com a defesa do princípio do mercado. O terceiro, o dos defensores de uma síntese entre a flexibilidade e a segurança que encontraram no conceito de "flexigurança" um modelo de reforma capaz de combinar a flexibilização do mercado de trabalho com mecanismos de proteção para os trabalhadores. Este último modelo despontou para o debate público em 2006, com a iniciativa da Comissão Europeia do *Livro Verde: Modernizar o direito do trabalho para enfrentar os desafios do século XXI*.

As controvérsias associadas a esta proposta oriunda da Terceira Via permanecem. No atual contexto de crise, uma versão musculada de flexibilidade vai afirmando-se, tendo por base uma retórica de proteção de direitos sociais mínimos, que tem como efeito uma harmonização regressiva, e conduzindo, em paralelo, ao processo de desmantelamento do edifício do direito do trabalho. Contrariamente ao que vem sendo defendido pela OIT, por sindicatos e ONG, o caminho seguido no designado combate à crise assenta na radical flexibilização das relações laborais e dos direitos dos trabalhadores.

António Casimiro Ferreira

Flexigurança

Tratando-se de uma medida política deliberada destinada a avaliar de que modo os mercados de trabalho europeus melhor se ajustariam aos objetivos da "Estratégia de Lisboa" (2000), a flexigurança – que junta flexibilidade e segurança – conheceu uma discussão mais intensa na sequência do *Livro Verde: Modernizar o direito do trabalho para enfrentar os desafios do século XXI* (Comissão Europeia, 2006). No plano teórico, a flexigurança oferece uma dupla proteção: aos empregadores, dando-lhes a possibilidade de melhor gerirem os seus recursos humanos; aos trabalhadores, conferindo-lhes mais oportunidades de integração social em situação de desemprego e uma melhor gestão das suas trajetórias profissionais.

O "modelo dinamarquês" de flexigurança – assente num mercado de trabalho flexível, generosos sistemas de bem-estar e políticas de mercado de trabalho ativas – constitui a principal referência. Porém, a transposição da flexigurança para diferentes contextos depende da capacidade económica de um país, da relevância dos seus sistemas de bem-estar social, do funcionamento das políticas ativas de emprego, dos interesses favoráveis dos atores em presença, etc. Por sinal, condições não reunidas no contexto português. Por exemplo, é pouco provável que organizações representativas de trabalhadores negoceiem com organizações patronais condições de desemprego em vez de condições de emprego.

Não obstante os objetivos de justiça e inclusão social serem colocados como inerentes à flexigurança – por certo cruciais para lidar com situações de crise económica e social –, a adoção de respostas políticas assentes em medidas de austeridade – consagradas no memorando de entendimento com a troika ou mesmo no acordo de concertação social de janeiro de 2012 – parece abrir caminho à flexibilidade mas não à segurança. Uma maior facilitação dos despedimentos, a perpetuação de empregos precários ou as mudanças frequentes entre empregos precários não fazem da flexigurança uma realidade atrativa. E os receios de uma flexigurança desequilibrada tenderão a aumentar, uma vez que, quando combinada com taxas de desemprego elevadas, a precariedade de longa duração converte-se igualmente num fator de pobreza.

Hermes Augusto Costa

Fórum Social Mundial

O Fórum Social Mundial (FSM) é um dos pilares de um movimento global que desde o final da década de 1990 questiona a globalização neoliberal, propondo a construção de uma globalização alternativa, solidária e contra-hegemónica. O FSM autodefine-se como um «espaço de debate democrático de ideias, aprofundamento da reflexão, formulação de propostas, troca de experiências e articulação de movimentos sociais, redes, organizações não-governamentais e outras organizações da sociedade civil que se opõem ao neoliberalismo e ao domínio do mundo pelo capital e por qualquer forma de imperialismo» (http://www.forumsocialmundial.org.br). Não se assume como uma entidade, uma organização ou uma instância representativa da sociedade civil mundial. É de natureza não-governamental e não partidária, e recusa definir uma ideologia única, ter caráter deliberativo ou produzir documentos unitários. Pretende antes acolher uma ampla diversidade de opiniões e lutas a diferentes escalas, conciliando, num difícil equilíbrio, a celebração da diversidade com a construção de fortes consensos que levem à ação coletiva.

O FSM tomou forma e visibilidade internacional em 2001, em Porto Alegre, nas mesmas datas do *World Economic Forum*, na Suíça, como contraponto simbólico a esse espaço "elitista" e de "via única" neoliberal. Desde então, assumiu-se como um processo mundial permanente, dotado de geometria variável (eventos mundiais, encontros continentais, temáticos, etc.). A adesão das organizações ao FSM rege-se por uma Carta de Princípios. Porém, a composição do seu Conselho Internacional não respondeu a critérios claros, o que fragiliza a democracia interna do FSM e a sua legitimidade na defesa do valor da democracia participativa.

Os Fóruns Locais têm graus de vitalidade muito diferentes no espaço e no tempo. O Fórum Português enfraqueceu muito nos últimos anos, sendo que a sua revitalização seria fundamental para democratizar o debate político nacional e aumentar a visibilidade de alternativas ao modelo de desenvolvimento hegemónico.

Giovanni Allegretti

Fundo Monetário Internacional

O Fundo Monetário Internacional (FMI) é uma organização criada no âmbito dos acordos de Bretton Woods, em 1944, para contribuir para a estabilidade do sistema monetário internacional. A verdadeira história do FMI começa com a crise da dívida nas décadas de 1970 e 1980. É aí que o seu papel na concessão de financiamento a países com dificuldades na balança de pagamentos arranca em força e é aí que as impressões digitais dos interesses económicos dos EUA, os seus maiores acionistas, com uma minoria de bloqueio das decisões relevantes, se revelam. Em troca de empréstimos, o FMI impõe políticas económicas de austeridade por todas as periferias e semiperiferias em dificuldades.

A crise é vista como uma oportunidade para erodir os serviços públicos e impor a venda de ativos a preço de saldo e para desvalorizar o trabalho. Os credores financeiros agradecem, as multinacionais e uma minoria das elites dos países em causa também. Já para as populações, os efeitos são invariavelmente desastrosos, como se constata em numerosas avaliações feitas aos efeitos socioeconómicos das centenas de intervenções do FMI. As recentes crises asiática e argentina pareciam assinalar o estertor de uma instituição dotada de soluções contraproducentes e interesseiras e com cada vez menos "clientes" interessados nos seus empréstimos condicionados.

Com a crise atual, muitos dos dogmas neoliberais foram abalados e no próprio seio do FMI surgiram posições divergentes. A desigualdade esteve na origem da crise; os controlos de capitais podem ser justificados; a austeridade é recessiva. Estas são três conclusões da investigação económica recente do FMI. No entanto, a investigação não é o que molda a política desta instituição. A crise iniciada em 2007 marca o regresso em força do FMI com a mesma lógica de sempre, dotado de surpreendente músculo financeiro desta vez exercido sobre alguns países da Zona Euro. A história desta crise está a ser escrita pelos credores e as políticas impostas também. A ação do FMI é sempre uma questão de poder político e nunca de validade das políticas.

João Rodrigues

Fundos de pensões

São patrimónios autónomos associados a planos de pensões que definem as condições de acesso a uma pensão de pré-reforma, reforma antecipada, reforma por velhice, por invalidez, ou de sobrevivência. Em Portugal, são geridos por seguradoras e empresas gestoras de fundos de pensões ou associações mutualistas. Podem ter um caráter coletivo, organizados por empresa, setor ou profissão, ou um caráter individual, como é o caso dos Planos Poupança-Reforma (PPR). Desde a década de 1980, instituições como o FMI e o Banco Mundial têm procurado a substituição dos sistemas públicos de pensões em repartição por fundos de pensões privados em capitalização. Isto permite a entrada dos montantes relativos às pensões no mercado de capitais, podendo ser usados para especulação bolsista, que, paradoxalmente, pode incidir sobre as empresas e países dos participantes desses mesmos fundos.

Os fundos de pensões podem ser de prestações/benefícios definidos ou de contribuições definidas. No primeiro caso, estabelece-se à partida o valor e o tipo de benefício que será recebido. No segundo caso, não existe qualquer compromisso quanto ao montante futuro das prestações. Estas dependem das contribuições, do rendimento dos capitais, sendo ainda condicionadas pela inflação e pela longevidade do subscritor. Isto tem levado alguns a questionar se este tipo de fundos é um dispositivo de reforma ou meramente uma poupança. No primeiro caso, são as empresas e o grupo de participantes que partilham os riscos relativos à gestão do fundo. No segundo caso, o beneficiário assume integral e individualmente os riscos. Os fundos mais antigos tendem a ser de benefícios definidos, substitutos ou complementares das pensões públicas. A pressão para a transformação das pensões públicas em fundos de pensões privados tem em mente os segundos. As empresas que possuem os primeiros têm procurado transformá-los em contribuições definidas ou mesmo integrá-los nos sistemas públicos de pensões.

Em contextos de crise, os sistemas públicos de pensões em repartição têm-se mostrado mais resilientes, podendo ser complementados com fundos de benefícios definidos adequados às especificidades de certos grupos e, de preferência, geridos de forma mutualista.

Sílvia Ferreira

Futuro

Apesar de só vivermos o presente, somos obcecados com o que não podemos viver, seja ele o passado ou o futuro. É uma obsessão que tanto oprime como liberta, porque nos prende à imaginação do que fomos ou do que podemos vir a ser, mas também nos liberta para imaginarmos de modo sempre diferente quer o passado, quer o futuro de acordo com as necessidades de cada presente.

A compreensão do mundo e a forma como ela cria e legitima o poder social tem muito que ver com conceções do tempo e da temporalidade. A conceção ocidental moderna do tempo é a do tempo linear, o tempo visto como uma seta, com um percurso inalterado, que vem de um passado longínquo, atravessa fugazmente o presente e segue em direção a um futuro infinito. É uma linearidade ascendente guiada pela ideia do progresso. Desta conceção resulta a contração do presente e a expansão do futuro. O presente é um instante fugidio, entrincheirado entre o passado e o futuro, enquanto o futuro, sendo infinito, permite imaginar as mais radiosas expectativas quando confrontadas com as experiências do presente.

Em face dos graves problemas sociais e ambientais com que nos defrontamos, esta conceção do tempo e, em particular, do futuro tem de ser superada. Em vez de expandir o futuro, há que contraí-lo. Contrair o futuro significa torná-lo escasso e, como tal, objeto de cuidado, um cuidado que, para ser concreto, só pode ocorrer no presente. O futuro não tem outro sentido nem outra direção senão os que resultam desse cuidado. Contrair o futuro consiste em eliminar ou, pelo menos, atenuar a discrepância entre a conceção do futuro da sociedade e a conceção do futuro dos indivíduos. Ao contrário do futuro da sociedade, o futuro dos indivíduos é concebido como limitado pela duração da sua vida (ou das vidas em que pode reincarnar, nas culturas que aceitam a metempsicose). O caráter limitado do futuro individual obriga a cuidar dele, aqui e agora, seja o cuidar da saúde ou das relações sociais. Este cuidado com o futuro individual contrasta frontalmente com o descuido em relação ao futuro coletivo que imaginamos sempre garantido e garantido para sempre. Há que eliminar este contraste para que as gerações futuras tenham direito ao seu presente.

Boaventura de Sousa Santos

Geração à rasca

A expressão *geração à rasca* surge pela primeira vez em 1994, num artigo escrito por Ivan Nunes em resposta à provocação de Vicente Jorge Silva, que, num editorial do jornal *Público*, apelida de *geração rasca* aquela do qual partia o movimento estudantil contra as provas globais. Precedia-o uma irreverente iniciativa de protesto antipropinas, inserida nas lutas contra a deriva neoliberal da política educativa cavaquista. Algumas reações à contestação acusavam-na de ser o produto de uma geração hiperprotegida, malcomportada e mal-agradecida, cobrando-lhe a falta de dinamismo e o excesso de queixume.

Quase duas décadas depois, a crise financeira e o receituário de austeridade levam ao limite algumas tendências nada estranhas à sociedade portuguesa: a captura e o recuo do Estado social, o empobrecimento das classes médias, a frustração das expectativas de ascensão social e a desregulação do mercado de trabalho. É neste contexto que reencontramos uma geração traída, para a qual, ao invés de uma vida melhor, o esforço de qualificação e a obediência ao espírito do capitalismo apenas trouxe medo, incerteza e um futuro hipotecado.

A 12 de março de 2011, potenciado pelas redes sociais, um impulso cívico e pacífico extravasou a órbita dos partidos e dos sindicatos e fez sair às ruas de várias cidades uma manifestação com mais de 300 mil pessoas, muito plural e fragmentária, que se autointitulou *geração à rasca*. A luta contra o desemprego, a precariedade e a distribuição desigual dos sacrifícios são a agenda mais alargada desta mobilização coletiva, que se desdobrou em várias dinâmicas de contestação política e social. A projeção pública da *geração à rasca* contou com várias contribuições artísticas que se tornaram emblemáticas, como a música *Parva que sou* do grupo Deolinda ou o humor caricatural dos Homens da Luta. Marcou também uma nova estética de protesto, através da personalização das causas e da criatividade das mensagens, de que é exemplo o *slogan* "inevitável é a tua tia", acerca das medidas de austeridade e do pagamento da dívida portuguesa.

Tiago Ribeiro

Gestão (empresarialização)

Em 1941, quando publicou *The Managerial Revolution*, James Burnham antecipava já o sucesso a que o domínio da "gestão" estava destinado. Pensando nas funções de comando do capitalismo, fala de uma nova elite, baseada no saber técnico especializado, que via à frente das empresas e dos Estados, minando o poder da classe trabalhadora e a democracia. O grau de banalização das instituições e da política pelo poder tecnocrático não era, todavia, ainda o dos nossos dias. De facto, em nome de uma cultura "pós-dirigista" e da eficiência, os modelos de gestão pública e mediação institucional dos problemas são hoje pulverizados, esvaziando-se de permeio as instâncias de representatividade democrática das decisões. A legitimidade do sistema político, com as suas noções de bem comum e justiça social, é abandonada, orientando-se cada vez mais o Estado por regras empresariais de atuação. A "libertação" e "empresarialização" da sociedade civil exigem, diz-se, "performances" que o modelo "governamental" não atinge, valorizando-se antes a competência funcional das redes e práticas negociais que abram as políticas públicas ao mercado e a grupos que as giram por critérios de lucro e competitividade. Relações e arranjos flexíveis, como as parcerias público-privadas, exemplificam nesse plano o tipo de cedências aos grupos privados, que a "empresarialização" da vida social multiplicou.

Ao desregulamentar e privatizar, o Estado assume, então, a ideia de "Estado mínimo" e a excelência da gestão empresarial, incorporando o chamado *new public management* e noções de *value for money, best practices, outsourcing, performance indicators*. Enquanto isso, a figura do cliente ou do "colaborador" triunfa sobre a do cidadão e do trabalhador, com a sociedade a privilegiar os indivíduos "empresários de si próprios", habilitados para contratos, projetos e responsabilidades sucessivos, em nome da universalidade das lógicas mercantis e de uma pedagogia da concorrência que tudo uniformiza a partir do individualismo narcísico e da racionalidade utilitária.

Daniel Francisco

Globalização

Nas últimas décadas, a intensificação extrema das interações transnacionais, desde a mundialização dos sistemas de produção e das transferências financeiras à disseminação, a uma escala global, de informação e imagens através dos meios de comunicação social, às deslocações em massa de pessoas, como turistas, como trabalhadores migrantes ou refugiados, introduziram o termo globalização no vocabulário quotidiano. A verdade é que não existe globalização sem localização. A globalização é o processo pelo qual determinada condição ou entidade local estende a sua influência a todo o globo e, ao fazê-lo, desenvolve a capacidade de designar como local outra condição social ou entidade rival. A globalização do hambúrguer, da língua inglesa, ou dos filmes de Hollywood implica a localização (o particular ou vernáculo) do bolo de bacalhau, da língua francesa, ou dos filmes italianos, respetivamente.

A globalização não se entende sem se conhecerem as forças de poder que a movem. Existe, assim, uma globalização hegemónica, que é movida pelo capitalismo global e pelas indústrias culturais de que ele se apropriou.

Esta vertente da globalização é a versão mais recente da dominação que a Europa, desde há cinco séculos, a América do Norte, desde há dois séculos, e o Japão e a China, desde há décadas, exercem sobre o resto do mundo. As versões anteriores foram o colonialismo e o imperialismo.

Os grupos sociais penalizados ou excluídos por este tipo de globalização começam hoje a organizar-se também de forma global. São um vasto conjunto de redes transnacionais, articulando iniciativas, organizações e movimentos (de operários, camponeses, povos indígenas e afrodescendentes, mulheres, ecologistas, cooperativistas, defensores de direitos humanos, etc.), que, em diferentes países, lutam contra as exclusões económicas, sociais, políticas e culturais causadas pela globalização. Constituem uma globalização alternativa ou contra-hegemónica, de que a expressão mais conseguida ao longo da última década foi o Fórum Social Mundial. A dimensão profunda da crise portuguesa e europeia constitui um momento privilegiado para repensarmos as potencialidades da globalização contra-hegemónica, mediante um novo pacto socionatural ou socioecológico, imune ao feiticismo do crescimento sem limites, no horizonte de outro modelo civilizacional onde a humanidade se sinta toda ela em casa e a saiba partilhar com a natureza.

Boaventura de Sousa Santos

Grécia

Antigo "berço da democracia" e espaço matricial da identidade europeia como lugar ao mesmo tempo integrador e excludente de povos, crenças e culturas, a Grécia é parte de um passado amplamente partilhado. Nas atuais circunstâncias, é também um indicador de futuro para os países e as populações que mais carregam o peso da crise económica e política. O mundo da finança quis fazer dela um exemplo e, na tentativa de punir o Estado da zona euro que lhe parecia mais frágil, empurrou-a para uma situação dramática, mas transformou-a também no território onde começa a definir-se a alternativa. A Grécia encontra-se pois no centro da tormenta, mas também na vanguarda do combate contra a ditadura financista que está a destruir o Estado social, a ameaçar a sobrevivência de milhões de pessoas, a propagar o desespero, o medo e a guerra de todos contra todos. Nas ruas e praças, como nos espaços de informação, organização e debate, ao lado da cólera emocional desencadeada na tentativa de destruir os símbolos imediatos da opressão, desenvolve-se uma ira lúcida: a dos que resistem a deixar-se espoliar em benefício da lógica implacável dos especuladores.

Perante o descrédito dos partidos institucionais que têm dominado a democracia parlamentar instalada no país após a queda em 1975 do "regime dos coronéis", associada a um clientelismo endémico e a uma corrupção num grau extremo, sucedem-se as assembleias de democracia direta, as formas de desobediência civil, as primeiras experiências de autogestão, preludiando um sistema possível que, em nome do humano, rejeita a tirania dos mercados.

Ao mesmo tempo, a situação promove um cenário mais vasto, capaz de enquadrar novas possibilidades: o verdadeiro desafio não é já a preservação da identidade de um Estado mas, sim, a da Europa. Se todos os olhares se voltam para Atenas, para escapar à crise é necessário escolher a Europa que se quer reerguer. Nas ruas helénicas, como nas dos Estados que serão o cenário imediato da perda de soberania, tem lugar um combate pela construção de uma alternativa justa e democrática. A mais recente tragédia grega não passa pela derrocada da democracia como conceito, mas pela épica da sua refundação.

Rui Bebiano

Greve

A história da humanidade é pródiga em revoltas, motins e sublevações populares que exprimiam a desafeição dos despojados face à desigualdade e injustiça. As mais remotas poderão ser rastreadas até à revolta de Spartacus, na Roma Antiga; ou de artífices, no reinado do Faraó Ramsés III, cerca de 1200 a.C. A greve é, no entanto, genuinamente moderna, produto da emergência do modo de produção capitalista, em que a criação das condições de acumulação de capital estabeleceu a relação antagónica – capital/trabalho.

A palavra remonta a uma fonte Celta, *gravo,* origem do vocábulo francês *grève,* com o significado inicial de «terreno de cascalho à margem do mar/rio». Daí o topónimo *Place de Grève,* localizada numa das margens parisienses do Rio Sena, outrora lugar de (des)embarque de navios e, depois, praça de jorna e local de reunião de operários insatisfeitos. A Praça mudou de nome (1806), mas a palavra subsistiu no léxico com o significado de «estar de braços cruzados, parado, sem trabalhar». O termo inglês *"strike"* é contemporâneo deste e surge quando marinheiros, em apoio a manifestações ocorridas em Londres, removeram (*"struck"*) as velas dos navios aportados, impedindo-os de navegar (1768).

Greve é a cessação coletiva e voluntária do trabalho numa empresa, setor, categoria ou de toda a população trabalhadora com o propósito de obter benefícios e concessões. O único recurso, face à exploração e a condições desumanas de trabalho, era o de parar o trabalho, utilizando o seu poder de associação. É por isso que a relação greve-luta-negociação-sindicalismo é inseparável da constituição e ação do movimento operário, que procura limitar o mercado livre, desmercadorizar o trabalho e ampliar a cidadania social, parte integrante do repertório de ação coletiva enquanto o antagonismo capital/trabalho subsistir. Em Portugal, a primeira Lei da Greve surge com a 1.ª República (1910), revogada em 1927, prenunciando o *Estado Novo*, e apenas legal e constitucionalmente reconhecida após o 25 de Abril de 1974.

Hugo Dias

Guerra

O imaginário histórico, político e cultural do Ocidente está dominado por um legado de conflito. Só no século XX assistimos a duas Guerras Mundiais, ao Holocausto, à Guerra Civil de Espanha, à Guerra do Vietname, às pouco narradas Guerras Coloniais europeias no sul e às mais recentes guerras na ex-Jugoslávia e na ex-União Soviética. *Nunca mais* ou *jamais poderemos esquecer* são expressões que associamos a declarações públicas nos momentos comemorativos destes eventos. Sobre este compromisso, a geração que viu a Europa em escombros no pós-Segunda Guerra sonhou-a como "sonho futuro", como «manhã por vir / fronteiras sem cães de guarda, / nações com seu riso franco, / abertas de par em par», como escreveu o poeta Casais Monteiro, em 1946, e procurou criar uma Europa protegida do conflito bélico inerente à sua tendência ciclicamente suicidária. O mundo bipolar que saiu desta conjuntura, edificado sob o nome da Guerra Fria, levou à exportação do conflito para outras paragens, de que a guerra do Vietname é um dos primeiros exemplos.

Esta ordem planetária pós-Segunda Guerra, de que emerge uma Europa abalada, vai assumindo os Estados Unidos como ator principal do Ocidente, deixando a Europa fora da história e ensimesmada com os sonhos de prosperidade prometidos pela União Europeia. As várias intervenções internacionais, desde a primeira Guerra do Golfo até à intervenção no Iraque e Afeganistão, tiveram nos Estados Unidos o ator principal do Ocidente, coadjuvado pelo Reino Unido, e, nas várias guerras que foram eclodindo em África, a Europa não interveio como entidade coletiva – foram os países que intervieram individualmente, por norma guiados por antigas relações coloniais.

Por isso, o estado de suspensão de sentido que hoje vivemos na Europa vai muito além da crise bancária, financeira e orçamental. É o falhanço da prosperidade e riqueza do continente, que os anos 1990 sugeriam, e o falhanço do retorno de centralidade que a queda do Muro de Berlim abriu como horizonte e que hoje se fecha nas divisões do tecido europeu a que assistimos, em que a concentração de riqueza na mão de poucos e a pobreza de muitos se torna evidente nas manifestações de rua na Europa e por todo o mundo, reavivando o fantasma íntimo europeu do conflito bélico, com o qual a Europa ciclicamente convive.

Margarida Calafate Ribeiro

Habitação

No século XIX, Engels reagia à afluência desmedida de multidões à cidade, força de trabalho destinada a alimentar a produção industrial, argumentando que a crise do alojamento só se tornava um problema real quando, por um lado, afetava não só a classe operária mas também as outras classes, nomeadamente a pequena burguesia, e, por outro lado, ameaçava a própria burguesia pela promiscuidade de uma coabitação miserável e doentia.

Ao longo do século XX, a questão da habitação põe-se, num primeiro momento, como um direito que os Estados-Providência europeus concediam aos seus cidadãos. No período entre as duas guerras, os governos e os municípios dos países industrializados do norte da Europa forneceram dezenas de milhares de habitações e controlaram o mercado fundiário e imobiliário, adequando as cidades e os seus subúrbios às crescentes exigências populacionais. No segundo pós-guerra assistiu-se à produção de habitações em massa, para albergar um cada vez maior número de pessoas, mas a disponibilidade de terrenos muito afastados das cidades, a estandardização excessiva dos fogos, bem como a ideia moderna de redução da condição habitacional humana a uma função, levaram a um aprofundamento das reflexões que as ciências sociais dedicaram ao tema e a um ponto de viragem no modo de encarar o problema.

Hoje em dia, há duas premissas essenciais para enfrentar os graves problemas habitacionais do mundo: a da autonomia social na decisão, considerando que a disponibilização de habitações não deve ser uma imposição de quem acha que as populações estão mal alojadas, mas uma iniciativa das próprias populações; e a do direito à cidade, propondo reconstruir e redensificar os centros abandonados das cidades com as populações pobres, tendencialmente afastadas para periferias muito remotas. A velha asserção de Engels conhece hoje uma alteração de escala, superando a dimensão de vizinhança da cidade industrial europeia oitocentista, para se assumir como fenómeno mundial. A coabitação interclassista passou, com efeito, para a escala do planeta. A proximidade mediática das metrópoles superpovoadas do sul tornou-se tão "incómoda" quanto a proximidade real dos bairros de lata das cidades dos países ditos desenvolvidos e é por de mais evidente para que seja possível fugir-lhe.

José António Bandeirinha

Homofobia

Mais do que um medo irracional, a homofobia consiste num preconceito gerador de atitudes negativas face à homossexualidade. Utilizada de forma englobante, esta noção reporta-se simbolicamente a outros processos de exclusão social incluindo pessoas transgénero (transfobia) e bissexuais (bifobia), afetando qualquer indivíduo percecionado como marginal à norma heterossexual dominante. A homofobia manifesta-se através de comportamentos hostis e agressivos, tais como o insulto, o *bullying* e outras formas de violência com base na orientação sexual e/ou identidade de género (real ou percecionada), mas também através do silenciamento e da invisibilidade de pessoas LGBT (lésbicas, *gays*, bissexuais e transgénero).

Atitudes e comportamentos homofóbicos são penalizados pelo enquadramento jurídico nacional a vários níveis. Em 2004, Portugal tornou-se o primeiro país europeu e o quarto a nível mundial a incluir na sua Constituição a proibição de discriminação com base na orientação sexual (artigo 13.º, Princípio da Igualdade). Em 2007, os crimes de ódio homofóbico sofreram um agravamento da sentença prevista no Código Penal Português e os crimes de violência doméstica passaram a incluir violência conjugal entre pessoas do mesmo sexo. Não obstante o progresso jurídico, persistem discriminações na esfera da parentalidade e do transgenderismo, bem como a nível sociocultural. Por isso, o Dia Internacional Contra a Homofobia, 17 de maio, é assinalado com diversas iniciativas por todo o país, incluindo uma Marcha em Coimbra desde 2010.

O agravamento das condições económicas antecipa maior exclusão decorrente da hierarquização das prioridades políticas e fundos públicos disponíveis para apoiar trabalho social nesta área. Acresce que uma maior dificuldade em iniciar uma vida autónoma – saindo da casa dos pais, por exemplo – representa, em regra, uma "saída do armário" tardia, com consequências significativas em termos de invisibilidade e autoestima. Em suma, em situação de maior vulnerabilidade social e económica, os processos de discriminação por homofobia, bifobia e transfobia tendem a acelerar e a agravar-se em todas as esferas da vida pública e privada.

Ana Cristina Santos

Horário de trabalho

O tempo é uma característica estruturadora das sociedades, considerando-se de um ponto de vista sociológico a existência de múltiplas temporalidades sociais. Também na esfera laboral, a questão do tempo de trabalho se coloca com a força histórica do processo de exploração na sociedade capitalista. Afirma-se que a regulamentação das horas de trabalho por via legal ou através da negociação coletiva foi a mais notável restrição ao poder de comando decorrente da propriedade dos meios de produção. Enquadrada no conjunto de medidas previstas nas *factory acts* – que marcam simbolicamente o início de uma legislação de caráter social –, a regulação do tempo de trabalho foi objeto de discussão na primeira conferência da OIT, dando origem à primeira convenção sobre o horário de trabalho, publicada em 1919, estabelecendo o dia de trabalho de oito horas e a semana de trabalho de 48 horas.

Mais recentemente, no âmbito das teses do fim do trabalho, voltou a reequacionar-se o papel desempenhado pelo tempo de trabalho na criação de emprego e estilos de vida. Alvo de permanente negociação entre os parceiros sociais, o tempo de trabalho foi sendo categorizado como trabalho a tempo inteiro, a tempo parcial, trabalho por turnos, noturno, fins de semana, trabalho suplementar, relacionando-se quer com a penosidade, quer com a qualidade do trabalho.

O alargamento do tempo de trabalho é uma reivindicação recorrente por parte das entidades patronais, as quais pretendem obter uma diminuição dos custos do fator trabalho. Trata-se de uma lógica gestionária a que se recorre, uma vez mais, no contexto da atual crise. A possibilidade de negociação individual dos horários de trabalho, inscrita na ideia do banco de horas (por sinal consagrada no acordo de concertação social *Compromisso para o crescimento e emprego,* janeiro de 2012), acentua a individualização das relações laborais e desestrutura a lógica coletiva de negociação. Este é um ponto particularmente delicado porque a dimensão coletiva da regulação dos tempos de trabalho sempre esteve em estreita articulação com os instrumentos de regulamentação coletiva. Por esta razão, importa manter na esfera da negociação coletiva a capacidade de empregadores e organizações sindicais encontrarem soluções conjuntas.

António Casimiro Ferreira

Humanidades

Na "sociedade do conhecimento", em que o papel da linguagem e da cultura como meios de produção surge como claramente decisivo, é iniludível a centralidade dos objetos tradicionais das Humanidades – o ser humano no tempo e no espaço, a cultura, a memória, as linguagens e os respetivos usos sociais. Ao mesmo tempo, contudo, no contexto da universidade, transformada num sistema burocrático organizado segundo critérios de eficiência e de racionalidade económica moldados pela lógica do capitalismo neoliberal em tempos de globalização, a vulnerabilidade das Humanidades tornou-se mais patente do que nunca.

Deste ponto de vista, a crise das Humanidades não exprime senão a crise mais geral, dominada pela hegemonia de conceções da economia, da política e da sociedade que conhecem apenas uma razão instrumental e para as quais, por conseguinte, a interrogação autorreflexiva e a busca de sentido próprias da perspetiva das Humanidades são inteiramente irrelevantes.

Neste contexto, o desiderato da antropologização do saber, que orienta a visão renovada de um campo do conhecimento menos interessado num conceito coisificado de cultura do que na forma cultural do mundo, constitui-se como princípio crítico fundamental. Assim, a exploração do potencial ética e politicamente transformador de umas Humanidades inconformadas com a atomização das esferas do conhecimento e da experiência próprias da história única da modernidade ocidental e, consequentemente, apostadas em tomar como objeto uma reflexão transversal sobre o conjunto da sociedade contemporânea em todos os seus aspetos, pode constituir-se como uma parte essencial da crítica ao pensamento hegemónico. Deste ponto de vista, as Humanidades são parte insubstituível do processo de construção de uma alternativa ao pensamento hegemónico, cuja receita para sair da crise é, simultaneamente, a receita para a perpetuação desta e para a consequente negação de dimensões fundamentais do ser humano.

António Sousa Ribeiro

Humanitarismo

O conceito de humanitarismo tem as suas raízes associadas à criação do Comité Internacional da Cruz Vermelha, em 1863, que gerou as condições para que uma organização não política pudesse prestar auxílio humanitário a populações em risco. É normalmente aplicado em dois contextos: guerra e catástrofes naturais. Em qualquer um destes contextos está subjacente a ideia de que, em casos extremos de sofrimento humano, é possível e desejável que atores internos ou externos prestem auxílio a quem mais precisa.

Na sua conceção clássica, o humanitarismo é pautado pelos princípios de humanidade, imparcialidade, neutralidade e independência. O final da Guerra Fria ditou mudanças na visão clássica do humanitarismo resultantes de uma ordem mundial caracterizada por alterações geopolíticas e pela erosão progressiva da distinção entre combatentes e civis, confrontando a comunidade internacional com novos cenários de crise e novos desafios. O número crescente de missões humanitárias, a par de um certo abuso do "rótulo" humanitário, criou alguma confusão relativamente ao verdadeiro caráter e propósito do humanitarismo, tornando-o um conceito mais complexo e fragmentado.

A era pós-1990 ficou igualmente marcada pela afirmação de uma conceção de humanitarismo ("novo humanitarismo") assumidamente mais política, adotada por governos, agências internacionais e muitas organizações não-governamentais, desafiando o paradigma clássico e considerando que, em contextos de crise humana estrutural, os objetivos tradicionais de salvar vidas e aliviar o sofrimento humano eram meramente paliativos. No contexto atual, e em particular após o 11 de setembro de 2011, o conceito e prática do humanitarismo confrontam-se com importantes questionamentos éticos resultantes de lógicas de politização e instrumentalização dos princípios humanitários por parte de atores políticos, que têm vindo a distorcer a essência do humanitarismo.

Daniela Nascimento

Identidade

Etimologicamente, identidade é a qualidade do que permanece igual a si próprio. O conceito tem, assim, no seu cerne, uma dimensão essencialista, assente no pressuposto do fechamento em fronteiras estanques, no interior das quais um indivíduo ou um grupo social afirma um conjunto de traços distintivos só seus, indicativos de uma pertença de classe, raça, sexo, religião, etc. indiferente às transformações do devir histórico ou às incidências das inter-relações sociais e culturais. "Identidade" é inseparável da noção enfática de sujeito surgida na modernidade e da extensão romântica dessa noção na figura de um "sujeito coletivo", exemplarmente representada pela ideia de nação. A reflexão contemporânea tem vindo a pluralizar o conceito, sublinhando o seu caráter construído e contingente: as identidades são socialmente produzidas e dependem de modos de afirmação da diferença que não são estáticos, mas dinâmicos – em rigor, as identidades são sempre interidentidades. Em conformidade, conceitos como ambivalência, hibridismo ou interculturalidade apontam para uma lógica de múltiplas pertenças e para modelos abertos. Estes, por sua vez, são postos inteiramente em causa por uma insânia da identidade, como a subjacente ao modelo fundamentalista do conflito das civilizações, que apenas concebe a relação entre culturas e identidades na forma de uma simples coexistência hostil e, no extremo, na forma da guerra.

Os contextos de crise são propícios ao retorno a visões fechadas e a noções excludentes de fronteira. Se é verdade que a reivindicação de identidade enquanto "essencialismo estratégico" serviu, em momentos determinados, a grupos oprimidos para se tornarem visíveis na sua especificidade e conquistarem reconhecimento (veja-se, por exemplo, o movimento da negritude), não é menos certo que um conceito tradicional de identidade como mesmidade se nutre de uma retórica das raízes fundamentalmente conservadora. Um conceito mais aberto substitui essa retórica por uma lógica das opções e das alternativas, como fundamento de uma visão cosmopolita que não nega as dinâmicas de pertença, mas as concebe num quadro balizado por práticas de tradução no seio das quais os quadros de referência estão sempre sujeitos a um reequacionamento e os modos de relação se estabelecem a partir de uma noção abrangente de reconhecimento.

António Sousa Ribeiro

Ideologia

Com o "fim das ideologias", projetado nos anos 1960 por Daniel Bell, resultante do facto de a "sociedade de bem-estar" haver exaurido o dinamismo e as capacidades de instigação de uma teleologia da História propostas pelo liberalismo, pelo nacionalismo e pelo socialismo, ter-se-ia desembocado numa era pós-ideológica. Desta emergiu um pensamento consensualista, expurgado das contradições, alimentando-se do realismo do possível e de um pragmatismo alheio a qualquer lógica transformadora e emancipatória.

A derrocada das ideologias significa, no entanto, não o seu suposto fim mas a imposição, na condição de hegemónica, de uma ideologia incorpórea, insidiosa porque auto-ocultada, apresentada como única forma de pensamento possível, feita de unanimidades e de valores universais tomados como absolutos, associados a um imutável senso comum. Esta não-ideologia imporia uma mistificação das assimetrias e dos conflitos, apresentados como dirimíveis apenas dentro de uma lógica de estabilidade que seria a do capitalismo e a de uma democracia de baixa densidade.

É neste quadro que o "fim das ideologias" produziria esse "fim da história", sugerido no imediato pós-Queda do Muro por Fukuyama, no âmbito do qual presente e futuro passariam a ser inteligíveis apenas na medida do «realismo conformista do possível». Todavia, a crise atual e as suas circunstâncias têm vindo a revelar a inadequação desta atitude às necessidades sociais e à ação política, determinando uma gradual revalorização do «realismo revolucionário do impossível» (S. Dias). Este surge então como possibilidade e projeto político que faz sentido. Porém, o impossível não é aqui sinónimo do irrealizável, projetando antes uma oportunidade teórica capaz de dialogar com a construção prática de iniciativas transformadoras, implicando um retorno à essência da ideologia tal como concebida por Marx – o filósofo da revolução, não o monstro criado pela dogmática –, enquanto complexo de ideias instigador de uma "ciência falsa" meramente instrumental (Althusser), mas também capaz de projetar uma sociedade outra. No presente, em condições de inverter a lógica destrutiva do capitalismo, soltando a imaginação do futuro e expulsando o perigoso logro da não-ideologia. Pois, como sustenta Zizek, a ideologia está em toda a parte.

Rui Bebiano

Imigração

A imigração ganhou visibilidade e importância no panorama português nos anos 1990/2000 com o aumento do número de entradas e a diversificação da origem dos imigrantes, não mais exclusivamente provindos das ex-colónias portuguesas. O novo mapa geopolítico europeu e mundial desenhado após a queda do muro de Berlim e do colapso soviético, bem como a simultânea dinamização da economia portuguesa, sobretudo no setor da construção civil, trouxeram a Portugal um número nunca visto de imigrantes. Em 2010, a população imigrante representava 4,3% da população residente em Portugal e em 2011 o saldo migratório ainda apontava para uma maior entrada do que saída de pessoas no país.

No presente momento histórico, esta tendência está a ser alterada pelo contexto de crise nacional e pelo crescimento económico de países como o Brasil e Angola ou dos países do Leste europeu, que atraem de volta muitos imigrantes, como aliás também emigrantes portugueses, como é o caso dos dois países citados. O aumento do desemprego, a precariedade do trabalho e o decréscimo da economia, em contraste com o crescimento de alguns dos países de origem dos imigrantes, está a conduzir a uma verdadeira hemorragia de mão-de-obra em Portugal. Tal como esta mão-de-obra foi importante para garantir um crescimento económico nas últimas décadas, também a sua ausência terá um grande impacto neste contexto de crise financeira, não contribuindo para o atenuar dos seus efeitos. Este é um dos indicadores mais fortes da economia real portuguesa: o saldo migratório negativo que se pode atingir em 2012 revela a fragilidade da nossa economia. Acresce às consequências económicas o embate das políticas de austeridade nas políticas de integração dos imigrantes, com o possível apontar de culpas, em tempos onde o emprego e o trabalho rareiam, aos que «vêm de fora ocupar os postos dos portugueses», potenciando o recrudescimento de atitudes discriminatórias.

Não haverá diálogo intercultural que resista à crise económica, com os consequentes problemas sociais, nem uma convivência harmoniosa entre as diferentes comunidades se não houver uma intervenção política forte.

Elsa Lechner

Impostos

Montantes financeiros cobrados pelo Estado às pessoas e empresas, com o objetivo de suprir as despesas de administração e as políticas públicas. Em tese, os valores arrecadados por cobrança de impostos servem a prossecução do bem comum, ao serem aplicados na provisão de bens e serviços públicos, tais como justiça, segurança, defesa, saúde, educação ou solidariedade social. Classificam-se habitualmente em diretos e indiretos, com os primeiros a incidirem sobre o rendimento do/a contribuinte (IRS ou IRC) enquanto os segundos, como o IVA, são um adicional ao custo de produção que se reflete no preço final de todos os bens e serviços.

A cobrança de impostos tem um comportamento consonante com o ciclo económico. Nas fases de expansão do rendimento verificam-se aumentos automáticos nas receitas de impostos pois a matéria coletável aumenta. O inverso acontece quando abranda o crescimento económico. No contexto da presente crise, o Estado tem procurado aumentar as suas receitas para diminuir o défice público, através do aumento das taxas de imposto. Contudo, o aumento de receita fiscal daí resultante é contrariado pelo efeito decorrente da redução do rendimento nacional, sendo provável que o resultado líquido destes efeitos de sentido contrário seja uma redução da receita do Estado. Acresce ainda que, a partir de um certo nível de taxação, considerado razoável pela generalidade da população, se verificam comportamentos mais ou menos generalizados de evasão fiscal, mais prováveis em períodos de dificuldades económicas para as famílias e empresas. Ou seja, a redução do défice orçamental do Estado dificilmente se consegue num contexto de empobrecimento generalizado, porque deste decorre automaticamente a redução da receita fiscal.

Nas últimas décadas tem-se verificado uma tendência para tributar mais intensamente os rendimentos do trabalho do que os do capital, com base na justificação da maior mobilidade (leia-se "capacidade para fugir") deste último. Esta desigualdade fiscal entre capitalistas e trabalhadores foi agravada pelas medidas de austeridade adotadas no contexto da atual crise.

Lina Coelho

Indignados

É o cultivar do sentimento de revolta com o sistema político e económico dominante, e que desde 2011 se tem materializado num movimento de contestação social contracultural que procura resgatar o debate e a decisão política para a vida quotidiana através da ocupação dos espaços públicos. Céticos com a inevitabilidade da austeridade imoral imposta pela crise, e não se sentindo representados pelos decisores políticos, da indignação fez-se resistência e os indignados rapidamente se transformaram num movimento mundial antiapatia reunido em mais de 706 praças públicas. Originário nos protestos da Puerta del Sol em Madrid, o lema *Por Uma Democracia Verdadeira* fez milhares viverem durante semanas nas ruas por uma revolução ética onde o ser humano está acima do dinheiro. Organizados em assembleias populares locais, debateram-se as alternativas de um movimento mundial que se quer pacifista, laico e apartidário. Estas formas igualitárias de organização promovem a reconcepção da democracia e contrariam o modelo parlamentarista que agrega em torno de si formas de decisão vertical.

Em Portugal, ocuparam-se as principais praças de Lisboa, Porto, Coimbra e Barcelos, um ato inspirado e solidário com a indignação organizada. Graças às redes sociais, o movimento ganhou uma adesão popular que amplificou a dimensão local dos protestos e enriqueceu a construção coletiva de uma declaração pública de princípios e intenções que confluía para uma declaração mundial. Assumida na diversidade de pessoas que compõem a indignação (ideológica, religiosa, geracional, de classes, de identidades e sexualidades), nas ruas abre-se espaço para as vozes que os processos tradicionais de decisão não contemplam, como contraposição ao seu domínio pela corrupção política e dos interesses financeiros. Exige-se uma democracia que priorize princípios de igualdade, solidariedade, liberdade, cultura e felicidade, apelando à união de todas as pessoas e rejeitando a visão do individualismo económico. Atualmente os indignados, apesar de não estarem a ocupar as praças, mantêm o seu sentido de *Acampada* e continuam a organizar reflexões e protestos localmente.

Bela Irina Castro

Individualismo

Enquanto elemento fundador da liberdade pessoal na sua relação com todas as formas de organização coletiva, o individualismo é frequentemente defendido como um valor positivo. Partindo do pressuposto segundo o qual do esforço do indivíduo resulta a criação de bens – materiais e imateriais – que beneficiam toda a comunidade, é também valorizado na organização económica e social. Pensar o individualismo obriga a articulá-lo com o contrato social, com origem em Hobbes, Locke e Rosseau, que pressupõe a renúncia a um certo grau de liberdade individual em troca de direitos jurídicos, de proteção do indivíduo e da propriedade privada. Sendo, na origem, politicamente um conceito emancipatório, no entanto, o individualismo não deixa de ter implicações éticas na relação interpessoal.

A década de 1980 viu o triunfo de um hiperindividualismo egocêntrico e mesmo narcísico que se traduz em fenómenos tão diversos como o culto do corpo e o neoliberalismo económico. Nessa mesma década, Pateman denuncia o contrato social como um falso consenso que esconde relações de dominação e subordinação – que atingem particularmente as mulheres e os mais pobres –, hipótese mais tarde alargada como o perigo do "contrato da indiferença mútua" (Geras), que coloca a questão no campo da ética.

Uma crise económica é acompanhada por uma crise de caráter moral, visível nos discursos sobre "perda de valores". Perdida a matriz de referência ética, práticas que já eram comuns mas se ocultavam sob uma retórica socialmente aceitável passam a ser assumidas e mesmo incentivadas: instala-se o darwinismo social, uma guerra de todos contra todos, que responsabiliza os excluídos pela sua exclusão e premeia os mais implacáveis pelo triunfo a qualquer preço. Etimologicamente, "crise" significa "momento de decisão", "mudança súbita"; assim, a anunciada iminência do fim dos valores é uma oportunidade para pensar uma forma de estar do indivíduo na organização social que proteja a liberdade – de pensar e de agir individualmente –, mas não conduza à indiferença. Pelo contrário: que inclua a responsabilidade perante o (outro) humano e a obrigação da solidariedade.

Adriana Bebiano

Indústria

As transformações da indústria, relacionadas com a difusão das tecnologias da informação e comunicação, evidenciam que a dinâmica deste setor tem uma natureza sistémica que se expressa na afirmação de novos domínios de atividades, de novas lógicas produtivas, de novas competências, de novos modelos de inovação e de novas conceções de regulação.

A utilização de circuitos integrados, de fibras óticas e de tecnologias digitais aumenta a capacidade para transportar informação, favorece o desenvolvimento das indústrias da eletrónica, dos computadores e das telecomunicações e permite compatibilizar automatização e flexibilidade de processos de fabrico, mesmo em indústrias tradicionais. A difusão das novas tecnologias é também acompanhada pela convergência entre as lógicas de funcionamento dos serviços e da indústria: para além de serem mais frequentes os processos de "industrialização de serviços", com o fabrico de bens industriais que substituem serviços, ganham expressão práticas de "terciarização de indústrias", baseadas na compressão do tempo entre produção e consumo, como o sistema *"just-in-time"*. Envolvendo contactos mais frequentes entre produtor e utilizador, a terciarização que acompanha a difusão das novas tecnologias intensifica interatividades das diversas indústrias e da indústria com os outros setores, acentuando-se a natureza difusa das fronteiras, e dos próprios conceitos, desses setores.

Em estruturas produtivas muito dependentes de atividades tradicionais, em crise e com fenómenos de desindustrialização, como na economia portuguesa, o desenvolvimento industrial depende, de forma muito significativa, da aplicação de políticas que estimulem três vetores: a criação dos novos domínios industriais referidos, a consolidação de complementaridades produtivas de modo a que esses domínios contribuam para valorizar a indústria e os outros setores da economia, o desenvolvimento das competências adequadas às novas lógicas produtivas e a aprendizagens coletivas de conhecimentos complexos.

João Tolda

Indústrias culturais

As indústrias culturais utilizam o conhecimento, a criatividade e a propriedade intelectual para produzir produtos e serviços com significado social e cultural. As indústrias culturais têm taxas de autoemprego mais elevadas do que outros setores e empresas muito pequenas dominam normalmente as cadeias de produtos criativos. Estes criadores e produtores são flexíveis, inovadores e ligados em rede, mas também frágeis e vulneráveis.

Muito embora as indústrias culturais ou criativas sejam frequentemente tratadas como um setor coerente, cada subsetor caracteriza-se por atividades bastante distintas, com diferentes processos e sistemas de valores, em relação à arte e ao comércio. A designação "atividades culturais e criativas" é frequentemente usada para afastar as conotações associadas a "indústrias" e refletir de forma mais exata a natureza e a diversidade do trabalho artístico e cultural. O crescimento da economia criativa evidenciou o potencial económico de produtos culturais e posicionou as indústrias culturais e criativas como fontes de experimentação e inovação para a economia em geral. O Programa Europa Criativa, da União Europeia, é o enquadramento macro disponível atualmente. São diversas e altamente contextualizadas as estratégias localizadas para promover indústrias culturais, com numerosas iniciativas empenhadas em fomentar atividades culturais catalisadoras da transição e do desenvolvimento económicos.

No atual clima de austeridade, o Governo está a centrar a sua atenção na exportação de produtos de indústrias culturais/criativas portuguesas – especialmente em áreas não linguísticas, como o *design* de mobiliário e de moda – como um setor de potencial crescimento económico e desenvolvimento. Esta estratégia faz-se eco de iniciativas de economia criativa visíveis em outros países europeus. No entanto, à medida que a política governamental se centra nas indústrias culturais/criativas "exportáveis", corre-se o risco de atividades culturais menos comerciais perderem incentivos e serem ameaçadas. Esta questão é particularmente grave num momento em que as políticas e os programas culturais fundamentais são associados a algumas incertezas. Uma ambiguidade que pode comprometer os objetivos de desenvolvimento económico com o tempo. É seriamente inquietante que a maioria das artes e das atividades culturais possa ser vista apenas a partir da ótica do "desenvolvimento e progresso económico".

Nancy Duxbury

Inovação

O conceito de inovação tem vindo a ganhar proeminência no discurso público em anos recentes, em resultado do reconhecimento da sua importância central para o processo de crescimento económico. Neste contexto, a inovação é particularmente associada à invenção de novas tecnologias, frequentemente com o contributo da investigação académica. No entanto, a inovação vai para além da dimensão tecnológica, abrangendo também a dimensão organizacional ou de *design*. Distingue-se do processo de invenção (passível de registo de patente), correspondendo antes à efetiva utilização económica de um novo produto ou processo, o que normalmente requer um período posterior de desenvolvimento e investimento consideráveis. Assim, este processo de inovação tanto pode corresponder à introdução de um novo produto ou processo a nível global como simplesmente a nível local, baseado na capacidade para a imitação avançada.

Com a maior capacidade de partilhar conhecimento em redes, tem-se vindo a desenvolver um novo modelo de "inovação aberta", com amplos contributos dos respetivos utilizadores. O alargamento da participação nos processos de inovação é também evidente no conceito de "inovação social", com a participação de organizações do terceiro setor, bem como do setor público. Este alargamento do conceito de inovação imprime também uma outra visão da inovação, indo para além do papel central da empresa e do contributo da Universidade, e centrando-se no seu impacto social. A inovação é atualmente identificada como a base do crescimento futuro das economias europeias, no período pós-crise. No entanto, não só a competitividade futura em inovação pode ser afetada pelas políticas de austeridade na Europa e pela falta de liquidez financeira e capacidade de investimento, como a competitividade externa, dos países do Sul global, é também cada vez mais baseada neste processo.

É importante refletir sobre uma visão da inovação como simples solução. Recordemo-nos de que várias inovações financeiras em anos recentes estiveram na origem da crise financeira iniciada em 2008. Este facto é apenas mais um alerta para nos lembrar da necessidade de uma governação responsável das inovações emergentes.

Tiago Santos Pereira

Insegurança

A insegurança é um dos temas centrais das atuais narrativas urbanas, com eco nos meios de comunicação social, nos debates políticos e académicos e nas conversas quotidianas. Em contextos de crise económica e social – marcados por incertezas e vulnerabilidades –, ganha dimensões e contornos especiais, acentuando-se a sua utilização enquanto instrumento de controlo e de estigmatização. Por insegurança entende-se a inexistência, em termos objetivos, de condições que garantam o bem-estar físico, económico, social e político dos indivíduos e das comunidades ou, em termos subjetivos, o receio de que este bem-estar possa ser posto em causa. O sentimento de insegurança resulta, assim, de uma combinação de vários fatores, entre os quais a experiência de vitimização direta ou próxima, o grau de solidariedade existente nas comunidades ou a proximidade geográfica a locais marcados pela exclusão social e disparidades socioeconómicas e culturais.

As mensagens e imagens veiculadas pelos meios de comunicação social desempenham neste contexto um papel importante, no sentido em que alimentam um imaginário coletivo que frequentemente responsabiliza determinados grupos sociais (imigrantes, jovens, desempregados, etc.) pela insegurança. Não sendo, na maioria das vezes, realidades sincrónicas, o sentimento de insegurança e a insegurança "real" têm consequências diretas no dia-a-dia das pessoas, visíveis, por exemplo, na implementação de estratégias e ações privadas de autoproteção em consequência, muitas vezes, do não cumprimento das expectativas de proteção dos cidadãos por parte do Estado.

O conceito de (in)segurança foi acoplando à sua dimensão militar/estatocêntrica inicial outras preocupações – saúde, alimentação, ambiente, cultura, direitos, etc. –, sintetizadas no conceito de (in)segurança humana. Nos últimos anos, verifica-se um retrocesso neste caminho. A prioridade dada à chamada indústria da segurança em detrimento das políticas sociais é claramente prova disso.

Katia Cardoso

Insolvência

Chama-se insolvência à situação em que uma empresa ou um indivíduo não consegue cumprir os seus compromissos financeiros atempadamente, por insuficiência de rendimento e de liquidez. Traduzida numa ação judicial, a insolvência (ou falência) corresponde a um processo de execução coletiva por dívidas, no qual são identificados os vários credores e o valor dos respetivos créditos, e é liquidado o património do devedor de modo a satisfazer o mais possível esses créditos.

A insolvência surgiu como uma resposta jurídica para um problema de mercado: a cessação de pagamentos de um comerciante, com prejuízo para os seus credores. A partir de finais do séc. XIX, o direito norte-americano abriu o processo de falência às pessoas singulares, no momento em que o consumo se massificava e o crédito se expandia entre as famílias. Em Portugal, a insolvência das empresas surgiu pela primeira vez na lei em 1603 e a das pessoas singulares em 1935.

Até 2007, a falência de pessoas singulares em Portugal era marginal. O agravamento das condições económicas do país alterou este estado de coisas e trouxe um aumento acentuado do número de pedidos de insolvência de empresas e de consumidores. Comparando o primeiro trimestre de 2007 com o primeiro trimestre de 2011 verifica-se que o número de processos aumentou mais de 200%. Em 2011, e pela primeira vez, os pedidos de falência de consumidores superaram os de empresas: 7316 pessoas, face a 4468 empresas. A maioria dos insolventes (empresas e consumidores) situa-se na região Norte. Se a insolvência de empresas pode ser vista como um meio de "expurgar" do mercado empresas que não são viáveis, a insolvência de 15 mil empresas nos últimos quatro anos não constitui uma simples operação de limpeza, antes um sintoma da crise profunda que o país atravessa. O mesmo sucede com o aumento vertiginoso do número de famílias insolventes. Sem emprego ou com rendimentos diminuídos, com despesas acrescidas, múltiplos créditos e poupanças fracas ou esgotadas, muitos consumidores portugueses acabam por recorrer à falência como solução de último recurso, mesmo sabendo que irão perder a casa, o carro e outro património, mesmo arriscando não receberem o perdão das dívidas que não conseguirem pagar durante cinco anos.

Catarina Frade

Investimento

Na definição de Keynes na *Teoria Geral*, o investimento é «a adição ao equipamento de capital». Trata-se do aumento das condições através das quais se pode produzir mais valor, pois é este o significado de capital neste contexto. Tão importante como a definição é a noção de que o investimento está ligado a um tempo futuro, isto é, a uma vida útil durante a qual vai propiciar mais produção, gerando por isso retornos ("retornos prospetivos").

O investimento está, pois, associado ao desenvolvimento, no sentido em que dele depende a possibilidade de criar mais riqueza e mais emprego. E está igualmente associado à orientação dessa capacidade para determinados fins, em função dos setores ou atividades em que se investe (composição do investimento). Podem distinguir-se vários tipos de investimento: diretamente produtivo (máquinas, equipamentos), em capital fixo social (infraestruturas gerais e serviços coletivos), em qualificação das pessoas (escolarização, formação, ciência). Num contexto de crise, o investimento é um instrumento para contrariar um ciclo depressivo, tanto do produto como do emprego, e para reorganizar a economia. Mas é também uma das variáveis que, na ausência de posições voluntaristas coletivas, sofre um impacto negativo mais forte, por duas razões essenciais. Porque as expectativas são sombrias e falta a confiança. E porque o investimento depende da poupança e esta dos rendimentos gerados por investimentos bem-sucedidos. Se estes estão afetados, as interdependências básicas que permitem o investimento ficam em causa.

Foi por isso que as experiências históricas que procuraram fazer do investimento um instrumento que contrariasse depressões, como o *New Deal* de F. Roosevelt, nos EUA, ou o Plano Marshall, já na Europa do pós-II Guerra, constituíram decisões que, através da iniciativa política, superaram as condições negativas da economia. É nessa perspetiva que igualmente se colocam os que hoje defendem um *Green New Deal* para contrariar a crise atual, juntando no mesmo termo a ideia de investimento e de reorientação da economia, neste caso para atividades sustentáveis dos pontos de vista económico, social e ambiental. Inversamente, as opções recessivas são as que não contrariam a tendência depressiva.

José Reis

Irlanda

Vinda de décadas de pobreza endémica e de emigração em massa, a Irlanda transformou-se radicalmente nos anos do grande crescimento económico, particularmente acentuado entre 1995 e 2007: foi o tempo do "Tigre Celta", então citado como exemplo do potencial transformador do capitalismo. Em 2008, a crise apanhou de surpresa duas gerações instaladas num nível de bem-estar que criam ser um inalienável direito seu. O país vive agora a experiência dolorosa da ameaça de um regresso à miséria – ainda na memória das pessoas mais velhas –, que se traduz em aspetos materiais concretos e que tem pesadas repercussões nas estruturas familiares e nas relações sociais.

Ao crescimento do desemprego e do trabalho precário acrescentam-se os cortes nos salários, afetando particularmente o funcionalismo público, que se vê obrigado a "poupar" em bens básicos, como a saúde. Se os mais pobres se tornaram visíveis nas ruas das cidades maiores – onde não era habitual haver pedintes –, é a perda do nível de bem-estar da classe média que é mais mediatizada, no que os jornais irlandeses chamam *"the middle squeeze"* ("o apertão do meio"). Um grande número de jovens não é capaz de pagar as prestações da casa própria e regressa à casa dos pais; as crianças pequenas são deixadas com os avós, que assim perdem o seu direito ao lazer; os eventos culturais estão a perder público; os irlandeses passaram a conviver em casa e, em média, a cada dois dias fecha um *pub*, uma mudança radical na sociabilidade do país.

Em outubro de 2011, foi eleito presidente Michael D. Higgins, professor universitário de Ciências Políticas e poeta, um trabalhista distante dos dois partidos que tradicionalmente ocupam o poder – Fianna Fail e Fine Gael –, homem com uma longa história de combate pelos direitos humanos, que mantém um discurso com preocupações sociais. A grande surpresa, frequentemente referida nos jornais, tem sido a resignação com que as medidas governamentais têm sido aceites, num país com justa fama de revoltas e uma longa tradição de combate. A decisão anunciada pelo governo, em fevereiro de 2012, de submeter o tratado europeu de estabilidade a um referendo é o primeiro sinal significativo de resistência.

Adriana Bebiano

Islândia

Durante 2008, a crise financeira atingiu gravemente a Islândia, um país de cerca de 300 mil habitantes, no noroeste da Europa. Após uma década de forte crescimento económico, assente em grande medida na especulação financeira, a economia islandesa tornou-se uma das primeiras vítimas da crise financeira internacional. O desemprego triplicou, a *Króna* (coroa islandesa) perdeu metade do seu valor relativamente ao Euro e a emigração de jovens quadros disparou.

Face à incapacidade de pagar os créditos contraídos pelos três maiores bancos privados islandeses, o governo decidiu não resgatar os bancos e permitir a sua falência, nacionalizando-os posteriormente. Em outubro de 2008, a Islândia tornava-se a primeira nação ocidental a solicitar apoio do FMI no contexto desta crise. A contestação social que emergiu, face às medidas de austeridade impostas pelo governo e à gestão danosa das contas públicas, acabou por conduzir à demissão do primeiro-ministro Geir Haarde, em janeiro de 2009, e ao seu julgamento por práticas danosas. A resposta islandesa à crise reveste-se de um simbolismo importante para a questão da democracia participativa na Europa e a formação de respostas alternativas à crise. Após a queda do governo de Haarde, o novo governo de centro-esquerda, liderado pela social-democrata Jóhanna Sigurðardóttir, anunciou uma iniciativa popular para redigir uma nova constituição através de assembleias de cidadãos e, sob iniciativa presidencial, realizou dois referendos populares sobre o pagamento da dívida da banca ao Reino Unido e aos Países Baixos. Em ambos os referendos, o povo islandês recusou assumir a dívida dos bancos falidos. Estas decisões, que vão contra as diretivas neoliberais do FMI e a prática de outros governos europeus, que optaram por resgatar os bancos privados financiando-os com capitais públicos, representam por isso uma resposta alternativa importante. A economia islandesa está a recuperar e o impacto social da crise tem sido minimizado através da expansão dos programas de apoio social no curto prazo. A Islândia apresentou também a sua candidatura à UE em 2009.

Licínia Simão

Itália

A crise atingiu a Itália de formas idênticas às de outros países, cruzando-se ao mesmo tempo com traços nacionais distintos. Também em Itália se estabeleceu um novo Governo, liderado pelo tecnocrata Mario Monti e apoiado por uma vasta coligação de esquerda-centro-direita, que começou a pôr em prática o "rigor orçamental". O sistema de pensões foi "reformado" e estão a caminho mais intervenções. Apesar da mão pesada do Governo, Monti continua a ser popular entre os italianos. Uma das razões é que Monti trouxe aos italianos sobriedade e reputação depois do (aparente) fim do desacreditado e decadente regime de Sílvio Berlusconi. Outra razão é que o Governo se apresentou como um paladino de um liberalismo justo e meritocrático, que a Itália nunca conheceu e que apela a diferentes setores da sociedade italiana. O Governo começou a combater a evasão fiscal com iniciativas fortemente mediatizadas e a atacar o corporativismo, promovendo a liberalização de determinadas profissões e setores da economia. Por fim, invocou um novo Estado social – o da flexigurança, de tipo escandinavo –, constituindo-o como parte do seu plano para redefinir o mercado de trabalho.

O discurso mobilizado nesta intervenção tem-se centrado na importância dos jovens para o futuro do país, nos aspetos positivos de uma vida laboral ativa e diversificada, e no valor da autonomia e do empreendedorismo. No entanto, faltam os meios para se instituir um Estado social universal, e a dependência da família, que o Governo por vezes ridicularizou, poderá continuar a ser essencial para os desempregados de todas as idades.

À medida que a imagem positiva da Itália, projetada pelo Governo, se for esbatendo, ou que os seus custos económicos e sociais (para não falar das implicações culturais) se tornarem evidentes, a insatisfação e o protesto poderão emergir. Nessa altura, os partidos políticos vão querer entrar em cena e liderar. A crise pode estar a redefinir a economia, o Estado social e a política de Itália, mas o final deste processo continua a ser pouco claro.

Michele Grigolo

Juros

O juro é o preço pago por um devedor ao credor pelo uso do dinheiro emprestado. As partes do contrato de crédito tanto podem ser pessoas, como empresas ou Estados. O juro é atualmente encarado com naturalidade como o preço do dinheiro determinado pela oferta e procura de dinheiro.

No entanto, ao longo da história, a legitimidade do juro esteve sempre sob suspeita. Na Grécia Antiga, Aristóteles ensinava que o dinheiro havia sido instituído para facilitar as trocas, esse seria o seu fim, e que gerar dinheiro a partir de algo "estéril" como o dinheiro era uma atividade absolutamente antinatural e condenável. Ao longo de toda a Idade Média, o juro (a usura), além de condenado em termos éticos, foi tornado ilegal. Alguns doutores da Igreja Católica defendiam que vender dinheiro é vender tempo e que uma vez que o tempo só pertence a Deus, o usurário está a vender algo que não lhe pertence. Outros argumentavam que a usura é uma falha à obrigação da caridade ou à justiça. Todos reconheciam que a usura pode encerrar um potencial de abuso da situação de alguém que é forçado a aceitar o endividamento em posição de necessidade extrema. As leis antiusura, mais ou menos modificadas, existiram na Europa cristã durante 500 anos, até que o Código Napoleónico as aboliu. Só em 1830 a Igreja Católica abandonou a doutrina antiusura, sem nunca a revogar.

A dívida e os juros tornaram-se palavras-chave nos discursos sobre a crise. A própria crise foi desencadeada por práticas creditícias especulativas em consequência das quais muitas pessoas, surpreendidas na armadilha do endividamento, deixaram de poder pagar os juros e viram-se privadas das habitações adquiridas a crédito. Até mesmo alguns Estados foram submersos na voragem dos juros especulativos. Face a mercados de capitais subordinados ao turbilhão especulativo, as interrogações éticas relativamente ao crédito e ao juro, subestimadas na modernidade, regressaram. Será indiscutível a legitimidade de uma atividade que consiste em transportar, sem esforço, riqueza do presente para o futuro, aumentando-a no percurso com a apropriação de parte dos frutos do esforço de quem lhe dá um uso produtivo?

José Maria Castro Caldas

Justiça social

O conceito de justiça social é muito eclético e polissémico, mas tem vindo a ser utilizado como a necessidade de alcançar uma repartição equitativa de diferentes bens sociais. Se, inicialmente, este conceito emergiu como uma forma de responsabilizar o Estado na correção das desigualdades que surgiam na esfera do trabalho e do mercado, rapidamente se alargou para outros mecanismos produtores de discriminação.

A justiça social é, pois, baseada no compromisso público com os princípios da igualdade, distribuição, redistribuição e respeito pela diversidade. Numa sociedade onde haja justiça social, os direitos humanos encontram-se assegurados e as classes sociais mais desfavorecidas contam com oportunidades de desenvolvimento. Se, tradicionalmente, a preocupação com a justiça social, em ambiente de crescimento económico, nem sempre é uma prioridade na agenda dos diversos governos, surgindo, por vezes, como capa de aparente promoção de igualdade, num clima de crise económica mais facilmente essa preocupação é reduzida.

Podemos identificar três vias pelas quais tal acontece. Em primeiro lugar, o aumento do desemprego, os cortes salariais, a redução das prestações sociais, o aumento dos impostos e dos custos de bens de primeira necessidade contribuem para o empobrecimento daqueles que já se encontravam no limiar da pobreza. Em segundo lugar, implica cortes em áreas fundamentais de criação de igualdade de oportunidades, como a educação, e pressupõe um aumento de custos no acesso a sistemas fundamentais, como a saúde ou a justiça. Em terceiro lugar, numa lógica de interseccionalidade, estas medidas afetarão mais gravemente aqueles que, sendo pobres, se encontram ainda mais marginalizados na sociedade, como as mulheres, os imigrantes ilegais ou as pessoas com deficiência. Neste cenário, é fundamental, também, que a mobilização política contra a exploração económica não silencie as reivindicações pelo reconhecimento cultural mas, antes, que haja um reforço da complementaridade entre estas lutas, uma vez que, se a exploração aumenta a discriminação, a discriminação favorece a exploração.

Madalena Duarte

Lazer

Nas décadas de 1950 e 1960, a conjuntura internacional de crescimento económico, o aumento da produtividade e a elevação dos níveis de vida alimentaram a utopia da sociedade do lazer e do tempo livre: uma sociedade futura em que as pessoas trabalhariam menos tempo e disporiam de rendimentos que lhes permitiriam usufruir de muito tempo livre para atividades de autoformação e enriquecimento cultural e de diversão e lazer. Este imaginário impregnou os estilos de vida das novas classes médias e as expectativas da classe trabalhadora, sob o pano de fundo do advento da sociedade de consumo de massas e do desenvolvimento das indústrias culturais, do entretenimento e do turismo.

Na matriz cultural das sociedades capitalistas do Norte, o lazer tornou-se um elemento central das aspirações e do sentido de autorrealização das populações. Mas essas aspirações incorporaram também conquistas políticas: as longas lutas sociais que, no século XX, consagraram direitos de cidadania social para os trabalhadores consagraram também o acesso ao lazer e ao tempo livre como um direito de cidadania de que todos deveriam poder beneficiar.

Passado cerca de meio século, a utopia da sociedade do lazer e do tempo livre está longe de se cumprir. O lazer, o entretenimento e o turismo são áreas de negócio em crescimento, mas o acesso ao que têm para oferecer está muito desigualmente distribuído, na linha das desigualdades económicas e sociais que se vêm reproduzindo: entre as populações do Norte e do Sul, entre as classes mais abastadas e as materialmente mais desprovidas de cada sociedade. Para lá da desigualdade, importa assinalar as exclusões que o atual contexto de crise económica intensifica: importantes franjas da população mantêm-se estruturalmente condicionadas ou mesmo arredadas do acesso a um tempo livre e a um lazer de qualidade: velhos e novos pobres, idosos com rendimentos precários, desempregados. Estes últimos, em número crescente, configuram a mais perversa materialização da utopia de há algumas décadas: têm muito tempo livre, mas nenhumas condições para dele usufruir com qualidade.

Claudino Ferreira

Leis

A vida dos cidadãos é, em grande parte, condicionada por leis, que regulam igualmente toda a atividade de empresas, associações e do Estado e determinam os comportamentos considerados crime. As leis, dependendo da matéria que regulam, são elaboradas pela Assembleia da República ou pelos órgãos do Governo. Podem ainda ter origem, direta ou indiretamente, nos órgãos da União Europeia. As leis são formalmente legítimas, desde que cumpram os requisitos para a sua aprovação e desde que não estejam em contradição com a Constituição da República.

Uma vez publicadas, são de cumprimento obrigatório para todos e mantêm-se em vigor até serem alteradas ou revogadas por outras. O que significa que os vários espaços sociais por si regulados (familiar, financeiro, económico, laboral, social, estatal) podem ser objeto de alteração sempre que mude o governo ou as forças políticas em maioria no Parlamento. Aprovadas pelo poder político, refletem a ideologia, os interesses, a visão estratégica para o país e para sociedade (de maior ou menor inclusão social e aprofundamento democrático) das forças políticas dominantes no momento da sua publicação. As leis podem, assim, ampliar ou restringir liberdades e direitos constitucionalmente consagrados ou atribuídos por leis anteriores (direito à saúde, à proteção social, etc.), proteger mais ou menos as partes estruturalmente mais fracas de determinadas relações (cidadãos ou companhias de seguros, trabalhadores ou empregadores, crianças vítimas ou maltratantes, etc.), apostar na via repressiva do controlo social ou na reinserção social dos cidadãos que cometem crimes, sobretudo quando jovens.

As leis são um instrumento essencial da democracia, mas nem sempre servem os seus interesses. Quando os não sirvam, aos cidadãos, afastados do processo de elaboração, resta contestá-las pelos meios democraticamente legítimos, designadamente, os tribunais, portugueses ou da União Europeia, sempre que afetem um seu direito.

Conceição Gomes

Liberdade

O povo diz, "quem a tem chama-lhe sua". Os poetas falam de "liberdade livre", que não quer saber de direitos nem deveres. A liberdade é relativa, múltipla e difícil. Liberdade de pensamento, liberdade de expressão, liberdade de imaginação, liberdade de criação, liberdade de culto, liberdade de movimentos, liberdade de associação, liberdade de produção, liberdade de consumo. O dia-a-dia nos ensina que a liberdade anda sempre de mãos dadas com a crise. A liberdade implica a responsabilidade de julgar e decidir, que é o que significa o verbo grego de que deriva a palavra "crise".

Em termos individuais, a liberdade de alguém começa e acaba na liberdade de outros; em termos colectivos, a liberdade depende das estruturas políticas, económicas e sociais das nações, e depende, em última análise, do sistema mundial. A liberdade exige democracia. A liberdade política no Portugal moderno nasceu da crise fundadora do 25 de Abril de 1974, e está agora a ser corroída pela presente crise económica e financeira.

A política, que funda a liberdade dos povos, deixou de ser relevante, e são os mercados financeiros que controlam hoje a existência dos países e das suas populações. Na Europa, mercados financeiros e Alemanha tendem a estar em sintonia, e é disso que as economias das chamadas periferias, como Portugal, estão cativas. Sem liberdade, não pode haver democracia, nem sequer em economia. E vice-versa. Como sempre, em tempos de crise, quem mais sofre são os mais pobres – crianças, mulheres, velhos e jovens. Aumenta o número dos sem-abrigo, e são cada vez mais as famílias a entregar as chaves das casas que deixaram de ter a liberdade de pagar.

Maria Irene Ramalho

Nota: A pedido da autora, esta entrada mantém a grafia anterior ao novo acordo ortográfico.

Literatura

A literatura, como toda a arte, pergunta com rigor pela vida, pela sociedade e pela cultura. Mas não lhes serve de alternativa, muito menos em tempo de crise. O neo-realismo português, mais inspirador do que interventivo, é um excelente exemplo disso mesmo.

No início do século XX, os modernistas portugueses distinguiam a poesia da literatura, uma distinção que nada tinha a ver com a que distingue o verso da prosa. Poesia era a arte suprema da escrita criativa, a vanguarda artística, a luz da desocultação do novo, o desassossego da existência. Literatura, pelo contrário, era a reescrita do existente a uma luz alheia, dela cativa como uma borboleta, por isso reconfortante, mesmo quando porventura problematizante. Distinguiam-se, assim, os poetas dos lepidópteros.

Nos últimos anos, em Portugal, particularmente depois da crise que levou à intervenção da troika, assiste-se ao recrudescimento de uma literatura humorística, que acaba por ser reconfortante. Os autores de *cartoons* e do Portugalex, por exemplo, partilham diversão à custa dos governantes, porém evitando sabiamente a sátira mais feroz. E o povo ri-se e desopila. Os políticos da Roma antiga inventaram o estratagema de alimentar o povo e mimá--lo com jogos circenses para lhe suster a revolta: "pão e circo". Enquanto na crise os portugueses se vão também divertindo com o circo, a poesia (no sentido que lhe deram os modernistas) continuará a desassossegar as almas.

Maria Irene Ramalho

Nota: *A pedido da autora, esta entrada mantém a grafia anterior ao novo acordo ortográfico.*

Luxo

Numa primeira abordagem, o luxo pode ser identificado como a característica atribuída a determinados bens e serviços cujo acesso exige níveis de rendimento elevados por parte de indivíduos e grupos que, pela sua posse e usufruto, adquirem um estatuto elevado que é fonte de distinção social. Alargando a nossa definição, temos de inserir o luxo no contexto das sociedades contemporâneas perspetivadas enquanto sociedades de consumo. O luxo associa-se a determinados estilos de vida de um conjunto minoritário da população, mesmo que seja objeto de referência para aspirações e desejos de um conjunto mais vasto de indivíduos.

Como vários cientistas sociais têm explicado, a dinâmica do consumo contemporâneo manifesta-se ainda mais amplamente pelo tipo de lógica que promove no âmbito da vida quotidiana e que revela uma operação de conversão de questões coletivas e públicas em questões pessoais. O quotidiano seria, assim, equacionado como um conjunto numeroso de questões cuja solução se encontraria no mercado e remeteria para obrigações individuais – saber encontrar o produto, receita ou serviço mais adequados e fazer todo o esforço para os poder comprar.

Nos tempos da crise atual, constituir-se-ão muitos dos discursos existentes sobre austeridade como verdadeiramente alternativos à lógica social até aqui apontada (lembremos, por exemplo, como é vulgar contrapor o "luxuoso" ao "austero")? A resposta é negativa se tivermos em conta dois fatores. Em primeiro lugar, se o luxo continua acessível para um grupo restrito, a proclamada austeridade torna-se um eufemismo para quem vê acrescidas as suas dificuldades para lidar com necessidades básicas. Por outro lado, muito do discurso da austeridade é formulado numa lógica que converte também o social em privado ou pessoal – daí a multiplicidade de afirmações que, em teor psicologizante, apelam a que cada um trabalhe o seu *eu* de determinada forma para ultrapassar os obstáculos com que se depara. Os discursos alternativos enfrentam fortes constrangimentos sempre que o debate se monopoliza entre empréstimos financeiros (incluindo aqueles codificados como "ajuda externa") e as recomendações que parecem sair de livros de autoajuda.

André Brito Correia

Marxismo

Estruturado inicialmente a partir das obras de Marx e Engels, o marxismo constituiu-se como uma análise das dinâmicas do capitalismo e do modo como estas determinam as sociedades, como uma filosofia do materialismo dialético e como uma corrente socialista ancorada na ideia de emancipação e de transformação da sociedade. Cada um destes três eixos deu lugar a intensos debates, fazendo do marxismo, mais do que uma doutrina delimitada, uma raiz inspiradora de práticas políticas e posicionamentos intelectuais. Assim, em termos políticos, a par da defesa da ditadura do proletariado, desenvolveram-se caminhos que propuseram uma transição para o socialismo num quadro pluripartidário; a par da ideia de "socialismo num só país", afirmou-se a defesa do comunismo enquanto projeto internacionalista; a par da defesa da revolução russa de 1917 e da experiência soviética, ganharam relevo críticas focadas na perversão estalinista (ou leninista) e buscaram-se outros modelos de transformação social.

Em termos teóricos, se o marxismo afirmou a centralidade do conceito de exploração e a ênfase na análise dos modos de produção, inspirou também teorias assentes no conceito mais vasto de alienação e na recusa de leituras estritamente economicistas. Esta linha foi classificada por Perry Anderson como "marxismo ocidental" e nela cabem autores muito distintos mas apostados na hibridização do pensamento de Marx. É assim que este aparece conjugado com Hegel (Lukács), com Freud (Marcuse e Reich), com Heidegger (Sartre) ou com a corrente utópica (Bloch). Esta tendência de hibridização mantém-se hoje em autores como Negri (conjugando Marx e Foucault) ou Zizek (associando Marx e Lacan).

Outros fatores de inovação do marxismo – mas também de identificação dos seus limites – radicam na necessidade de aprofundar aspetos – como a teoria das classes (Olin Wright), o conceito de Estado (Poulantzas, Jessop) ou as noções de ideologia/hegemonia (Gramsci, Althusser, Laclau) – ou de dar conta de novas preocupações – como o indigenismo (Mariátegui, Garcia Linera), o feminismo (Sheila Rowbotham, Juliet Mitchell) ou a ecologia (John Bellamy Foster, Michael Löwy).

Miguel Cardina

Média

Até à década de 1960, *média* designava um campo integrador dos "meios de comunicação de massas" enquanto instrumentos de propaganda destinados a impor uma mensagem de natureza política ou publicitária. Na década de 1970, essa perspetiva foi alargada, percebendo-se que a dimensão instrumental não indicava apenas aos públicos *o modo* como estes deveriam pensar, mas incorporava também a aptidão para impor *aquilo* em que eles deveriam ou não pensar. Neste sentido, os média têm funcionado como aparelhos de subordinação dos cidadãos a formas de perceção do real social e do curso da História que escapam à intervenção da crítica, não sendo acidental que as piores formas de opressão, instaladas nos regimes de pendor totalitário mas também nas fissuras das democracias, recorram a eles para impor o seu domínio e eliminar a divergência.

A ideia de "indústria cultural", proposta por Adorno e por Horkheimer, referia já o modo como a instauração de um dado fluxo de informação servia de instrumento de propagação da ideologia dominante, dando lugar a uma uniformização dos quadros de pensamento e dos comportamentos, no sentido da aceitação ordeira do capitalismo. Para Baudrillard, o peso do signo na "sociedade de consumo" irá, por sua vez, suscitar uma vertigem de natureza opressiva.

A vulgarização da televisão e depois a disseminação da Internet, crescentemente dependentes da intervenção dos grupos financeiros e também dos governos, irão reforçar este papel de manipulação e controlo, impondo, perante o recuo do jornalismo de combate, um ruído que ao mesmo tempo silencia. No presente contexto de crise, este tende a difundir a convicção de que não existe escolha perante os desmandos do sistema, o qual poderá quanto muito ser reabilitado. A capacidade da rede mundial de computadores integra, porém, uma forte dimensão democrática e libertária que tem servido a circulação de informação (veja-se o caso *WikiLeaks*), o debate político, a mobilização do protesto e a perceção da possibilidade de uma mudança mais profunda, contornando os média tradicionais, eles próprios forçados a repensar-se.

Rui Bebiano

Medo

A ligação entre medo e violência é provavelmente universal, fruto de instintos de autodefesa. Quanto mais o ser humano se sentir ameaçado, maior propensão revelará para se fechar sobre si próprio, para exercer violência sobre o que o rodeia e menor atenção prestará ao sofrimento que atinge os seus semelhantes. Daqui resultam a força política e as potencialidades da gestão do medo: dominar as fontes do medo de uma sociedade sempre foi um meio privilegiado para obter poder sobre essa sociedade.

Num mundo globalizado e em profunda transformação, em que as competências sociais do Estado tendem a desaparecer, o cidadão vive a angústia do amanhã, o medo de tudo perder e vir a encontrar-se na situação dos pobres que vivem nas margens ou, pior, na dos migrantes ilegais que nem sequer possuem direito de residência. Como personificação de tudo o que as nossas sociedades temem (pobreza, exclusão, falta de oportunidades), estes indivíduos são encarados com crescente desconfiança: são acusados de terem esgotado o Estado com apoios sociais, são responsabilizados pelo desemprego e pela criminalidade.

Quando a diferença pode ser culturalizada, os temores económicos ganham contornos existenciais, com o Outro a significar até uma ameaça ao modo de vida autóctone. Idealizam-se então passados seguros, sociedades homogéneas e pacíficas que nunca existiram. Por isso, a xenofobia e o racismo sempre prosperaram em períodos de forte crise económica, oferecendo um rosto palpável a forças difusas de uma ordem mundial complexa. Como tal, são indissociáveis de discursos securitários, que acabam por relegitimar o Estado enquanto entidade robusta monopolizadora do direito ao uso da violência. Quanto maiores forem os perigos percebidos ou imaginados, maior a predisposição para se aceitar a violência: brutalidade policial, vigilância intrusiva, limitação às liberdades individuais, práticas que em situação normal apelidaríamos de inumanas (por exemplo, o encarceramento de crianças, como se verifica atualmente nos centros de detenção de imigrantes ilegais).

Júlia Garraio

Memória

A memória social refere-se aos processos através dos quais o conhecimento e a consciência do passado são gerados e mantidos em sociedade. Acontecimentos importantes – revoluções, vitórias, crises – surgem como definidores da identidade coletiva e eventos essenciais para a aprendizagem. Como disciplina que procura expandir o conhecimento do passado, a História contribui para a memória social. Neste sentido, a memória pode ser intencionalmente (re)construída e representada ou não-intencional e implícita.

Hoje, apesar do avanço da globalização, o Estado ainda é um dos principais agentes da memória. A Reconquista, o terramoto de 1755, o 25 de Abril ou a atual crise económica são momentos cruciais na vida da sociedade portuguesa. Através dos seus rituais e manuais, o Estado português reproduz a versão oficial destes eventos, a fim de afirmar a continuidade e a unidade da comunidade política e moldar as relações sociais, as instituições, a arte e as atitudes políticas.

No entanto, a versão oficial da História nunca é a única, sendo próprios da política democrática os conflitos sobre o significado do passado: há, naturalmente, uma inevitável dimensão interpretativa na memória social. No entanto, para que as comunidades possam aprender com as vitórias passadas – e especialmente com os erros do passado –, os debates democráticos têm de filtrar as visões flagrantemente distorcidas do passado, que servem interesses de poder no presente. O que os atores políticos omitem é tão importante como o que eles relembram aos cidadãos. Uma vez que a memória é maleável à interpretação e à manipulação política, a crítica social deve prestar especial atenção à forma como aquela é invocada nas atuais tomadas de decisão. Isto é especialmente importante em tempos de privação, em que é muito frágil a memória das crises passadas e de como foram ultrapassadas pela comunidade. Para que a aprendizagem social seja possível, a memória das crises não pode sucumbir a uma crise da memória.

Mihaela Mihai

Mercadorização

O acesso a um número crescente de bens e de serviços é determinado pela capacidade dos indivíduos para pagar um preço. A mercadorização é o processo de expansão dos discursos e/ou das práticas mercantis a esferas da vida social cujo acesso estava dependente de outros critérios, como o reconhecimento de uma necessidade a ser diretamente satisfeita sem racionamento pela carteira. Sendo o mercado uma transação institucionalizada de mercadorias, de direitos de propriedade, cujo valor se cristaliza num preço – um sistema de regras –, as múltiplas formas como este sistema pode ser instituído fazem com que seja um processo politizado.

Juntamente com o ponto de partida dos participantes, que podem ser compelidos a transações mais ou menos desesperadas, a estruturação dos direitos e deveres que necessariamente enquadram uma transação mercantil, envolva esta a compra e venda da força de trabalho ou a aquisição de um vulgar bem de consumo, vão determinar quem se apropria do quê e porquê. Também por isso, o processo de mercadorização nunca é neutro nos seus efeitos socioeconómicos e morais e nas suas estratégias de justificação.

Um dos argumentos para colocar limites à expansão dos mercados prende-se precisamente com a ameaça que paira sobre certos valores, que as comunidades têm boas razões para proteger, quando algo passa a ter um preço e as motivações para a sua provisão passam a ser guiadas pelo ganho. Por sua vez, a representação de todas as interações humanas como se fossem transações mercantis serve de base ideológica ao mimetismo mercantil, presente em instrumentos de política pública, como a análise custo-benefício, ou na introdução de modelos de gestão empresarial guiados por incentivos pecuniários nas instituições do setor público. Esquece-se que, para que haja uma esfera em que quase tudo tem um preço, é preciso que haja muitas outras em que os preços são recusados. A esfera dos mercados funcionais depende da existência de um setor público, que, entre outras coisas, cria e aplica as regras do jogo de forma imparcial, ou seja, um setor regido por valores não mercantis.

João Rodrigues

Microcrédito

Historicamente, sempre se registaram práticas de concessão de crédito a quem apenas tinha a oferecer a sua palavra como garantia. Nas sociedades de hoje, porém, tal princípio estrito de confiança pessoal não só se veio a perder como a tornar-se numa espécie de afronta à lógica das economias de mercado dominantes. Em contracorrente, assiste-se ao emergir do microcrédito, conceito que se sustenta nessa ideia elementar de confiança, constituindo alternativa às práticas financeiras vigentes, reprodutoras das desigualdades sociais.

A génese do microcrédito contemporâneo é comummente atribuída à experiência de M. Yunus, no Bangladesh, em 1976. Ao perceber que bastavam pequenos empréstimos para pessoas muito pobres iniciarem atividades que as levariam a superar essa condição, fundou o *Grameen Bank*. O sucesso desta iniciativa (reconhecida com um Nobel) fez com que não tardasse a ser seguida por outros países do dito Sul, movendo-se, depois, para os mais prósperos do Norte. Atendendo às múltiplas formas que assume, em função das adaptações às realidades nacionais, é muito difícil definir microcrédito. Todavia, genericamente, pode ensaiar-se a seguinte definição: empréstimo de baixo valor, com taxas de juro mais baixas do que as correntes e sem necessidade de colateral (garantia), concedido por organizações diversas a indivíduos desfavorecidos, excluídos dos financiamentos tradicionais. Servindo sobretudo para financiar o autoemprego, têm-lhe sido associados, entretanto, outros tipos de serviços (crédito ao consumo, seguros, etc.). Sublinhe-se, porém, que nem tudo o que aparece sob a designação de microcrédito o é verdadeiramente. Algumas instituições têm-se apropriado indevidamente do conceito, atribuindo-o a produtos financeiros que não respeitam a sua filosofia.

Em tempos de crise profunda, o microcrédito revela-se um instrumento de grande interesse pelo incentivo ao empreendedorismo e pelo potencial emancipatório que representa para um crescente número de pessoas em situação de vulnerabilidade. Contudo, tal como muitos estudos indicam, não deve ser encarado como panaceia. Com efeito, tem os seus limites, não dispensando a existência de outro tipo de medidas, designadamente as que são próprias dos Estados-Providência.

Cláudia Nogueira

Movimentos sociais

Os movimentos sociais constituem uma forma de ação coletiva, paralela às revoluções, aos motins ou aos grupos de interesse. No caso específico dos movimentos sociais, estes caracterizam-se pela solidariedade entre membros face a um objetivo comum, pela identificação de um determinado obstáculo ou adversário e pela possibilidade de ameaçar o poder vigente, produzindo transformação social.

Estudos sobre movimentos sociais identificam Portugal como historicamente frágil em matéria de mobilização social em virtude de ter vivido a mais longa ditadura da Europa ocidental. Neste cenário, o movimento sindical, com características muito próprias, surge como a grande exceção. No entanto, estudos recentes sublinham o potencial de mobilização social em torno de momentos específicos, a capacidade de articular causas de modo transversal e os mecanismos através dos quais a sociedade civil portuguesa aprendeu a mobilizar o direito e a cultura em prol de demandas específicas. Ao longo dos anos 1990, diversos movimentos sociais adquiriram visibilidade, ganhando espaço na esfera pública nacional. Entre estes, destacam-se sobretudo os chamados novos movimentos sociais, tais como os movimentos ambientalista, antirracista, estudantil, feminista, pró-escolha, e lésbico, *gay*, bissexual e transgénero (LGBT). Debatendo-se com parcos recursos financeiros e humanos, estes movimentos revelam reportórios de ação estrategicamente adaptados aos objetivos identificados, investindo sobretudo em técnicas de ação direta (beijaços, *sit-ins*, *flashmobs* e demais manifestações de rua), em técnicas de pressão (lóbi parlamentar) e no uso dos média como forma de aceder ao espaço público. Em especial após o 1.º Fórum Social Português, em 2003, estes movimentos desenvolveram técnicas de trabalho conjunto, verificando-se por vezes uma acumulação de trajetos simultâneos de militância, envolvendo também experiências no mundo sindical e político-partidário.

Os movimentos sociais representam uma energia preciosa, funcionando como mecanismo de monitorização relativamente ao governo e às políticas públicas, ao mesmo tempo que permitem canalizar a indignação para formas organizadas de intervenção e transformação social.

Ana Cristina Santos

Multiculturalismo

O conceito de multiculturalismo nasceu nos anos setenta do século passado em países fortemente marcados pela presença de comunidades imigrantes, como o Canadá ou a Austrália. Diferentemente da ideologia assimilacionista do *"melting pot"* norte-americano, assente no postulado da integração e fusão numa nova identidade pós-migratória (cujos limites, aliás, eram desde logo evidentes pela exclusão da população negra ou indígena), a noção de multiculturalismo aponta para políticas adotadas por Estados que se reconhecem como multiétnicos e estabelecem o respeito pela identidade cultural das diferentes minorias como princípio de governação.

Na medida em que reconhece a diversidade cultural como um valor positivo que deve ser defendido, o conceito é de manifesto sinal progressista. No entanto, tem vindo progressivamente a ser posto em causa a partir da perceção de que, mais do que baseado numa lógica de reconhecimento, o multiculturalismo assenta num princípio de tolerância que não põe verdadeiramente em causa as relações de poder nem pressupõe dinâmicas de inter-relacionamento. Deste ponto de vista, o multiculturalismo alimenta uma conceção estática de identidade e, em consequência, uma perceção da diversidade cultural em que, como nas peças de um puzzle, a diferença apenas se justapõe e as fronteiras surgem, não como espaço de encontro e hibridação, mas como linha de demarcação entre realidades que não chegam a interpenetrar-se. Assim, a crítica ao multiculturalismo tem-se feito em nome de um conceito de interculturalidade, no âmbito do qual se torna possível pensar as lógicas de tradução e as dinâmicas inter-relacionais que desestabilizam a rigidez da construção multicultural da diferença.

Por outro lado, declarações como as proferidas não há muito por Angela Merkel sobre o "fracasso do multiculturalismo" na Alemanha mostram como o conceito, apesar das suas ambiguidades, mantém um potencial crítico de visões hegemónicas das políticas de identidade.

António Sousa Ribeiro

Música

O grande debate das últimas décadas na atividade cultural prende-se com a dicotomia que se estabelece entre o Estado e o mercado. Nas músicas é necessário ir mais além, dado o corte transversal que atravessa essa antiga dicotomia e a pulveriza em numerosas interações e circulações. Se será válida para discutir o papel e o financiamento das grandes instituições do Estado, há vários outros fatores que multiplicam a presença no mercado e a sua interação com o Estado.

Ao mesmo tempo, a crise da indústria discográfica traduz-se na sua concentração nos artistas de lucro assegurado e no abandono de todas as expressões musicais que envolvam fatores de risco. Há assim uma dupla retração, a do Estado e a do mercado discográfico, com influência direta nas redes de concertos. Neste quadro, emergiu nos últimos anos um conjunto de pequenas editoras independentes, dirigidas para áreas musicais minoritárias de vários matizes e esse é já um fator em curso de alternativa.

Nas instituições fortes do Estado, a programação de "autor" depende dos critérios pessoais do programador e o efeito "cosmopolita-mas-subalterno" tem sido um aspeto negativo. Ao ser emulado pelo país fora, dificulta a circulação de produções no interior do país quando as redes que existem já são precárias. As práticas musicais mais atingidas pela crise serão talvez as mais pesadas ligadas às grandes instituições culturais. As orquestras existentes verão a sua existência ameaçada pela diminuição do financiamento estatal ou autárquico. Para os compositores, será previsível uma diminuição das encomendas em geral e será necessário transformar o desejo criativo numa espécie de política de amizade com músicos. Não apenas na atividade propriamente artística, mas também na descoberta ou criação de novos espaços, procurando grupos de músicos amigos, respondendo aos pedidos de novas peças como modo alternativo de dar realidade ao impulso criativo, o que significa, antes de mais nada, "ser tocado". Face a um desafio desta natureza, uma atitude passiva ou de indiferença será um prelúdio fúnebre.

António Pinho Vargas

Mutualismo

O mutualismo é um associativismo solidário, baseado na reciprocidade. Os seus membros cooperam entre si, mutualizando riscos sociais relevantes. As entidades que o protagonizam nasceram da nebulosa associativa, de onde saíram as diversas componentes do movimento operário. Iniciativas idênticas surgiram ainda na Idade Média, quer ligadas a atividades religiosas, quer exprimindo vínculos corporativos ou solidariedades rurais.

Em Portugal, há também uma tradição pluricentenária de auxílio mútuo de cariz essencialmente religioso. Mas o grande surto do associativismo mutualista laico ocorreu durante o século XIX. Atingiu o seu apogeu na segunda década do século XX e retraiu-se durante o salazarismo, refletindo quer a hostilidade política do poder, quer a implantação de um seguro social obrigatório. Hoje, as associações mutualistas são instituições particulares de solidariedade social (IPSS). No plano jurídico-constitucional, integram a vertente solidária do setor cooperativo e social, todas elas fazendo parte da economia social. Também na União Europeia é reconhecida a importância socioeconómica do mutualismo no quadro da economia social, cuja lógica subalterna num contexto capitalista não a inibe de ser um foco de resistência à ideologia dominante.

Os fins fundamentais das entidades mutualistas são a concessão de benefícios de segurança social e de saúde aos seus associados. Daí a íntima relação entre o desenvolvimento dos sistemas públicos de proteção social nestes campos, expressões centrais do Estado-Providência, e a perda de importância relativa do associativismo mutualista. Entre os princípios mutualistas, destacam-se: a adesão livre e voluntária, a democraticidade, o fomento da formação e do mutualismo, a igualdade de géneros e a intercooperação. Exprimindo-os globalmente, o mutualismo dá vida a uma solidariedade emancipatória e democrática, vocacionada para enfrentar alguns problemas das sociedades atuais, de modo a contribuir para que eles se não reproduzam.

Rui Namorado

Neoconservador

O conceito surgiu nos Estados Unidos no início dos anos setenta do século passado, para designar a resposta ultraconservadora às posições da política interna, moderadamente progressista, da *Great Society* do Presidente Lyndon Johnson. O objectivo da Sociedade Ampla de Johnson era eliminar a pobreza e minorar as desigualdades raciais. Alguns ideólogos americanos, autodesignados neoconservadores e mais tarde pejorativamente apelidados de *neocons*, tendo inicialmente apoiado estes ideais (direitos cívicos, integração racial, Martin Luther King, Jr.), não tardaram a sentir-se ameaçados pelas suas implicações igualitárias e, sobretudo, pela radicalização dos afro-americanos (*Black Power*).

Em pleno contexto de Guerra Fria, estes *neocons* convenceram-se de que era necessário reinventar o destino que reiteravam excepcional da nação americana numa política externa agressiva. Esta preocupação viria a acentuar-se durante as presidências de George H. Bush, Bill Clinton e George W. Bush. E continuou com Barak Obama, que tem dado continuidade ao belicismo imperialista que sempre definiu os Estados Unidos.

Depois do colapso da União Soviética, o objectivo dos *neocons* passou a ser aumentar a hegemonia e o poderio dos Estados Unidos como a única potência mundial, e alargar e consolidar um novo imperialismo americano. O programa político dos *neocons* para reinventar o excepcionalismo americano assenta em dois imperativos, e tem tido a conivência dos grandes meios de comunicação social: a necessidade de defender a todo o custo, de supostos iminentes ataques "terroristas", os Estados Unidos, essa dita salvaguarda última do "mundo livre"; e a liberalização dos mercados financeiros para continuar a garantir o dólar, contra o euro, como moeda da globalização. E assim se chegou ao paradoxo de esta nação "excepcional" ter uma dívida soberana que ameaça incumprimento, ao mesmo tempo que controla os destinos do resto do mundo.

Maria Irene Ramalho

Nota: *A pedido da autora, esta entrada mantém a grafia anterior ao novo acordo ortográfico.*

Neoliberalismo

Não passaria de um *slogan* usado por anticapitalistas ou de uma tentativa para regressar ao virtuoso capitalismo *laissez-faire*. Assim desaparecem os traços distintivos de um feixe de ideias que se desenvolveu a partir dos anos trinta do século XX, quando o termo é cunhado, e que encontrou nos anos setenta a oportunidade para uma continuada hegemonia

Deve ser entendido como um projeto que busca encontrar soluções, com um grau mínimo de aceitação social que, em democracias de alcance tanto quanto possível limitado, ou mesmo em regimes autoritários ditos de exceção, permitam subordinar a atuação dos governos à promoção de engenharias políticas mercantis em áreas crescentes da ampla vida social. Política, moralidade ou direito são vistos de forma instrumental, num projeto que aposta numa profunda reconfiguração do Estado e das suas funções, e que vai para lá da privatização, da liberalização financeira e comercial ou da desregulamentação das relações laborais.

O objetivo é também o de encontrar soluções institucionais que favoreçam a progressiva entrada dos grupos privados nas áreas da provisão pública. Limitar os efeitos da democracia na economia, entregando a política económica a instituições independentes do poder político e limitadas por regras orientadoras, e fragilizar a ação coletiva dos trabalhadores pressupõe uma atenção às motivações humanas, seguindo a injunção de Margaret Thatcher: «a economia é o método, mas o objetivo é mudar a alma». Isto traduz-se na difusão de uma ideologia do empreendedorismo, em que indivíduos declarados livres, porque imersos em mercados, aprenderiam a encarar as escolhas pelo prisma do ganho pecuniário e sempre sob a sua exclusiva responsabilidade. O construtivismo é combinado com uma retórica naturalista sobre a ordem espontânea de um mercado tendencialmente global e difusor da cooperação e do civismo. Ancoradas na ideia de que a justiça social não passaria de inveja idealizada, as regras económicas neoliberais favorecem a concentração de recursos no topo da pirâmide social.

João Rodrigues

OIT

A Organização Internacional do Trabalho (OIT) foi fundada em 1919, no rescaldo da Primeira Guerra Mundial e num contexto, vindo já do século XIX, de grandes desequilíbrios na relação entre capital e trabalho, de que resultava enorme pobreza e ausência de justiça social, fatores que minavam a paz e alimentavam a guerra. A primeira Convenção (ainda em 1919) instituiu a jornada das oito horas.

Desde a sua origem, a OIT, de natureza tripartida – governos, organizações de trabalhadores e patronais –, prestou atenção aos problemas que marcam o mundo do trabalho e contribuiu grandemente para a afirmação de direitos laborais e sociais fundamentais, do direito do trabalho, da negociação coletiva e do diálogo social. Da sua Constituição consta uma vocação universalista e uma forte preocupação com a necessidade de reconhecer e conferir um sentido humanitário ao mundo do trabalho, posição reforçada na *Declaração de Filadélfia* (1944), que afirma: «o trabalho não é uma mercadoria». Em 1998, a adoção da *Declaração dos Princípios e Direitos Fundamentais do Trabalho* constituiu uma resposta às preocupações da comunidade internacional face à liberalização do processo de globalização, tendo os Estados-membros reafirmado o compromisso perante os princípios da liberdade de associação e negociação coletiva, a eliminação do trabalho forçado, a abolição do trabalho infantil e a eliminação da discriminação em matéria de emprego. A introdução do conceito de "trabalho digno", em 1999, que passou a ser a agenda da OIT, estabeleceu as aspirações da dignidade humana no domínio das relações laborais e fixou os objetivos sociais e normativos a atingir.

No atual contexto de crise económica, de desemprego e de défice de trabalho digno, é crucial o papel da OIT na melhoria das condições de trabalho de acordo com os princípios de democracia, de justiça social (*Declaração da OIT sobre Justiça Social para uma Globalização Justa*, de 2008) e de liberdade, no exercício do tripartismo. Face a estes desafios, questiona-se se a dimensão social da globalização, preconizada pela OIT, produzirá efeitos no confronto com o consenso hegemónico neoliberal, em que o trabalho é cada vez mais encarado como uma mercadoria.

Manuel Carvalho da Silva e Marina Henriques

Orçamento de Estado

Este documento, que regista anualmente as previsões de despesa e de receita do Estado, tem uma relação ambivalente com a democracia. Por um lado, a democracia parlamentar teve como um dos primeiros elementos de justificação o princípio *"no taxation without representation"* (sem representação não há tributação), o que contribuiu para localizar nos parlamentos o amplo e crucial poder de aprovação não só dos impostos, mas também da afetação dessas receitas às despesas previstas. Por outro lado, porém, um dos mais evidentes impactos atuais da globalização neoliberal é precisamente o esvaziamento deste histórico poder orçamental dos parlamentos, tornado cada vez mais num formalismo de aceitação de ditames impostos de fora.

Entre eles, o mais marcante vem sendo o do valor de norma superior conferido ao princípio do equilíbrio orçamental, o que traz consigo uma tendencial proscrição do défice das contas públicas. No centro desta tese está a afirmação, cara à ideologia dominante, de que o Estado Social é financeiramente insustentável, impondo-se um "emagrecimento do Estado"

– através de cortes, seja na massa salarial, seja na despesa social do Estado (serviços públicos e políticas sociais). Assim, quer pelos conteúdos que tem, quer pelos conteúdos que lhe têm sido retirados, o OE é o mais político e ideológico dos instrumentos de governação contemporânea.

A técnica de elaboração do OE também está longe de ser politicamente neutra. Nesse sentido tem feito caminho a exigência da orçamentação de base zero – que rompe com a fixação das dotações setoriais a partir dos índices de execução das verbas dos orçamentos dos exercícios anteriores. Técnica igualmente alternativa que dá corpo a uma maior exigência democrática é a do orçamento participativo, que consiste no fim do monopólio dos governos e dos parlamentos nesta matéria a cuja competência é somada a expressão direta das preferências populares sobre afetação de recursos públicos.

José Manuel Pureza

Orçamento Participativo

As muitas experiências existentes pelo mundo tornam difícil uma definição "normativa" de Orçamento Participativo (OP). Em geral, trata-se de um processo no qual a população contribui para a tomada de decisão sobre a aplicação de parte ou da totalidade dos recursos públicos destinados a políticas e projetos. Embora os seus princípios centrais possam ser extensíveis a empresas, cooperativas e organizações do terceiro setor, a característica estruturante do OP é a criação de um diálogo entre as instituições da democracia representativa e a sociedade civil. Os processos de OP tendem a evoluir no tempo para satisfazer exigências de qualidade crescente, sendo as regras e as mudanças frequentemente decididas pelos participantes. Em África e na América Latina difundiram-se modelos híbridos, que fundem OP com planeamento participativo, alargando a partilha de decisões a um horizonte de médio prazo.

A nível mundial, a maioria das 1500 experiências de OP são de escala municipal. A mais conhecida é a de Porto Alegre (Brasil), a qual tem sobrevivido desde 1989 às transformações políticas dado o seu forte enraizamento no imaginário social. Em Portugal, desde 2002 desenvolveram-se 50 processos de OP, com alto grau de volatilidade e fragilidade política. No entanto, na dúzia de casos hoje existentes começam já a emergir experiências sólidas, como é exemplo o OP de Lisboa.

O OP oferece múltiplas vantagens em contexto de crise: maior controlo cidadão sobre os gastos públicos e transparência dos processos decisórios e de licitação; otimização dos investimentos em época de recursos escassos; construção de previsões orçamentais mais realistas; reconstrução de confiança mútua entre cidadãos e instituições; inclusão de grupos vulneráveis. Para alcançar tais objetivos, o OP não deveria ser visto apenas como uma política setorial, mas abranger toda a política económico-financeira das autarquias e de outros níveis do Estado. Seria também fundamental que os OP não fossem politicamente marginalizados e objeto de cortes lineares, sob pena de se revelar aos cidadãos que a democratização das decisões não é um projeto estratégico e desafiante da política, e que a suposta participação não passa, afinal, de *marketing* territorial.

Giovanni Allegretti

Ordenamento do território

Ordenamento do território (OT) corresponde a uma visão e atitude crítica sobre o território, visando compatibilizar critérios de eficiência económica, equidade social, manutenção da biodiversidade e boas práticas de governação. Procura, através de processos inteligentes e de autoconstrução, definir objetivos e ações que, devidamente articulados no espaço e no tempo, permitam garantir, simultaneamente, a proteção ambiental, a gestão sustentável de recursos, o desenvolvimento económico e a satisfação das necessidades humanas básicas.

O OT é baseado numa abordagem pública, interdisciplinar e global que procura organizar o espaço, segundo uma conceção orientadora, e definir estratégias de desenvolvimento, equidade e cidadania. O OT emerge igualmente enquanto processo de aprendizagem permanente e de intervenção pública sobre a complexidade e os desafios contemporâneos do território. Diferentes conceitos sobre OT têm emergido no quadro de discussão das políticas públicas: uma visão baseada no suporte instrumental da gestão do território, que enquadra a aptidão e vocação intrínseca do solo e fundamenta as especificidades dos planos; e uma visão dinâmica e estratégica, que coordena ações prospetivas de desenvolvimento sustentável e de coesão, e que suporta uma gestão participativa dos planos.

No âmbito dos desafios e crises contemporâneos, o OT deve ser entendido como a via que promove a articulação de perceções conflituantes, de adaptação a situações em mudança e de incerteza, de reinvenção dos espaços individuais face aos coletivos, de valorização das escalas locais em complemento de escalas mais alargadas, assim como de reforço da identidade como elemento territorial diferenciador. O OT, no contexto das mudanças sociais, deve igualmente ser entendido como espaço de informação e participação cívica, de credibilidade de processos e reconhecimento de saberes, assim como de mobilização de atores e comunidades para as epistemologias do território.

Alexandre Oliveira Tavares

Paraísos fiscais

A Organização para o Desenvolvimento e Cooperação Económica (OCDE) estima em cerca de um bilião de dólares o capital privado acumulado em paraísos fiscais. Cinco vezes mais do que há duas décadas. A mesma fonte admite que mais de um milhão de empresas, sobretudo norte-americanas e europeias, usa estas praças. Sejam os "*offshores* fiscais" Estados ou regiões autónomas, todos têm quadros legais que atraem os capitais porque a imposição fiscal é reduzida ou nula e a identidade dos seus proprietários é ciosamente protegida. Também a atribuição de licenças para a abertura de empresas é facilitada. É por isto que os paraísos fiscais surgem associados a estratégias de lavagem de dinheiro. Tolerados, quando não protegidos, por países democráticos das regiões mais ricas do mundo, os paraísos fiscais suscitam críticas em todo o mundo. A crise financeira de 2007 e 2008 trouxe para a ribalta a realidade da fuga de capitais e o G20 prometeu agir em nome da transparência. Embora com resistências e atrasos, há mudanças nas regras de funcionamento em vários deles, em particular na adaptação dos quadros legais que possam garantir a cedência de informações para efeitos de investigação criminal. Outras alterações têm passado pelo aumento da taxação nalguns destes territórios. Por exemplo, Gibraltar impôs uma taxa de 10% sobre as sociedades, o que não anda longe das taxas que se cobram na Holanda ou na Irlanda.

A existência de paraísos fiscais contraria os princípios de solidariedade, justiça e redistribuição, permitindo às grandes fortunas e a empresas multinacionais exercerem formas de pressão ilícita sobre os governos, particularmente nos países em desenvolvimento.

Na Europa, deram-se passos em matéria de cooperação administrativa, de assistência mútua e de isolamento das praças financeiras que se mantenham em posições de não cooperação. Mas está-se ainda longe da proibição destas jurisdições ou mesmo da taxação exemplar dos capitais que para elas se dirijam ou nelas tenham origem. Só assim é possível resolver uma das maiores contradições das políticas de austeridade: milhões e milhões de cidadãos suportam cargas fiscais adicionais enquanto se mantêm incólumes ou isentas de pagamento as fortunas que nunca pagam.

Marisa Matias

Parcerias público-privadas

As parcerias público-privadas (PPP), tributárias de uma ideia de cooperação e divisão de riscos entre o setor público e o setor privado no investimento e prestação de serviços públicos, surgem, na viragem neoliberal da década de 1970, de forma algo nebulosa, num contexto de crise económica e de contração de um Estado crescentemente conotado com ineficiência e despesismo. A introdução do parceiro privado "racional" na prestação de um serviço público suprimiria os vícios do parceiro público mau gestor e burocrata, diminuindo o nível de endividamento público e otimizando o sistema de gestão.

Foi em 1992, no Reino Unido, com o governo de John Major, que se lançou o primeiro programa sistemático de incentivo às parcerias público-privadas – a *private finance iniciative*. Portugal recebeu com entusiasmo esta nova forma de olhar para os serviços públicos, recorrendo sistematicamente ao setor privado para o seu financiamento. Primeiro, por via das concessões rodoviárias; depois, alargando a setores parcamente utilizados noutros países, como a saúde, a justiça e a água.

De solução para a ineficiência do Estado, as PPP passaram rapidamente a agentes provocadores da sua própria crise, restringindo o campo de decisão política e onerando o interesse público. O recurso às PPP foi acompanhado da redução dos quadros do Estado nas áreas de intervenção do setor privado, provocando um esvaziamento da competência técnica do setor público. A longo prazo, as PPP colocam o Estado na dependência crescente dos parceiros privados, vendo-se impedido de avaliar convenientemente parcerias futuras. Por outro lado, surgem notícias que colocam em causa a génese das PPP (a divisão de riscos entre o setor público e o setor privado), multiplicando-se exemplos em que a repartição de vantagens e riscos entre público e privado é profundamente desigual e em que o pretendido aumento de eficiência dá lugar a um aprofundamento do endividamento público e concomitante depreciação qualitativa do serviço público.

Paula Fernando

Património

Património é um termo transversal e polissémico, convertido, em finais do século XX, em lugar-comum dos discursos científicos, técnicos, políticos e jornalísticos. No plano ideológico, a trajetória do termo revela significados duais e ambivalentes. De uma conceção inicial ligada às ideologias conservadoras, apostadas em fabricar hegemonicamente os símbolos de uma nação, o termo património vai ganhando a simpatia gradual dos ideais progressistas, à medida que se liberta da esfera estatal centralizada e invade as agendas comunitárias e locais, servindo propósitos de afirmação de identidades e interesses particulares.

A principal caraterística do património assenta na ideia de intergeracionalidade, a que se associa o desiderato de transmissão. Este ideal estende-se hoje das políticas supraestatais – como as que são conduzidas por agências como a UNESCO, entre outras –, que pretendem configurar uma identidade humanitária global, às dinâmicas familiares e individuais, cuja ambição é legar bens económicos e simbólicos no contexto de interações sociais primárias.

Quer numa, quer noutra dimensão, o património tem sido encarado com perspetivas otimistas, social e economicamente valorizadas, o que lhe confere uma legitimidade que é atestada pelo consenso que a sua verbalização parece gerar. Todavia, num momento de agravamento de crises várias, o termo património suscita crescentemente a preocupação de que as heranças que estão a ser deixadas às gerações futuras possam ser fardos insuportáveis. O legado de uma sociedade em crise traduz-se, não apenas na transmissão de bens pelos pais e pelos antepassados, mas também, e cada vez mais, numa fatura ambiental pesada para a humanidade, numa dívida pública tornada intolerável pelo peso de juros que esmagam um número crescente de países e pelas precárias condições das famílias que se veem crescentemente incapacitadas de deixar às gerações futuras uma situação melhor do que aquela que encontraram. Metalinguagem da ligação entre o passado e o futuro, o património parece transmitir, numa sociedade em crise, ao contrário dos seus desígnios, uma inusitada descrença no futuro.

Paulo Peixoto

Patronato

Duas imagens, por vezes sobrepostas, estão associadas à noção de patronato. Por um lado, uma imagem de recorte ideológico conotada com a figura do *patrão* e mais ligada a comportamentos assentes em relações de poder pessoal e autoridade hierárquica exercidas sobre subordinados. Na linguagem comum (e em especial no seio de discursos sindicais mais arreigados), o termo patrão continua a ser muito utilizado. Além disso, o facto de mais de 90% do tecido produtivo português ser composto por pequenas e médias empresas faz supor, na prática, que comportamentos paternalistas continuam a condicionar o mapa das relações laborais. Por outro lado, uma imagem porventura mais arejada e inscrita num discurso normativo está associada à figura do *empregador*, que contribui para a criação de oportunidades de emprego em mercados competitivos. Por vezes fala-se também em empresário, como forma de destacar não apenas o papel de direção empresarial, em que se incluem as vertentes da propriedade da empresa e das suas modalidades de gestão.

Ambas as imagens (em especial a segunda) convocam a presença de um elemento associativo, capaz de salvaguardar interesses patronais, ainda que a iniciativa liberal subjacente à ação patronal possa privilegiar a concorrência individual em detrimento da dinâmica associativa.

Em contexto de crise de criação de empregos e de encerramento de empresas, não surpreende que o patronato reclame do poder político as melhores condições para a retoma económica. Porém, mesmo não se aguardando dos responsáveis patronais um discurso de socialização da riqueza ou de aceitação do "apelo de Warren Buffett" (de taxar as grandes fortunas e os lucros das grandes empresas), esperar-se-ia do associativismo patronal não tanto o abraçar de medidas de flexibilização do mercado laboral (onde pontificam reduções de indemnizações em caso de despedimento e uma maior facilidade em despedir), mas sobretudo a adoção de estratégias onde seja mais fácil contratar pessoas. Um patronato de "rosto humano", ciente da necessidade de partilhar recursos e responsabilidades de gestão de modo distributivo e socialmente responsável, impõe-se como necessidade urgente.

Hermes Augusto Costa

Pensamento único

Termo cunhado em 1995 por Ignacio Ramonet, primeiro num editorial do jornal *Le Monde Diplomatique*, do qual foi diretor entre 1990 e 2008, e posteriormente no ensaio "O pensamento único e os novos senhores do mundo". De acordo com Ramonet, a queda do Muro de Berlim tornara categórica uma doutrina do consenso que já vinha sendo forjada pelo menos desde os acordos de Bretton-Woods. Este "novo catecismo" neoliberal – que encontra formulação lapidar no *"there is no alternative"*, de Margaret Thatcher – glorifica o mercado, estimula a concorrência e a desregulamentação, promove a mundialização da produção e dos fluxos financeiros, fomenta as privatizações e desconsidera o papel do Estado, corrói os direitos sociais e arbitra a favor do capital em detrimento do trabalho.

Ao mesmo tempo que se impõe materialmente, o neoliberalismo origina uma narrativa sobre si próprio que o entende como desejável e inevitável. O *pensamento único* é esse estreitamento férreo das fronteiras do debate e essa capacidade de obstaculizar a enunciação de alternativas e soluções fora do quadro neoliberal. Enquanto tradução ideológica dos interesses do capital internacional, o *pensamento único* é produzido por instituições como o FMI, o Banco Mundial ou a Comissão Europeia, pelas *bíblias* da informação económica e por significativos setores da academia, sendo posteriormente reproduzido na generalidade dos média.

Para Ramonet, o poder político encontra-se no nosso tempo secundarizado diante do controlo da informação e da sua difusão por parte das grandes empresas. Desta forma, a noção de *pensamento único* alerta para o papel da informação e da opinião publicada como veículo de criação de consenso numa sociedade mediatizada, ao mesmo tempo que sugere a importância da crítica aos média e da busca de canais informativos alternativos como eixos fundamentais na construção de projetos contra-hegemónicos.

Miguel Cardina

PIB

Medida monetária dos bens e serviços finais produzidos numa economia durante um dado período de tempo, corresponde à totalidade dos rendimentos distribuídos nesse período sob a forma de salários, juros, lucros e rendas. O seu crescimento em valor real (i.e., descontado da inflação) é habitualmente considerado o critério fundamental de sucesso económico de um país. Trata-se, no entanto, de uma medida imperfeita, porque não atende ao modo como o rendimento é distribuído pela população e só abrange bens que têm um preço atribuído, deixando de fora outros que, não o tendo, contribuem também para o bem-estar efetivo das pessoas, como o cuidado a familiares dependentes, a agricultura para autoconsumo, os serviços resultantes de trabalho voluntário, etc. Também enferma da inclusão, como contributo positivo (e não como custo), de danos ao bem-estar que podem resultar do processo produtivo, como poluição e depredação de recursos naturais e humanos (p. ex., doenças).

O crescimento do PIB é condição fundamental para que um país reduza o desemprego e se liberte do seu endividamento passado. Mas o crescimento sustentado do PIB supõe o aumento das despesas, de consumo e investimento, pela população ou empresas residentes no país, pelo Estado ou por não residentes. Aqui reside o principal bloqueio à resolução da crise atual. Os cortes nas despesas públicas reduzem o papel do Estado enquanto cliente da produção nacional. O desemprego e os cortes, nos salários, nas transferências sociais e noutros rendimentos, obrigam as famílias a reduzir o consumo.

As exportações podem sustentar o crescimento, mas estas, no caso português, destinam-se em cerca de 80% à União Europeia, onde todos os países-membros, mesmo os mais ricos como a Alemanha, estão a praticar políticas de contração da procura interna. Assim, as exportações dificilmente desempenharão o seu almejado papel. Por outro lado, o clima económico geral não favorece especialmente o investimento estrangeiro. Ou seja, enquanto a política económica na União Europeia der prioridade à contenção orçamental, o crescimento do PIB está comprometido, ficando os países mais endividados submetidos a um ciclo vicioso de endividamento-empobrecimento.

Lina Coelho

PIGS

É um acrónimo de clara intenção pejorativa (*pig*, porco em inglês) criado nos anos noventa do século XX para designar Portugal, Itália, Grécia e Espanha. Esta categorização articula uma dimensão geográfica e cultural – Europa do sul ou mediterrânica – e outra económica – países cronicamente deficitários – para transmitir uma mensagem simples: «povos do Sul que sendo incapazes de se sustentarem a si próprios vivem à custa do Norte virtuoso, endividando-se». A partir de 2008, com a bancarrota da Irlanda, a Itália desapareceu do acrónimo para ser substituída pela Irlanda ou deu origem à sua modificação para PIIGS, de forma a incluir quer a Irlanda, quer a Itália, ou mesmo para PIIIGS, para acrescentar também a Islândia. Esta categorização pejorativa de um conjunto de países foi instrumental para a especulação com os títulos de dívida soberana destes países verificada a partir de 2010. Uma prática especulativa muito difundida, conhecida como venda a descoberto, consiste em vender títulos que não se possuem, ou se pediram emprestados, para os recomprar mais baratos no futuro, quando é preciso fazer prova da sua posse, ou devolvê-los a quem os emprestou. O ganho – a diferença entre o preço de venda e o preço de compra – depende da perda de valor dos títulos entre o momento de venda e o de compra. Para um especulador individual, a crença de que existem muitos outros especuladores a fazer a mesma aposta induz confiança. Se existir uma crença generalizada de que muitos vão apostar na desvalorização dos títulos, essa desvalorização ocorrerá efetivamente. A categorização de um conjunto de países, ao definir um alvo preciso, constrói uma convenção e contribui para a coordenação dos especuladores, garantindo o sucesso das suas apostas.

José Maria Castro Caldas

Pobreza

Na sua aceção mais comum, a pobreza identifica-se com uma situação de privação das necessidades humanas básicas decorrente da falta de recursos para satisfazer as necessidades de alimentação, participar nas atividades da vida social e fruir das condições de vida e conforto comuns, ou pelo menos largamente partilhadas e valorizadas, na sociedade a que se pertence. Os recursos em falta não se identificam apenas com o rendimento monetário à disposição de cada um, antes envolvem as próprias capacidades para levar uma vida decente, segundo os padrões correntes na sociedade. Porém, essas capacidades, mais do que o resultado de um esforço de vontade ou do mérito pessoal, dependem das oportunidades de vida que uma sociedade desigual oferece a cada um dos seus membros.

Esta visão baseada nas dimensões sociais da pobreza está a conduzir a uma mudança paradigmática na própria conceptualização de pobreza. O velho paradigma da pobreza como um infortúnio de alguns, a quem a sociedade, por razões de solidariedade, deve prestar auxílio, está a dar lugar a um novo paradigma da pobreza assente na privação de direitos sociais e na violação de direitos humanos fundamentais, que responsabiliza os governos e as sociedades. Por um lado, ela traz para primeiro plano o valor da dignidade de toda a pessoa humana, fundamento dos direitos humanos universalmente reconhecidos, e afirma que a pobreza involuntária ofende esta dignidade e põe em causa o valor da vida humana. Por outro lado, a consensualização ampla de que a pobreza é uma consequência da violação dos direitos humanos tem um efeito responsabilizador dos governos e compromete-os na definição de estratégias de eliminação da pobreza.

As implicações destas políticas são importantes, sobretudo em períodos de crise, em que os indicadores de pobreza se agigantam. Não basta combater a pobreza com medidas emergenciais de caráter compensatório depois de eliminados direitos sociais e humanos. É preciso reforçar as capacidades de cada um para que possa viver autonomamente e alcançar uma vida digna e, ao mesmo tempo, assegurar os suportes institucionais para que se possam fazer valer os direitos humanos e sancionar a respetiva violação.

Pedro Hespanha

Poder local

Os processos de descentralização expandiram-se no decurso da 2.ª metade do século passado. Firmaram-se sob a égide de os seus eleitos poderem contribuir para o aprofundamento da democracia, bem como, pela sua proximidade, para fomentar a participação e uma mais eficaz resolução dos problemas dos territórios. Assim, boa parte do que se construiu em Portugal no decorrer da atual democracia teve a comparticipação do Poder Local. Até lá, a situação dos Concelhos ostentava componentes de quase inabitabilidade. A concorrência das autoridades locais ajudou a minar tal condição, modificando o retrato do país. Não foi tarefa politicamente reconhecida, continuando as periferias a serem olhadas com a desconfiança herdada dos períodos anteriores. A rutura democrática foi acompanhada por continuidades, sendo a suspeição face aos eleitos locais um exemplo.

Assim, a autonomia dos municípios encontrou-se sempre financeiramente ameaçada. Os cortes foram e são moeda corrente, ameaçando a execução das competências. É que a dependência dos municípios das transferências centrais ronda os 80%, sendo as restantes fontes derivadas da construção imobiliária (gerando novas suspeições). Acresce que uma das primeiras reivindicações da Associação Nacional de Municípios Portugueses consistia no conhecimento prévio e negociação da legislação que lhe era dedicada. Tal nunca se efetuou, com as distorções daí advindas. As reformas administrativas que se levaram a cabo (recorde-se a de 2003) não vingaram, outras se anunciam (executivos monocolores) e a necessária regionalização continua apenas na Constituição (apesar de constituir a trave-mestra da reforma do Estado).

Também a atual operação de fusão ou extinção de municípios e freguesias sofre objeções, baseando-se em critérios quantitativos e ao não derivar de estudos prévios que a fundamentem. E sem que se vislumbre a auscultação das populações visadas. O Poder Local encontra-se, deste modo, sujeito a sérias ameaças de recentralização resultantes da crise e da cultura política vigente.

Fernando Ruivo

Poesia

Fazer da/na palavra. Neste sentido etimológico, reconhecido por Aristóteles, percebe-se como o sentido de poesia se funde com o sentido de linguagem e como ela se inicia com o primeiro grito do/a recém-nascido/a. Esse grito, essa primeira extensão do corpo, que é a matéria do som e/ou da vida a fazer-se em respiração, é a primeira coisa "forjada", diz o poeta Charles Bernstein, revelando a duplicidade da "coisa feita": a Poesia/linguagem é, simultaneamente, natural/verdadeira e artificial/falsa. Ciente desse conflito, Aristóteles oferece como Poética uma Dramática. O sentido etimológico de poesia inclui assim, inevitavelmente, um sentido político radical: esse "forjar" é, antes de qualquer outra coisa, ato – ato de presença na vida e ato de construção daquilo a que chamamos "real" (uma construção, social e histórica, na linguagem). Em qualquer caso, trata-se sempre de um processo dinâmico e aberto à possibilidade, sempre raiz da transgressão dos modelos de representação dominantes, sempre lugar da alternativa – sempre um devir.

Sabendo que a poesia poria em perigo a ordem dominante na República, Platão dela expulsou os poetas. E, contudo, afirmou também esse discurso fora da ordem como um dos raros a conseguir aceder à verdade.

Se, sem palavras, somos cegos, como dizia Rimbaud, então o nosso olhar só poderá ver um mundo novo quando formos capazes de o dizer/ fazer outramente. Toda a linguagem que se pretende emancipatória assenta assim no poético: oferecendo outros modelos de representação, ela (re)faz o mundo e devolve-nos à origem de toda a poesia (que o mesmo será dizer, à sua natural função política e social). A poesia não serve para fazer o belo (conceção que nos chega de um recente séc. XVIII), mas para ativar o potencial criativo de cada um/a de nós. Perante a atual crise mundial, a ativação desse potencial é uma questão de sobrevivência. Por isso, hoje em dia, como Bernstein diz, é preciso que a poesia seja tão interessante quanto a televisão – e bastante mais surpreendente.

Graça Capinha

Políticas públicas

Programas e ações do governo (central, regional, local) com repercussão na vida das populações em domínios como educação, saúde, proteção social, emprego, habitação, transportes, ambiente, entre outras. Configuram escolhas, por vezes refletidas em nova legislação, e traduzem-se em certas opções para o uso dos recursos públicos, em detrimento de outras. Daí que envolvam (re)distribuição de poder e custos e benefícios diferenciados para diferentes atores sociais com interesses contraditórios. Constituem processos dinâmicos, com negociações, pressões, mobilizações, alianças ou coligações de interesses, acabando por expressar as opções e visões do mundo daqueles que controlam o poder numa dada sociedade.

Na sequência da crise financeira internacional de 2008 ocorreu uma clara reorientação dos recursos públicos para o saneamento e recapitalização do setor financeiro, em detrimento de aplicações alternativas, com fundamento na necessidade de impedir o colapso de todo o sistema económico. Contudo, o auxílio financeiro que os Estados prestaram àquelas entidades conduziu ao agravamento do endividamento público, dando assim origem à subsequente crise da dívida soberana, vivida com particular intensidade em países como a Grécia, a Irlanda ou Portugal. As opções de política pública que têm vindo a ser feitas neste contexto acabaram colocando estes países e as suas populações reféns do setor financeiro globalizado (resgatado do colapso com recurso a meios públicos), uma vez que é este que sanciona a dívida pública dos Estados nacionais.

O crescimento, a criação de emprego e a promoção de uma repartição de rendimento mais equitativa são, pois, objetivos de política submetidos ao imperativo de redução da dívida pública no curto prazo, numa clara opção pelos interesses dos credores em detrimento dos cidadãos contribuintes. Esta é uma situação tanto mais irrazoável quanto é crescentemente evidente que, na ausência de relançamento do crescimento económico, os Estados excessivamente endividados não conseguirão libertar-se da dívida, submetendo-se assim a um ciclo vicioso de empobrecimento/endividamento.

Lina Coelho

Portugal

O "jardim da Europa à beira-mar plantado" esteve sempre em crise (etimologicamente, ponto de viragem ou ponto a exigir viragem). Mesmo nos períodos em que disso se não deu conta. Como nos quase cinquenta anos de ditadura, em que lhe disseram ser um país pobre e de brandos costumes, pão e vinho sobre a mesa, fados tristes, folclore alegre e futebol de congregadoras rivalidades, e outras modestas aspirações.

Ao mesmo tempo que diziam a este pequeno rectângulo-rosto-ocidental da Europa que ele se estendia imperialmente do Minho a Timor, muitos portugueses emigravam em busca das condições de vida que tão amplo território nacional lhes negava por via do regime fascista que o governava. A independência de Goa, em 1961, e as chamadas guerras coloniais dessa mesma década foram sintomas de uma crise maior a anunciar-se. E foi a Revolução de Abril de 1974 a grande crise portuguesa do século XX, um ponto de viragem radical, que permitiu a democracia, e durante algum tempo pareceu prometer um mundo novo, capaz de lidar eficazmente com milhares de portugueses regressados das ex-colónias, e de superar os traumas terríveis de perseguições e saneamentos, da contra-revolução, e da emigração, esta agora de luxo, de elites humilhadas, à espera de melhores tempos. Tempos que não tardariam a vir. Portugal, virado agora para a Europa, cresceu a reimaginar o centro, criou uma das mais progressistas constituições políticas, entrou na União Europeia, adaptou-se rapidamente ao euro, e o nível de vida das classes médias subiu consideravelmente, com projectos inovadores para a Educação, a Ciência, a Saúde, o Trabalho, e oportunidades acrescidas para muitos mais. Mas não conseguiu, ou não quis, criar leis eficazes no combate à corrupção. Sinais de enriquecimentos ilícitos e fugas de capitais ameaçaram a estabilidade económica do país. É desta crise que falamos hoje.

Diz-se que a "ajuda externa" da troika (CE, BCE e FMI) com as suas medidas de austeridade está a salvar Portugal, como já acontecera em 1979 e 1983. Mas, em face das consequências para o nosso país da guerra em que as agências de notação norte-americanas esmagam o euro com o dólar, não podemos senão lembrar-nos da canção memorável de José Mário Branco,

"FMI", em cujos sons reverbera outra mais antiga, os "Vampiros" de Zeca Afonso: "eles comem tudo".

Maria Irene Ramalho

Nota: A pedido da autora, esta entrada mantém a grafia anterior ao novo acordo ortográfico.

Poupança

A poupança corresponde ao rendimento que não é gasto de imediato em consumo e que será porventura utilizado no futuro. Assim sendo, a poupança depende diretamente dos níveis de rendimento e de despesa. A poupança das famílias e das empresas é um recurso fundamental para o desenvolvimento da economia nacional, ao ser canalizada para o investimento. Deste modo, a decisão de poupar significa abdicar de consumo no presente em nome do consumo no futuro.

Nas décadas de 1970 e 1980, a taxa de poupança das famílias portuguesas ultrapassava 20% do rendimento disponível. Na sequência da adesão à Comunidade Europeia, o rendimento aumentou, mas o consumo aumentou a um ritmo superior e o endividamento também progrediu rapidamente. O valor da poupança diminuiu significativamente, atingindo, em 2007, 7% do rendimento disponível. Com os primeiros sintomas de crise, a poupança registou um crescimento até meados de 2011, altura em que voltou a diminuir em consequência da contração do rendimento disponível. A capacidade de crescimento da poupança parece estar agora comprometida: a diminuição dos rendimentos e dos benefícios sociais, combinada com o agravamento dos impostos e dos preços de diversos bens e serviços impedem que se possa poupar mais, o que aumenta a vulnerabilidade financeira das famílias aos graves constrangimentos financeiros que lhes são impostos. Sem uma "almofada" financeira, rapidamente resvalam para o incumprimento das dívidas e a insolvência.

Por sua vez, as empresas também diminuíram a poupança e aumentaram a sua dependência do sistema bancário para se financiarem. Com o acesso ao crédito dificultado e com escassez de recursos próprios, a sua capacidade de investimento está bastante enfraquecida, o que prejudica a recuperação económica e a criação de emprego. Segundo o Banco de Portugal, existe uma enorme desigualdade na distribuição da poupança. Assim uma pequena percentagem das famílias, precisamente as que possuem rendimentos mais elevados, é responsável pela maioria da poupança gerada em Portugal. E são as maiores empresas as que geram mais poupança para autofinanciamento, isto é, para investir na melhoria da sua capacidade produtiva e na expansão da sua atividade económica.

Catarina Frade

Precariedade

A noção de precariedade trará certamente, a qualquer um/a, a ideia de fragilidade, e é precisamente disso que se trata. Acentuado pela "crise internacional" (que tem sido essencialmente das economias ocidentais), o discurso do poder político neoliberal e do patronato conservador vem afirmando a necessidade de flexibilização da economia, de forma a aumentar a sua competitividade, por via da flexibilização do trabalho e do emprego.

Tal discurso esconde o facto de a dita flexibilização da economia ter acarretado uma progressiva precarização do trabalho e do emprego, em prol do lucro fácil. Nestes termos, a precariedade do trabalho remete para as condições do exercício da atividade, sendo mais precária a atividade pobre em conteúdo, sem interesse, desqualificada, rotineira, com pouca autonomia, mal paga e pouco reconhecida. Já a precariedade do emprego refletirá o grau de formalização contratual e estabilidade do exercício da atividade, sendo precário o emprego instável e inseguro, sem perspetivas futuras, económica e socialmente vulnerável. A progressiva união destas duas formas de precariedade, aliadas à ideologia individualizante, desvinculação de pertenças coletivas e desmantelamento do Estado Social, gera a efetiva precariedade social.

Assim, em nome do combate ao défice, à dívida e pelo aumento da competitividade, mas na verdade pelo lucro, cada vez mais a sociedade passa a servir a economia e não o contrário. No entanto, ao contrário do discurso dominante, tal não é uma inevitabilidade: a estruturação das relações de trabalho resulta da relação de forças entre capital e trabalho, em torno do Estado. Se atualmente tal relação tem beneficiado o capital, cujo poder sobre o Estado tem apoiado a precarização, a única alternativa é a resistência do trabalho. E essa resistência passa, necessariamente, pelo reforço da sua coesão interna e solidariedade coletiva, ou seja, pelo reforço e articulação do seu poder coletivo: dos sindicatos, associações e movimentos de trabalhadores.

Alfredo Campos

Primavera Árabe

A Primavera Árabe foi uma onda revolucionária de protestos e manifestações populares que ocorreu, a partir de dezembro de 2010, por todo o Norte de África e Médio Oriente e que se tem prolongado, desde então, no tempo e no espaço, de forma complexa e inacabada. A vaga de protestos teve início na Tunísia, a 18 de dezembro de 2010, aquando das manifestações que se seguiram à autoimolação pelo fogo de Mohamed Bouazizi. O sucesso destes episódios tunisinos inspirou uma vaga de protestos que se alastrou à Argélia, Jordânia, Egito, Iémen, Líbia, Bahrein, Síria, Iraque, Jordânia, Kuwait, Marrocos, Omã, Líbano, Mauritânia, Arábia Saudita e Israel, mostrando a transversalidade do descontentamento na região, ainda que com contextos e trajetórias nacionais claramente distintos.

Na linha comum de protesto estava a revolta contra as constantes violações de Direitos Humanos, a deficiente representação política, a fragmentação social, o desemprego, a inflação, e as desigualdades económicas decorrentes das políticas públicas de capitalismo de periferia e de regimes políticos autoritários. As revoltas foram lideradas por uma geração jovem, urbana, instruída e claramente desapontada, que recebeu o apoio e mobilizou a generalidade da população. Uma das grandes novidades desta onda de contestação foi a participação das mulheres nos movimentos de protesto e o recurso aos "*novos média*", sublinhando a democraticidade da agenda das revoltas. As formas de luta – greves e manifestações – foram pacíficas, ainda que intensas e muitas vezes violentamente reprimidas pelos regimes em questão, apesar do apoio – inicialmente tímido e sempre seletivo – da sociedade internacional.

Mais do que um confronto ao autoritarismo dos regimes políticos em vigor, estas revoltas podem ser tidas como desafio à atual estrutura do capitalismo global. O seu balanço final, que confirmou a importância e peso do protesto popular, está longe de estar fechado. Em fevereiro de 2012, três regimes tinham caído – Tunísia, Egipto, Líbia – e vários líderes haviam reformulado constituições ou anunciado a sua não recandidatura atendendo às reivindicações populares.

Sofia José Santos

Privatização

É apresentada como uma política pública inevitável. Na realidade, a justificação financeira para as privatizações é frágil, já que as empresas a privatizar em Portugal são em geral rentáveis, o mesmo não se podendo dizer sobre os termos da nacionalização recente do BPN. A justificação em termos de superioridade do setor privado na gestão empresarial – os gestores públicos não teriam os incentivos e o controlo adequados por parte de um poder político efémero – é igualmente problemática, até porque algumas das empresas públicas nacionais foram adquiridas por empresas públicas estrangeiras.

O ciclo de venda de empresas públicas, iniciado no final da década de 1980, começou nas cervejas e poderá acabar na água. Muitas destas empresas tinham sido nacionalizadas ou criadas pelo regime democrático, outras já eram públicas antes de 1974. O processo português de privatizações, que (re)construiu grupos económicos com poder político, foi um dos mais intensos na Europa e é indissociável de uma tendência global, embora desigual, que fez com que o peso da produção das empresas públicas no PIB global tivesse passado de mais de 10%, em 1979, para menos de 6%, em 2004.

A discussão dos resultados destes processos é, no mínimo, controversa, embora se tenha confirmado a tese de que estes processos de privatização penalizaram os trabalhadores dessas empresas e permitiram a apropriação pelos novos acionistas de significativas rendas, ali onde a concorrência não pode deixar de ser uma ficção regulatória. Entretanto, a esperada melhoria do desempenho económico não ocorreu necessariamente, sobretudo em setores produtores de bens homogéneos, casos da eletricidade, onde as empresas públicas se revelaram sempre mais eficientes. Para além disso, os elementos de serviço público, de criação de emprego e de satisfação redistributiva de necessidades sociais, subjacentes a muitas empresas públicas e que tornam os exercícios comparativos em termos de eficiência muito difíceis, foram postos em causa.

João Rodrigues

Produtividade

Diz-se da produtividade que é a qualidade do que é produtivo, rentável ou lucrativo. Não havendo produtividade sem fator trabalho, isso significa que a produtividade corresponde à quantidade de trabalho necessária para produzir unidades de um determinado bem. Assim sendo, mede-se a produtividade através do produto interno bruto de um país por pessoa ativa. Mas a produtividade é condicionada por outros fatores além do fator trabalho, nomeadamente: máquinas, tecnologias utilizadas, formas de organização do trabalho, processos de gestão, cadeias de valor, marca, condições de saúde e segurança dos trabalhadores.

Não obstante alguns estudos assinalarem o elevado número de horas por dia trabalhadas em Portugal (1.ª posição entre os países da OCDE), a baixa produtividade do trabalho face à média da UE tem sido apontada como um aspeto central a corrigir e que se explica, em parte, pela existência de segmentos produtivos com baixa incorporação de valor; por recursos humanos pouco qualificados; ou pelo peso da economia informal, entre outros fatores.

Não surpreende que o discurso político hoje dominante veja no aumento da produtividade à custa do fator trabalho a solução para vencer a crise, alcançar a competitividade e o crescimento económico. A questão está, porém, no facto de não ser possível vencer a crise sem disponibilizar ao "elemento humano" (i.e., as pessoas que de facto trabalham) os outros fatores atrás mencionados, bem como condições de motivação (retribuições justas, condições de vida dignas, boas relações com colegas e chefias, autoestima/bem-estar no trabalho, etc.) que são, em si mesmas, fator de melhoria de produtividade, mas também devem constituir-se como sistema de recompensa. A produtividade não pode, pois, obedecer apenas aos imperativos da política e da economia, mas sobretudo às expectativas das pessoas que desenvolvem os mais variados tipos de atividades e profissões. Daí que, num cenário adverso e de imposição de austeridade, seja mais difícil ser produtivo.

Hermes Augusto Costa

Promessa

A Revolução Francesa e a Declaração dos Direitos do Homem e do Cidadão, de 1789, ao proclamarem que «os homens nascem e permanecem livres e iguais em direitos», anunciaram ao Mundo uma promessa de transformação política, jurídica e social da modernidade, ainda não integralmente cumprida. Este desígnio aparentemente utópico vem fazendo o seu caminho desde o séc. XVIII, desenvolvendo e consolidando os regimes políticos democráticos, abolindo a escravatura e contribuindo para a construção, em curso, de um princípio político, jurídico e social de igualdade, com vista a uma democratização das relações sociais (de família, de género, de trabalho, etc.). Esta promessa visa realizar no séc. XXI a construção de uma igualdade efetiva entre os humanos, no combate às desigualdades, em que todos «temos o direito de ser iguais quando a diferença nos inferioriza e o direito de ser diferentes quando a igualdade coloca em perigo a nossa identidade».

A promessa está assim colocada agora, como sempre, no centro do pensamento político, jurídico e social da atualidade, e assume a forma de um compromisso social individual e coletivo tendente à efetivação e ao aprofundamento de um novo contrato social para uma democracia de alta intensidade em que se combine a representação e a participação política coletiva e individual, o Estado de direito e o exercício cidadão dos direitos.

A promessa é, assim, um instrumento e uma estratégia de emancipação, de liberdade e de democratização das relações sociais através de ações políticas, jurídicas e sociais de rutura e de continuidade, de confronto e de cooperação. A promessa (por exemplo, a de igualdade), no momento presente, e o compromisso social que dela emerge dão sentido e exprimem confiança no futuro.

João Pedroso

Propriedade Intelectual

O reconhecimento dos autores e o incentivo à criação e inovação, através da concessão de direito de monopólio relativo à utilização da respetiva obra/produto, por um período limitado, são os elementos centrais do modelo de Propriedade Intelectual (PI) e da formação de todo o sistema institucional associado. Englobando os Direitos de Autor e os Direitos Conexos, bem como os Direitos de Propriedade Industrial, onde se incluem, por exemplo, as patentes, as marcas, as denominações de origem ou os desenhos ou modelos, a PI é uma instituição com origens medievais que, após um período de base nacional, se desenvolveu através de acordos internacionais a partir do séc. XIX (Convenção de Paris de 1883; Convenção de Berna de 1886), atualmente sob a coordenação da OMPI (Organização Mundial da Propriedade Industrial). Mantêm-se, no entanto, algumas distinções relevantes nos sistemas jurídicos nacionais/regionais.

A existência de Direitos de PI nem sempre foi pacífica, tendo em conta os direitos monopolistas associados. Contestados no passado pelos defensores do comércio livre, que consideraram estes privilégios monopolistas como instrumentos de políticas protecionistas (o debate atual em torno da instituição de uma Patente da União Europeia reflete também em parte estas tensões), o modelo existente de PI tem sido ou explicitamente contestado – por exemplo, relativamente à atribuição de patentes de *software* – ou subvertido – através da partilha digital de obras sujeitas a direito de autor. Os defensores da sua partilha alargada têm desenvolvido modelos institucionais alternativos – por exemplo, os *creative commons*.

Os movimentos recentes resultam não só da facilidade de cópia e disseminação associadas às novas tecnologias, mas também da oposição a uma tendência genérica de intensificação dos Direitos de PI que tem vindo genericamente a favorecer os seus detentores e a extensão da sua aplicação. A aplicação dos Direitos de Propriedade Intelectual nos países menos desenvolvidos (através do acordo TRIPS) e as suas implicações em matéria de saúde pública são disso exemplo. Recentes propostas legislativas nos EUA para aumentar a aplicação dos direitos de PI na Internet, entretanto retiradas, evidenciaram a enorme capacidade de contestação e a polaridade do debate.

Tiago Santos Pereira

Protesto

O protesto social e as formas modernas de mobilização coletiva estão diretamente relacionados com os processos democráticos. Quanto mais democrática é uma sociedade, maior será a probabilidade de existirem movimentos sociais e ações de protesto, muitos até de cariz violento. Tanto a democratização e a política institucional como os movimentos sociais e o protesto social assentam no mesmo princípio de que as pessoas comuns têm valor político para serem consultadas. Sempre que há um movimento social ou um movimento de protesto, o mesmo visa reivindicar algo, normalmente contra o Estado, podendo, em casos extremos, derivar para situações de violência. Não há movimento social ou de protesto sem relações de força e sem a ativação de estratégias de poder.

A projeção mediática dos movimentos e das ações de protesto cria uma dinâmica que obriga à redefinição de estratégias, a lógicas específicas de recrutamento e a aplicação de discursos e retóricas adequados não só aos participantes como ao público em geral. Desde uma pequena e localizada ação de protesto até grandes movimentos sociais, a lógica da ação é orientada para a mudança social, para a denúncia de situações existentes e para a afirmação de direitos de cidadania e de identidades, vozes, ou discursos que não conseguem aceder, ou querem-no fazer de uma outra maneira, ao espaço saturado da comunicação social e, mais importante, à esfera pública.

Por muito tempo o estudo da participação política restringia-se às formas instituídas de participação, relegando para segundo plano as ações de protesto ou de reivindicação. Nesta opção estava subjacente uma definição restrita de democracia e uma visão normativa. As formas não convencionais são muitas vezes tidas, de forma explícita ou implícita, como ilegítimas à luz do jogo democrático. Ora, a mudança social e a concretização dos direitos de cidadania só foram possíveis historicamente, e sobretudo em situações de crise e de instabilidade, quando os grupos de dominados e excluídos marcaram de forma indelével o espaço público com as suas reivindicações e obrigaram o Estado e as classes dominantes à outorga de direitos em nome da coesão e da integração social.

José Manuel Mendes

Qualidade de vida urbana

A qualidade de vida urbana só pode ser pensada em articulação com a questão da cidade e com todo o leque de preocupações de ordem ambiental, económica e energética que prevalecem no mundo contemporâneo. Hoje em dia, é por de mais evidente que as cidades compactas se assumem, com vantagem, como alternativa sustentável ao crescimento difuso. Podem ser enunciados dados relativos a essa vantagem, ora no que diz respeito a encargos com infraestruturação, ora com mobilidade, ora com dispêndio energético em bens de utilização comum. A investigação sobre as questões da sustentabilidade em arquitetura tem incidido, quase exclusivamente, no modo como as edificações se comportam perante as condições climáticas, tentando, através das ciências da construção, desenvolver os saberes acerca da otimização energética do espaço edificado. Têm sido subestimados, de forma evidente, todos os temas que incidem sobre a otimização urbana e sobre o papel da organização do território no conjunto das preocupações de ordem energética.

Tomando como ponto de partida o constatado esvaziamento dos centros urbanos, há que enfrentar com determinação as medidas de inversão do processo, com ganhos para o ambiente, para os equilíbrios energético e económico e para a qualidade do espaço vivido. As queixas e constatações acerca do fenómeno de esvaziamento dos centros são muitas e muito pertinentes, mas a verdade é que o paradigma urbanístico que rege a totalidade dos instrumentos de planeamento é, ainda e sempre, o da desdensificação. Herdados da problemática da insalubridade do século XIX, e desenvolvidos através da cruzada moralizadora do Movimento Moderno, os princípios que regulam contemporaneamente o ordenamento do território, na maior parte dos países, balizam-se ainda pela necessidade de controlar a densidade por baixo. Por outro lado, a arquitetura e, sobretudo, os seus desenvolvimentos mais recentes têm-nos provado, à saciedade, que é possível e, por vezes, mesmo desejável edificar densidade com qualidade.

Aproveitar a crise para redensificar os centros das cidades com habitação e equipamentos a custos controlados, reabilitando edificações existentes e construindo nos vazios urbanos pode constituir um meio sustentável de requalificar a vida e de devolver à cidade a população que, ao longo das últimas décadas, foi sendo expulsa pela ação da especulação imobiliária.

José António Bandeirinha

Racismo

O racismo, resultando do projeto da modernidade, tem sido reconfigurado na inter-relação de processos, estruturas e ideologias que ativam e reproduzem relações desiguais de poder, condicionando o acesso a recursos socioeconómicos, culturais e políticos pelas populações etnicamente *marcadas* como inferiores em relação a ideias/práticas de ser *europeu*. Esta condição de inferioridade é interpretada como o modo de *ser* dessas populações, a ser "corrigido" por políticas públicas com vista à sua assimilação/integração.

Considerar uma abordagem política e histórica ao racismo é fundamental no contexto atual de *crise*, dado que é nestas conjunturas que são ativadas narrativas despolitizadoras das relações de poder, conduzindo a uma interpretação do racismo como uma questão de preconceito, de reação à *diferença*, validando os contextos históricos e políticos que produziram tais atitudes. A raiz desta conceção hegemónica de racismo situa-se no contexto pós-Holocausto e dos debates da UNESCO sobre o estatuto científico do conceito de "raça", que evadiram a relação entre "raça", processos de formação nacional, condições pós-coloniais e de cidadania na Europa.

O entendimento sobre o racismo não pode portanto ser separado das abordagens políticas e académicas dominantes que o têm constituído. Nesse sentido, os debates atuais sobre a *integração/inclusão social* das minorias étnicas e imigrantes são cruciais para compreender os padrões duradouros de racismo. Alimentando o pressuposto da homogeneidade nacional, estes debates têm conduzido mais à discussão sobre a *presença* de imigrantes/ minorias e as suas *características* (i.e., *contrastes* e *inadequações* culturais) do que à problematização do próprio racismo. É neste contexto que as alternativas que a luta antirracista coloca passam pela contestação radical de ideias excludentes do "nós" *nacional*, baseadas na afirmação de uma história que converte em natural o que foi e é parte do projeto político específico moderno/colonial/racial.

Marta Araújo e Sílvia Rodríguez Maeso

Rap

Um estilo de música e de poesia originário da Jamaica e dos guetos das grandes cidades dos EUA, e hoje cultivado pela juventude excluída e inconformista dos bairros populares de todo o mundo. Consiste num texto e num ritmo de batida. O texto é mais importante do que a melodia e a harmonia, uma característica que o *rap* partilha com o canto gregoriano. O ritmo da batida permite variações. Há pausas para frases solitárias e de solidão, em que o *rapper* se interrompe a si próprio como se bebesse um copo de água mental. Tem uma duração variável e pode ser grande como se fosse uma *jam session*.

O *rap* é um grito de revolta contra a injustiça social, o racismo e a violência. Mas é também um grito de revolta contra os gritos de revolta que até agora não deram em nada. O *rap* cria o lugar onde estão as pessoas e os seus dramas íntimos; as lutas de resistência e as resistências na luta; a criatividade moderna entre a loucura, a violência e o fanatismo; a rutura com o *ancien régime* e todos os novos silêncios do universo a que chamamos deus e com quem julgamos falar na farmácia, no ponto de droga, na meditação, no *jogging*; a poesia, sempre à beira de não existir; a brutalidade sedutora da ordem e do progresso; e sobretudo tanta coisa que nem imaginamos que exista porque existe sob a forma de ausência e que, no pior (melhor) dos casos, nos cria mal-estar, provoca insónias e nos faz mudar de namorada ou namorado.

O *rap* é herdeiro da tradição de "cantautores" como Zeca Afonso, José Mário Branco, Fausto, Sérgio Godinho, Adriano Correia de Oliveira, Luís Cília e Manuel Freire, que usaram a força expressiva da arte para combater a repressão e a censura. O *rap* alarga o conceito de música de intervenção, exprimindo a revolta e a raiva da juventude urbana dos subúrbios das cidades.

É a juventude da geração à rasca, a geração que a retórica vazia dos discursos e a ausência de propostas atirou para as ruas e praças das cidades um pouco por todo o mundo em busca de formas de expressão alternativas.

Boaventura de Sousa Santos

Recessão

Uma recessão é uma contração da atividade económica generalizada, isto é, uma quebra de atividade simultânea em todos os setores de atividade. É habitual considerar que uma economia entrou em recessão quando se verifica uma redução do Produto Interno Bruto (PIB) medido em termos reais (descontado o efeito da inflação) em dois trimestres seguidos. No entanto, a definição técnica de recessão é mais abrangente. O *National Bureau of Economic Research* (NBER) dos EUA define uma recessão económica não só em termos de declínio do PIB real, como do rendimento, do emprego, da produção industrial e das vendas a grosso e a retalho. Uma recessão difere de uma depressão pela severidade do declínio da atividade económica. É habitual falar de depressão quando o declínio verificado é superior a 10% do produto. De acordo com este critério, a Grécia estará a experimentar uma depressão (contração do PIB de 11% entre 2007 e 2011), mas Portugal ainda não (contração do PIB de 3% entre 2007 e 2011). A contração do PIB verificada em 2011, em conjunto com a prevista para 2012, aproximará Portugal do nível próprio de uma depressão.

Embora exista unanimidade quanto à constatação da natureza cíclica da dinâmica das economias capitalistas, essa unanimidade não existe nem quanto às causas, nem quanto às respostas de política mais adequadas face às recessões. Karl Marx, num dos primeiros e mais importantes contributos para a análise das crises, defendeu que as crises cíclicas decorrem da tendência para a sobreacumulação inscrita no modo capitalista de produção. O investimento excessivo decorrente de lucros elevados na fase ascendente do ciclo daria origem a uma queda da taxa de lucro que se transformaria em contração da procura quando, em resposta a menores lucros, se acentuava a exploração do trabalho e caíam os rendimentos salariais que sustentavam o consumo.

No contexto da Grande Depressão dos anos 30 do século XX, os economistas (e os governos) dividiram-se quanto ao tipo de resposta apropriada. Enquanto uns, com destaque para John Maynard Keynes, defendiam políticas públicas, monetárias e orçamentais, de estímulo ao investimento e ao consumo, outros defendiam a contenção orçamental. Quase cem anos depois reencontramos este debate no quadro da atual crise.

José Maria Castro Caldas

Reconhecimento

Em sentido estrito, reconhecer é conhecer de novo, num processo conducente ao estabelecimento de relações de igualdade. Nessa linha, a premissa do reconhecimento consiste numa disponibilidade para a aprendizagem mútua, para substituir aquilo que nos distancia por aquilo que nos aproxima e enriquece reciprocamente. Ancorada nesse pressuposto ideológico, a política de identidade, fortemente ligada aos novos movimentos sociais, apoia-se na exigência de reconhecimento político, jurídico, social e cultural por parte de grupos previamente excluídos. Contudo, reconhecer implica também conceder legitimidade num contexto dominante de hierarquização e assimetria de poder. Quem reclama reconhecimento está necessariamente num lugar diferente de quem pode atribuir esse mesmo reconhecimento ambicionado. Esse é o paradoxo das minorias sociais que lutam por verem legitimados os seus direitos, ao mesmo tempo que contestam os mecanismos existentes para que as suas demandas sejam reconhecidas.

Teoricamente, o conceito de reconhecimento tem sido questionado por quem defende o primado da redistribuição, sublinhando a importância de tornar acessíveis de uma forma justa e democrática os recursos financeiros e culturais que, de uma forma mais holística, contribuem para a atribuição de reconhecimento num momento posterior.

Independentemente da validade dos argumentos utilizados, a falta de reconhecimento – cultural, jurídico, político ou social – assinala o estabelecimento e a consolidação de hierarquias de valor, mediante as quais determinados grupos ou categorias sociais são considerados mais ou menos relevantes por comparação a outros grupos ou categorias. Em situações de acentuado constrangimento socioeconómico, a tendência para a criação de prioridades traduz-se num agravamento das desigualdades geradoras de maior segregação. Desse processo circular, em que o reconhecimento é repetidamente substituído pela invisibilidade, resultam custos graves para os direitos de cidadania e para a qualidade da democracia e da justiça social.

Ana Cristina Santos

Redes sociais

O termo "rede" é hoje abundantemente usado na linguagem corrente, académica ou política. Longe de ser um neologismo, a palavra foi-se distanciando dos objetos que servia inicialmente para descrever e ganhando uma dimensão de abstração que a fez penetrar nos mais diversos domínios: no território, nas empresas, no Estado, no mercado, na sociedade civil, nas universidades, na investigação, na prestação de serviços. O desenvolvimento extraordinário das comunicações está, seguramente, na origem da popularidade do conceito de rede e, talvez, ainda mais, do seu congénere "rede social", dada a atual relação estreita deste último com a comunicação na internet. O conceito de rede social, no entanto, tem também uma história antiga, que nos permite uma reflexão sobre dois campos: as relações de sociabilidade e o acesso a recursos.

Uma reflexão sobre a organização das sociabilidades a partir do conceito de rede social permite questionar a ideia generalizada de que as sociedades urbanas contemporâneas são dominadas pelo individualismo e pela "perda da comunidade". Os estudos realizados sobre redes sociais mostram a persistência dos laços primários na estruturação das sociabilidades e revelam que os habitantes das grandes cidades continuam a ativar um vasto conjunto de laços sociais no seu quotidiano, embora estes já não tenham uma base geográfica de proximidade. Também as pesquisas sobre redes sociais virtuais vêm mostrar que estas podem desenvolver o mesmo tipo de funções das redes territorializadas, usando um ambiente virtual.

As redes sociais (face a face ou *online*) são fundamentais para a mobilização de recursos. A estrutura das redes e o posicionamento dos indivíduos no seu interior configuram oportunidades e constrangimentos. As relações construídas no interior das redes são geradoras de capital social e têm uma influência decisiva no acesso a recursos materiais e imateriais, bens, serviços, informação, apoio efetivo e emocional. A perspetiva construída a partir das redes sociais permite integrar uma dimensão tradicional e uma dimensão progressista, conjugando particularismo e universalismo. Oferece, deste modo, um potencial emancipatório que importa discutir e valorizar.

Sílvia Portugal

Reestruturação da dívida

A reestruturação da dívida, privada ou pública, é um processo que permite aos credores em dificuldade reduzir o montante, as taxas de juro ou o período de tempo ao longo do qual a dívida deve ser amortizada (a maturidade).

A reestruturação da dívida é uma operação corrente entre credores e devedores privados e é muito mais frequente do que se pensa no caso das dívidas soberanas. Segundo um estudo de investigadores do Fundo Monetário Internacional, Eduardo Borensztein e Ugo Panizza (*The Costs of Sovereign Default*), entre 1824 e 2004 ocorreram em todo o mundo 257 casos de incumprimento de Estados soberanos que foram seguidos de reestruturação. A maior parte, 126, teve lugar na América Latina, mas a Europa contribuiu com 15%. Metade destes casos diz respeito aos últimos trinta anos.

Segundo este mesmo estudo, «o incumprimento surge associado a um decréscimo do crescimento», mas «o impacto do incumprimento parece ser de curta duração». Além disso, os autores afirmam que um incumprimento não conduz a uma exclusão permanente dos mercados de capitais internacionais: embora os países percam o acesso aos mercados de capitais durante a fase de incumprimento, uma vez concluído o processo de reestruturação, os mercados financeiros não discriminam, em termos de acesso, entre incumpridores e não incumpridores. No entanto, as condições em que ocorre o incumprimento e o processo de negociação são importantes. Em alguns casos, quando a iniciativa da reestruturação da dívida pertence aos credores e é por eles conduzida, um país pode sair tão ou mais endividado de um processo de reestruturação da dívida do que estava à partida. É o que está atualmente a acontecer na Grécia. O incumprimento de facto e a reestruturação da dívida grega reduzem o peso da dívida no Produto Interno Bruto, mas a austeridade que acompanha essa reestruturação precipita o processo de declínio económico ao ponto de comprometer, definitivamente, a capacidade de a Grécia vir a servir a dívida remanescente no futuro.

José Maria Castro Caldas

Reforma administrativa local

No âmbito de uma agenda neoliberal, iniciada pelo governo de Durão Barroso e prolongada pelos do PS, o atual governo PSD-CDS/PP apresentou, em setembro de 2011, um *Documento Verde* sobre a reforma do poder local na sequência do acordo com a troika. Aqui, a retórica tecnocrática da racionalização económica alia-se a uma implementação autoritária pelo governo, à revelia das populações, das freguesias e das assembleias municipais.

O Documento assenta na extinção de freguesias para reduzir a despesa com o argumento populista da redução do número de eleitos. Ora, as 4259 freguesias representam apenas 0,1% da despesa do OE/2012 e os critérios para a criação de novas unidades administrativas reduzem-se ao número de habitantes e à distância à sede do município, sem atenção à especificidade das freguesias e às funções de relevância política e social de proximidade que exercem, em particular em zonas do interior, esvaziadas já de entidades e serviços públicos de diversa ordem. Torna-se, assim, evidente que é outra a intenção desta reforma: a do reforço do centralismo no poder local, reduzindo fortemente a democracia, em articulação com a nova lei eleitoral para as autarquias, centrada no presidencialismo municipal, nos executivos monocolores e no reforço do bipartidarismo.

É urgente uma reforma do poder local em Portugal, mas há alternativa à via neoliberal e antidemocrática: a da descentralização do poder através da criação de regiões, com órgãos diretamente eleitos, que racionalizaria a despesa e o investimento e aprofundaria a democracia; a do reforço dos poderes de eleição, deliberação e fiscalização dos executivos por parte das assembleias municipais segundo um modelo parlamentar; a discussão, caso a caso e com as populações, da agregação de freguesias particularmente em contextos rurais e o reforço das competências e da capacidade financeira destas. Devem ainda ser dados passos decisivos na implementação de mecanismos de democracia participativa, como orçamentos participativos e a discussão e controlo públicos efetivos de processos que afetam diretamente as populações.

Catarina Martins

Reformas estruturais

As reformas estruturais são alterações de política, habitualmente refletidas em modificações do quadro legal, que implicam mudanças profundas nas estruturas básicas do funcionamento das economias ou sociedades. Têm como objetivo a melhoria das condições de vida das populações, pelo que os resultados alcançados devem julgar-se em função dos valores essenciais que definem o bem-estar humano.

No contexto da atual crise, esta expressão tem vindo a designar alterações nas normas que regulam setores ou áreas da atividade económica e social, de acordo com orientações de inspiração liberalizante, visando reduzir os limites ao funcionamento do "livre mercado", entendido como o conjunto das relações de troca entre agentes económicos privados. A ideologia subjacente a estas decisões sustenta que elas garantem níveis acrescidos de eficiência produtiva e, consequentemente, maior crescimento económico. É este o sentido das reformas que têm vindo a ser defendidas e/ou aplicadas, por exemplo, a setores como a saúde, os transportes, a energia ou as telecomunicações. Outro exemplo é a reforma do mercado de trabalho, cuja orientação essencial vai no sentido da flexibilização, entendida como facilitação dos despedimentos e redução dos direitos dos trabalhadores, implicando, portanto, uma alteração profunda na repartição de poder entre os empregadores e os trabalhadores e seus representantes organizados, os sindicatos.

No entanto, algumas reformas profundas, incontornáveis sobretudo após a crise internacional de 2008, têm-se revelado extremamente difíceis de implementar. O exemplo mais evidente é o do setor financeiro, cuja avidez e imprevidência, exercidas num quadro de desregulamentação neoliberal, conduziram o mundo à maior recessão dos últimos 80 anos. Mas os governos nacionais estão reféns do extraordinário poder globalizado que o setor conquistou nas últimas décadas, face à ameaça de reações adversas (fuga de capitais e de empregos) que podem resultar de políticas nacionais destinadas a limitar a voracidade da circulação de capitais. Esta situação, profundamente nefasta para o bem-estar humano, torna impreterível uma atuação política concertada à escala internacional.

Lina Coelho

Reformas judiciais

A justiça (poder judicial) é um dos três pilares de um Estado de Direito. Ao contrário de outros serviços públicos, a função de soberania da justiça dificilmente poderá ser consignada a uma entidade não estatal. A atual política de austeridade traduz-se, assim, no imperativo de que os tribunais contribuam positivamente para a superação dos constrangimentos económicos, pugnando-se por uma eficiência e eficácia no seu desempenho (ao mesmo tempo que se reduzem os seus custos de funcionamento). Os objetivos reformistas jogam-se, por isso, em três grandes dimensões: os recursos financeiros e humanos; a legislação; e a organização do sistema judicial.

A primeira está em decréscimo, dados os cortes impostos ao orçamento do Ministério da Justiça (menos magistrados e funcionários, menos dinheiro para despesas correntes), daí decorrendo a diminuição dos meios disponíveis para aplicar a justiça e o aumento da sobrecarga de trabalho dos magistrados e funcionários. A alteração legislativa efetua-se com especial impacto no domínio económico e na redução dos prazos processuais, procurando que os litígios sejam dirimidos com celeridade, em particular na ação executiva (cobrança de dívidas), garantindo-se que os mercados tenham a menor perturbação possível. A mudança na organização e gestão (mapa judiciário), com a redução da distribuição territorial de tribunais, procura concentrar os meios humanos e equipamentos e diminuir os custos associados (infraestruturas, serviços de apoio, entre outros). Simultaneamente, aumentam as taxas de justiça para incrementar as receitas.

Ao abraçar-se uma estratégia de curto prazo, coloca-se em causa a qualidade da justiça. Ou seja, caminha-se para que a *balança da justiça* se desequilibre, com o "peso" dos critérios economicistas a diminuir os direitos dos cidadãos. Segue-se por um caminho que contraria a Constituição, na função primordial da justiça, e limita as garantias de acesso ao direito e à justiça por parte dos cidadãos (justiça mais distante, mais cara e menos efetiva). O tempo da justiça passa a ser o tempo da economia. Logo, à imagem dos mercados que crescentemente manipulam a vida social, teremos uma *justiça volátil*.

João Paulo Dias

Refugiados

É difícil encontrar no dicionário uma palavra que esteja tão indissociavelmente ligada à "crise" como a palavra "refugiado". O refugiado é hoje aquele que é obrigado a deslocar-se, a atravessar fronteiras, a mudar e, por fim, a arriscar a vida por causa das crises, sejam estas de tipo político, militar, social, económico ou ecológico. Com efeito, cada crise contemporânea produz os seus refugiados.

Como recordou António Guterres, o Alto-comissário da ONU para os Refugiados, por ocasião do aniversário da Agência das Nações Unidas para os Refugiados (UNHCR), os movimentos forçados de populações apresentam hoje aspetos novos e em rápida evolução em todo o mundo. Múltiplos novos fatores constringem hoje as pessoas à fuga, e muitos deles não existiam quando nasceram as mais importantes convenções internacionais sobre os refugiados.

Um número cada vez maior de pessoas atravessa fronteiras por causa da pobreza extrema, do impacto das mudanças climáticas e da sua correlação com os conflitos bélicos. Segundo o último relatório da UNHCR, as crises que conduziram a êxodos maiores, no ano de 2011, disseram respeito à África ocidental, setentrional e central. Além disso, houve um incremento de 17% nos pedidos de asilo apresentados aos países industrializados. Na Europa, foi a França que recebeu, no ano de 2010, o maior número de pedidos de asilo (UNHCR: 48 576), seguida da Alemanha, da Suíça e do Reino Unido. Pode dizer-se que a presença de refugiados em Portugal é decisivamente minoritária (UNHCR: 384) e o número de pedidos de asilo é residual (UNHCR: 72), tanto em comparação com os restantes países europeus como em relação ao total da população portuguesa, com uma proporção de refugiados que não chega sequer a 0,5%. Tal é devido tanto à posição geográfica do país, quanto ao seu contexto económico, que não é particularmente "atrativo". Esta condição de "não emergência" determinou um desinteresse geral das autoridades portuguesas em relação ao tema dos refugiados, desinteresse que pode ser constatado também na falta de estatísticas acessíveis sobre a presença de refugiados no território português.

Iside Gjergji

Regulação pública

O Estado intervém na economia *diretamente*, produzindo bens ou prestando serviços em regime de monopólio público ou em concorrência; ou *indiretamente*, *regulando* a atividade de outros agentes económicos, do setor privado, social ou mesmo do setor público empresarial. A *regulação pública da economia* consiste no conjunto de medidas legislativas, administrativas e convencionadas por meio das quais o Estado determina, controla, ou influencia o comportamento de agentes económicos, visando orientá-lo em direções socialmente desejáveis. Está, pois, em jogo uma alteração desses comportamentos em relação ao que seriam se obedecessem apenas às leis de mercado ou a formas de autorregulação.

Apesar das tendências liberalizadoras do final do século XX, traduzidas na privatização de grande parte dos setores públicos empresariais, manteve--se e em certa medida foi até reforçado o papel da regulação pública, quer na ordenação de atividades entretanto abertas à concorrência (energia, telecomunicações, transportes, etc.), quer na proteção de outros valores não económicos, como a segurança dos consumidores, o ambiente ou a informação, com clara demarcação entre as funções do Estado como operador e prestador e as suas funções de ordenador e regulador. Mesmo assim, a crise que despontou em 2008 mostrou que a regulação foi ineficaz no que toca aos mercados financeiros: ou porque deixou fora de controlo uma parte importante da sua atividade, como os produtos derivados, ou porque foi feita a uma escala inapropriada.

Daí que o debate sobre a regulação pública seja hoje ainda mais atual, incidindo não apenas sobre o seu conteúdo (quais os setores e atividades que devem ser mais ou menos regulados), mas também sobre a sua escala (nacional, regional ou global) e a distribuição de poderes regulatórios (por exemplo, entre os Estados-Membros e as instituições de governo da UE). Em suma, a crise tornou ainda mais evidente o papel essencial da regulação pública na estabilização dos mercados e na proteção do interesse coletivo que estes por si só não asseguram, ainda que para o desempenhar com eficácia a regulação precise de redefinir objetivos, formatos e atores.

Maria Manuel Leitão Marques

Religião

A religião é considerada por muitos como um instrumento de apaziguamento das consciências e de desativação da contestação social, dada a sua insistência na relevância do espiritual e da vida eterna. Tem havido vozes, ao longo da presente crise, que reforçam esta vertente da religião, referindo-se à necessidade de relativizar as dificuldades do presente, de interpretar os momentos de crise como momentos privilegiados de "conversão" e de se "entregar nas mãos do Pai eterno".

Contudo, para muitos outros, a religião constitui um fator inspirador de uma profunda crítica social e de práticas alternativas. Esta crítica assenta na denúncia da existência de uma "teologia do mercado", isto é, uma interpretação da ordem económica capitalista como se de algo inevitável e inelutável (um plano transcendente!) se tratasse, algo que só entendidos, "exegetas", são capazes de compreender e sobre o qual só estes são capazes de atuar, não restando ao "comum dos mortais" senão deixar-se guiar por esses peritos e deixar-se sacrificar. A crítica desta "teologia do mercado" invoca valores como a justiça e a fraternidade/sororidade universais, baseadas na convicção de que Deus constitui o princípio radical para a igualdade entre todos os seres humanos. Invoca também o respeito pelos Direitos Humanos.

Esta perspetiva gera práticas alternativas de vários tipos: reflexões teóricas sobre os mecanismos geradores de injustiças estruturais e sobre possíveis caminhos de saída do "modelo único" do capitalismo de mercado; práticas libertadoras de capacitação de comunidades e de sujeitos em situações de exclusão, bem como ações de solidariedade humanitária em contextos de emergência. Apontem-se como exemplo de cada uma destas práticas: a participação das religiões no Fórum Social Mundial e o Fórum Mundial de Teologia de Libertação; a reflexão produzida pela Comissão Justiça e Paz, em Portugal; a presença de grupos religiosos nos diversos movimentos "Ocupas"; a presença de grupos religiosos em ONG.

Teresa Toldy

Resistência

Etimologicamente, resistência é: estar – isto é, *tomar uma posição* – de forma reiterada. Entrar no mundo – estar – parece então ser a inevitabilidade da resistência: um (re)existir. E, contudo, dando razão a Heraclito, parecemos ter esquecido o que nos é mais familiar e intrínseco: esse processo agonista (de luta, que é também agonia) de afirmação de vida, a fazer-se contra a estase da morte.

Declarado o fim das grandes narrativas na pós-modernidade, parece haver hoje uma espécie de vergonha em usar palavras como "resistência" ou "resistir". Em Portugal, adicionando-se razões que se prendem com a sua história recente, estas palavras parecem ter-se tornado até ridículas e alvo de troça: como se o 25 de Abril tivesse esgotado toda a necessidade de resistência e só uma certa esquerda antiquada pudesse ainda usar termos tão obsoletos e fora de moda. Este discurso, tornado dominante através das instituições reguladoras (dos média à escola), parece assim levar-nos ao impedimento de (re)existir – é esse o fundamento da tão proclamada inexistência de alternativas para a crise em que nos encontramos. Mas a aceitação deste discurso, poderemos concluir, significa a aceitação da nossa própria in(re)existência. Contra esta linguagem e pela (re)existência do humano, há pois que procurar uma linguagem emancipatória: um esforço poético (do *fazer* na/da palavra) a incluir uma dimensão profundamente arcaica que, ainda que invisibilizada por um certo sentido de moderno, sobreviveu na resistência da nossa própria humanidade, na permanência reiterada de "estar" – de "tomar posição" na existência. A impossibilidade da alternativa revela-se então como alternativa impossível. Há pois que reatualizar esse arcaico, isto é, ressignificar: reativar o potencial criativo de cada cidadã/o e manter o processo e o movimento da vida. Mesmo sem grandes narrativas, esta consciência do humano permanece – ainda que apenas à pequena escala.

É nessa pequena grande escala que urge trabalhar, sobretudo nestes momentos de crise e de agressão a direitos estabelecidos: resistindo/existindo – em ato (agindo). Só nesse agonismo – que, dizia Olson, leva cada cidadã/o ao imediato, de uma perceção a outra – se faz vivo o processo de participação na expansão do humano. Aí resiste a possibilidade da escolha individual e/ou da (re)invenção de uma linguagem emancipatória: a abertura a novas representações do mundo.

Graça Capinha

Responsabilidade social das empresas

Pressupondo que o bem-estar social é uma tarefa de toda a sociedade e não apenas do Estado, as empresas são chamadas a assumir responsabilidades. É neste contexto que se pode situar o conceito de responsabilidade social das empresas (RSE). Além de implicar uma alteração na atitude dos agentes económicos, assume diversos significados e interpretações tanto no meio académico como empresarial. A RSE acolhe contributos distintos relacionados com as obrigações legais, com a contribuição de caráter caritativo e filantrópico e com o comportamento socialmente responsável, quer ao nível interno, quer externo. Este tipo de comportamento passa por preocupações com os trabalhadores (colaboradores) e os seus direitos, pela gestão das expectativas do público, mas também pela utilização de recursos para fins sociais mais amplos. Procura-se, assim, contribuir para uma sociedade mais justa e para um ambiente mais limpo, maximizando os impactos positivos sobre a comunidade.

Perante cenários de insolvência, encerramento de empresas, adoção de medidas de *lay-off* ou despedimentos, qual o lugar da RSE? Não obstante uma visão otimista reforçada por alguns indicadores que apontam para um aumento da responsabilidade social, receia-se que as práticas de preservação do meio ambiente e da qualidade de vida da população possam representar mais um custo para as empresas. Contudo, estas práticas não podem deixar de ser equacionadas como mais-valias, capazes de garantir ganhos futuros e o reforço da competitividade das empresas.

De entre as iniciativas de RSE, ganham relevo, por exemplo, as políticas de igualdade de género e o desenvolvimento de medidas de conciliação trabalho-família e os projetos de voluntariado empresarial. Apesar de serem uma prática recente em alguns contextos, incluindo Portugal, estas ações incentivam a criatividade e a motivação dos trabalhadores, possibilitam a sua participação na vida das empresas e o desenvolvimento de trabalho em equipa, conduzindo a uma maior satisfação com o trabalho. Em suma, medidas que podem traduzir-se num fator adicional de coesão social.

Teresa Maneca Lima

Revolta

As discussões em torno de revoluções marcaram o espectro político do séc. XX; na atualidade, relatos de revoltas vão assumindo cada vez mais importância. A experiência de vários processos revolucionários demonstra que a tomada de poder pelos revolucionários está associada à tomada de medidas que visam impedir o desenvolver da revolução. Esta marca castradora da vontade política dos sujeitos tem levado a que nos contextos atuais a revolta tenha retornado à ribalta, como expressão do desejo de manter vivo o seu significado de rutura ou o levantamento contra a autoridade constituída, enquanto recusa de subordinação ao poder político constituído.

A revolta é um conceito que procura dar corpo à luta contra as tentativas de pôr fim à história dos processos de libertação, individuais ou coletivos. A competência rebelde traduz-se em várias ações que procuram ampliar a presença e pertença política, ampliando o sentido de participação política, pelo povo, para além dos partidos políticos, desafiando o poder das instituições políticas. Estas manifestações incluem movimentos de protesto e resistência não violenta, desobediência civil, assim como ações violentas de confronto à autoridade instituída. A negritude é exemplo da revolta de intelectuais negros contra as injustiças históricas cometidas pelo colonialismo e o racismo, contra o eurocentrismo da "história universal". As revoltas que têm marcado o mundo árabe apelam ao retorno do sujeito, à liberdade individual e coletiva, à dignidade e à solidariedade.

A revolta exprime assim o sentido profundo do inconformismo contra as injustiças, as opressões e discriminações que se sucedem, referência à luta permanente pela democratização do mundo, das relações sociais, culturais, económicas e políticas que nos unem e/ou separam.

Maria Paula Meneses

Revolução

Conceito de grande complexidade e ampla polissemia, não só pela sua natureza heterogénea como pela grande carga emocional (de fascínio ou rejeição) que suscita, sobejamente demonstrada pela avassaladora produção historiográfica em torno sobretudo das duas grandes experiências revolucionárias, espécie de código genético de todas as outras que se lhes seguiram: a Revolução Francesa de 1789 e a Revolução Russa de 1917. Vindo da astronomia e com um significado oposto ao que hoje se lhe atribui, passa, justamente no século XVIII, de um conceito fisiopolítico (o estudo das formas de governo dos homens que se sucediam com uma regularidade semelhante às próprias leis da natureza), a um outro meta--histórico, um princípio regulador do conhecimento e da *praxis* humana. Liberta da sua origem natural, a revolução altera a perceção do tempo, que pode agora ser acelerado e precipitar novas formas de organização política e social.

Toda a revolução pulveriza pois as categorias de uma temporalidade histórica rígida e instaura uma temporalidade mítica e simbólica, reversível e transtemporal, ou seja de um presente como momento ideal de sobreposição de um passado distante com um futuro próximo concebido como uma *Idade de Ouro*. Uma dinâmica que está longe de ser linear ou previsível, pois que, se por um lado «produz em poucos dias sucessos mais importantes que toda a história anterior da humanidade» (Robespierre) e cuja heroicidade e grandeza só pode ser comparável ao «assalto dos céus» (Marx), por outro faz surgir no seu interior ondas de refluxo que nenhum dos atores pode controlar e que os afasta dos seus propósitos iniciais.

As comprovadas máximas de que a revolução devora sempre os seus filhos e de que é sempre um processo inacabado são, afinal, a dolorosa proclamação do desajustamento entre o sonho e o peso da realidade. Contudo, nos intensos períodos que designamos como revolucionários, algo de radicalmente novo aconteceu, cuja natureza não pode ser avaliada apenas pelo resultado final. A revolução, mesmo derrotada ou desvirtuada, conserva uma misteriosa invencibilidade, porque permanece na memória dos povos como narrativa exaltante e inspiradora, fonte regeneradora das mais fundas expectativas de felicidade coletiva num mundo hostil e sem esperança.

Manuela Cruzeiro

Risco

A noção de risco está diretamente associada ao desenvolvimento do capitalismo, estando relacionada, numa primeira fase, com o cálculo dos possíveis prejuízos decorrentes da navegação de longo curso e, a partir do século XIX, com a avaliação dos custos dos acidentes de trabalho e a contabilização dos seguros de trabalho. Com o desenvolvimento da estatística e da sua utilização como instrumento de governação e de controlo das populações, a noção de risco alargou-se, com a generalização dos seguros, do risco profissional ao risco social. Assim, a noção de risco passa a incorporar o cálculo da probabilidade de ocorrência de um acontecimento que ponha em causa algo que o ser humano valoriza. Esse cálculo é feito a partir da acumulação de conhecimento de factos e acontecimentos passados e assenta no papel dos grandes sistemas de cálculo e no trabalho de peritos.

O conceito de risco incorpora um cálculo de previsibilidade e uma tentativa de controlo, a partir do conhecimento, do futuro e de domesticação do aleatório. Paradoxalmente, perspetivas neoliberais como as de Ulrich Beck e Anthony Giddens sobre a sociedade do risco e a democratização do risco acentuam o papel da incerteza na definição de futuros possíveis, criticando o conceito de risco e libertando os indivíduos da tecnocracia e dos especialistas. A celebração pelos autores neoliberais da incerteza, contra os direitos adquiridos pela generalização dos seguros e dos apoios sociais, potencia a consagração do discurso da construção pelos indivíduos de subjetividades proactivas, flexíveis, adequadas às exigências de sociedades em constante mudança tecnológica (sociedades em rede, por exemplo).

Integrando os riscos a narrativa da modernidade e constituindo dispositivos de governação das populações, os mesmos serão associados, sobretudo em períodos de crise e de contestação social, a processos de desestabilização e de afetação de uma coesão social imaginada, permitindo identificar e cartografar os grupos vulneráveis e, por acréscimo, os grupos e as classes perigosos, ou, se desprovidos de recursos e de capacidade de mobilização, os grupos e classes descartáveis porque não produtivos.

José Manuel Mendes

Salário

Juridicamente, o salário ou retribuição define-se como a prestação patrimonial de natureza essencialmente pecuniária que o empregador está obrigado a realizar como contrapartida da prestação de trabalho de que é credor.

Elemento essencial da sociedade salarial, a sua função redistributiva é colocada em causa quando esta entra em crise por força do desemprego, precariedade, atipicidade, etc. Garantir um salário adequado é um dos fatores constitutivos do Trabalho Digno (OIT) e condição para o exercício da liberdade real dos trabalhadores. Alvo de um intenso processo negocial, a fixação dos salários encontra fonte privilegiada na negociação coletiva (em particular pela contratação coletiva), ainda que, e de acordo com as diferentes experiências nacionais, a existência de salário mínimo e a sua atualização apele a uma maior intervenção do Estado. A existência de salários próximos da linha de pobreza tem dado origem ao fenómeno dos trabalhadores pobres, o qual tem contribuído para o alargamento dos indivíduos e famílias em situação de exclusão social.

Numa época marcada pelo desemprego, pela erosão do direito do trabalho e de aprofundamento da flexibilização das relações laborais, o acesso a um salário coloca os indivíduos na fronteira de um estado de necessidade defendido pelos que sustentam que mais vale um mau emprego mal pago do que o desemprego. A questão da redução dos custos salariais ultrapassa em muito a negociação anual das remunerações e torna-se cada vez mais numa questão geoeconómica, na medida em que existe uma competição entre os países com baixos salários. A gestão política dos salários e dos rendimentos dos trabalhadores adquire, ainda, uma renovada centralidade no âmbito da aplicação das medidas de austeridade, pois um dos seus mais relevantes efeitos/objetivos é exatamente a redução da retribuição do trabalho.

António Casimiro Ferreira

Saúde

A crise degrada as condições de vida e o bem-estar, tornando as populações mais suscetíveis ao adoecimento físico ou mental. Mas nem todos são atingidos da mesma forma e com a mesma intensidade. Os idosos, os doentes crónicos, as famílias com baixos rendimentos, os desempregados de longa duração, os dependentes de apoios sociais, os imigrantes não legalizados e as suas famílias ou os sem-abrigo são apenas alguns dos que integram uma lista, que todos os dias se alarga, dos que são mais vulneráveis aos efeitos da crise. Inclusive não poupa uma parte crescente da chamada classe média, que, até há pouco tempo, se julgava protegida desses efeitos.

Esta situação é agravada por medidas tomadas pelos governos nacionais e impostas por entidades supranacionais como a União Europeia ou por organizações financeiras internacionais, que incluem a redução do investimento público nos sistemas de saúde e pela privatização destes (ou da sua gestão), o aumento de taxas moderadoras e a diminuição da comparticipação em medicamentos. Para além das limitações de acesso aos cuidados e do aumento da comparticipação dos cidadãos no seu pagamento, é imposta uma diminuição da quantidade e qualidade dos serviços prestados, em nome da saúde financeira do Estado.

Independentemente das justificações apresentadas, as atuais propostas de reforma dos serviços nacionais de saúde em diferentes países europeus, incluindo Portugal, configuram um processo de transformação da saúde num setor económico altamente lucrativo, com uma presença crescente e dominante do setor privado e da regulação pelo mercado, coexistindo com um sistema público reduzido, orientado principalmente para a assistência àqueles que não podem pagar. Em Portugal, o Serviço Nacional de Saúde é uma das mais importantes conquistas da democracia, e uma das expressões mais importantes da cidadania social e económica. A sua defesa aparece, por isso, no centro da ação cidadã de resposta à crise.

João Arriscado Nunes

Segurança alimentar

A abordagem dominante à segurança alimentar faz-se através da maximização da produção agrícola por processos industriais, a que o consumidor tem acesso via mercados liberalizados. As organizações globais da Agricultura e Alimentação (FAO), Saúde (OMS) e Comércio (OMC), juntamente com os Estados, desenvolveram sistemas de prevenção de riscos para proteger a saúde do consumidor e garantir que os alimentos produzidos em qualquer local do mundo são seguros, de acordo com padrões científicos. No entanto, várias crises colocam esta garantia em causa. Os processos industriais intensivos produzem alimentos de qualidade nutricional questionável, causam degradação ambiental, redução da biodiversidade, problemas de saúde e estão frequentemente associados ao sofrimento animal e humano. Por isso, cientistas, profissionais, organizações não-governamentais e movimentos sociais advogam abordagens precaucionais às novas tecnologias alimentares e defendem o uso de tecnologias alternativas já disponíveis, como a agroecologia, que tem por base conhecimentos que reconhecem as relações ecológicas da biosfera e promovem relações comerciais mais justas.

As organizações globais reconhecem que existem alimentos em abundância para alimentar a população mundial de forma saudável, e que, infelizmente, tal não se verifica. A FAO, a OMS e a Organização Pan-Americana de Saúde (OPAS) recomendam que os Estados devem promover, através de políticas de alimentação, a segurança alimentar, livrando as populações da fome e prevenindo doenças crónicas relacionadas com a má nutrição (incluindo a obesidade) que comprometem o direito humano à alimentação e saúde. Outros conceitos, como o de justiça alimentar e soberania alimentar, contemplam expressamente o direito à alimentação, pelo qual ninguém deve ser privado de uma alimentação adequada com base nas desigualdades sociais, e o direito de os povos decidirem sobre as suas políticas alimentares de forma independente dos mercados internacionais.

Rita Serra

Segurança social

É no contexto de insegurança saído da II Guerra Mundial que a segurança social emerge como um ideal de segurança económica através da extensão da proteção social na pobreza, velhice, deficiência, desemprego, doença e encargos familiares a toda a população, vindo a ser incluída como direito humano básico na *Declaração Universal dos Direitos Humanos*. Concretizou-se na criação dos Sistemas de Segurança Social que se distinguiram das preexistentes previdência e assistência pela perspetiva universalista da cobertura e pela garantia de direitos sociais. Através da unificação de diferentes esquemas de proteção transformou-se numa forma complexa de solidariedade nacional, operando a redistribuição entre gerações, profissões, setores de atividade, territórios, famílias, sexos, classes sociais, etc. O mecanismo de seguro social que lhe subjaz é uma inovação do séc. XIX, com origem nas formas de ajuda mútua de trabalhadores, reagindo às condições de vulnerabilidade social resultantes da dependência do salário ou da caridade, sendo depois assumido pelo Estado--Nação e levado mais longe pelo Estado-Providência.

Em Portugal, o Sistema de Segurança Social inclui o sistema de proteção social de cidadania e o sistema previdencial. O primeiro abrange os casos de carência socioeconómica, sendo sobretudo financiado por impostos. O segundo visa substituir rendimentos de trabalho perdidos, sendo financiado por contribuições dos trabalhadores e empregadores. Foi criado após 1974 mas nunca concretizou plenamente o ideal da segurança social, sendo deficitário na redução da pobreza e na correção das desigualdades sociais.

Desde finais da década de 1970 que estes dois sistemas estão sob pressão. Mal compreendidos pelas políticas neoliberais, sofrem também os efeitos das transformações na estrutura das economias, da precarização laboral e da globalização económica. Mas são um dos principais mecanismos de atenuação dos efeitos das crises, tornando-se fundamental repensar os seus âmbitos de solidariedade e as suas bases financeiras.

Sílvia Ferreira

Serviço Nacional de Saúde

Somente a partir de 1971, com a publicação do Decreto-lei 413/71, foi reconhecido o direito à saúde a todos os cidadãos, assumindo o Estado um papel ativo na formulação de políticas de saúde. Com a Revolução de Abril iniciou-se um processo de reorganização dos serviços de saúde que culminou, através da Lei 56/1979, com a instituição do Serviço Nacional de Saúde (SNS), consagrado no art.º 64 da Constituição. O SNS reconhecia a gratuidade, gestão descentralizada e participada e o caráter supletivo do setor privado, baseando-se nos princípios de filosofia social de William Beveridge e Thomas H. Marshall, inspiradores dos sistemas de saúde públicos da Europa do Norte.

Além de concretizar o preceito constitucional, o SNS respondeu, na visão de António Arnaut, um dos arquitetos do SNS, a um imperativo ético, visto que Portugal apresentava os piores indicadores de saúde da Europa. Porém, o SNS teve que enfrentar diversos problemas: subfinanciamento, concentração de recursos no setor hospitalar, escassa coordenação entre cuidados primários e secundários, desigualdade de acesso ao serviço público, além das resistências e reiterados ataques dos adversários do sistema de saúde público, reivindicadores da "empresarialização" como estratégia de privatização do SNS.

Após 33 anos, o SNS tornou-se um património coletivo da sociedade portuguesa, contribuindo para a melhoria dos indicadores de saúde (redução da mortalidade infantil, aumento da esperança de vida, etc.) e colocando Portugal nas primeiras posições do *ranking* internacional. Sobretudo a partir do final da década de 1990, o processo de reforma contribuiu para alcançar esses objetivos através dos progressos tecnológicos, do fortalecimento dos cuidados de saúde primários e da introdução dos cuidados continuados integrados. Entretanto, em contexto de crise, subsistem áreas críticas e prioridades a serem enfrentadas: a) desigualdades geográficas e sociais no acesso aos cuidados de saúde; b) copresença, ao lado do SNS, de outros subsistemas assistenciais públicos e privados que podem acentuar as desigualdades em saúde; c) escassos mecanismos de participação dos cidadãos.

Mauro Serapioni

Sexismo

O sexismo é uma ideologia e uma prática que se baseia em estereótipos e preconceitos em torno do sexo e dos papéis sociais atribuídos à mulher e ao homem. O sexo feminino é equacionado com a natureza, a paixão e a reprodução, reservando-se à mulher o papel da maternidade e do cuidado. O sexo masculino é identificado com a cultura, a razão e o poder, atribuindo-se ao homem o papel de provedor da família e de liderança no espaço público. O sexismo gera a discriminação contra a mulher, sendo produzido e reproduzido pelas normas culturais e pelas estruturas sociais.

Graças às mobilizações feministas, as normas jurídicas em diversas sociedades têm vindo a consagrar o princípio da igualdade entre homens e mulheres. No entanto, a ideologia sexista continua a influenciar as práticas institucionais e as relações interpessoais. A desigualdade com base no sexo ainda é um desafio da democracia e do exercício da cidadania das mulheres no século XXI. Por exemplo, os homens continuam a ocupar a maior parte dos cargos políticos e das posições de chefia no trabalho.

As respostas feministas ao sexismo são múltiplas. O feminismo liberal propõe mudanças na legislação e na educação, bem como a integração plena da mulher no mercado e na política. O feminismo socialista critica as políticas neoliberais e busca mudanças estruturais que possam eliminar as desigualdades com base no sexo e na classe social. O feminismo pós-colonial e antirracista põe em causa o significado da identidade "mulher", no singular, e o discurso a-histórico da opressão das mulheres. Dependendo do contexto, o classismo e o racismo podem ser tão relevantes quanto o sexismo na vida das mulheres.

Em momentos de crise, as mulheres trabalhadoras e em situação de pobreza encontram-se especialmente vulneráveis. As empresas, por exemplo, tendem a despedir as mulheres com base no preconceito de que o homem é o provedor da família. As trabalhadoras domésticas podem perder o trabalho em função da crise que afeta as famílias empregadoras. Possíveis alternativas passam pela criação de redes de solidariedade entre mulheres e homens da mesma classe social e, quando possível, entre mulheres de diferentes classes sociais.

Cecília MacDowell Santos

Sindicalismo

O sindicalismo foi o principal movimento social da sociedade industrial, nascido das ações de resistência da classe trabalhadora (embora com raízes no corporativismo medieval). As contradições do capitalismo não podiam oferecer melhor terreno para o florescer das lutas sociais: de um lado, o rápido crescimento económico com o rápido enriquecimento da burguesia; do outro, as condições miseráveis das classes trabalhadoras, a fome, a doença e o desemprego (a "questão social"). Foi a conflitualidade social promovida por associações e sindicatos que veio a impor todo um leque de conquistas civilizacionais traduzidas mais tarde no "direito do trabalho" a partir de finais do século XIX e no Estado-Providência do século XX.

Em Portugal, os sindicatos foram fundamentais na organização da classe operária e nas lutas sociopolíticas de finais do século XIX até 1926, mas foram sempre objeto de forte repressão e controlo por parte do Estado. Porém, mesmo o sindicalismo corporativo do Estado Novo não impediu o trabalho clandestino de ativistas e militantes (em especial os comunistas) na defesa dos trabalhadores. Só após o 25 de Abril de 1974 o campo sindical atingiu o seu apogeu, tendo porém, caído de imediato numa nova cisão, resultante da rivalidade política entre o PCP e o PS, que permanece até hoje com a divisão entre as duas confederações sindicais: a CGTP e a UGT.

Nas últimas décadas, o sindicalismo português, além de permanecer dividido, institucionalizou-se e em boa medida burocratizou-se, sendo incapaz de se renovar e de inovar a sua prática e o seu discurso. As novas gerações de trabalhadores, em especial os setores mais precários, afastaram-se do campo sindical e desconfiam das suas propostas. Enquanto os novos movimentos e o novo "precariado" se manifestam e se indignam recorrendo aos novos meios e redes do ciberespaço, o sindicalismo revela-se impotente para lidar com esses novos segmentos da força de trabalho, para se aliar a eles ou para se renovar a partir das novas modalidades de ativismo que tais movimentos estão a afirmar no espaço público e mediático.

Elísio Estanque

Soberania

Soberania, no sentido clássico do conceito, significa o exercício pleno de autoridade dentro de fronteiras e a inexistência de uma autoridade superior no plano externo, afirmando uma distinção clara entre ordem interna e ordem internacional. O debate em torno do conceito tem revelado a tensão entre uma leitura moderna, que permanece focalizada no poder do Estado e num entendimento marcadamente territorial do conceito, e uma leitura pós-moderna, de cariz normativo, que, face a dinâmicas transnacionais e à existência de novos atores com autoridade reconhecida – incluindo organizações não-governamentais, organizações internacionais, ou empresas multinacionais –, desafiam as leituras tradicionais do conceito.

A globalização enquanto fenómeno que implica dinâmicas a diferentes níveis que ultrapassam a capacidade e os limites territoriais do Estado, e a evolução que se verificou ao nível de princípios internacionais, como a intervenção humanitária e a responsabilidade de proteger, ilustram o dinamismo inerente ao sistema internacional que inviabiliza um entendimento estático de soberania. A crise financeira e a sua dimensão transnacional, a par da interdependência económica e política que lhe estão associadas, vêm acrescer à necessidade de reconceptualizar a soberania para além do quadro estatal.

No atual contexto europeu, as incoerências associadas a um entendimento estatocêntrico de soberania têm sido reveladas num quadro onde valores de solidariedade e interdependência têm dado lugar ao que já foi apelidado de "hipocrisia organizada", como está evidenciado no caso da Grécia. Uma soberania que poderá tornar-se cada vez menos democrática nas periferias dos sistemas de decisão. Assim, está na ordem do dia repensar a soberania para além da territorialidade, do poder exclusivo e da indivisibilidade da autoridade, em novos quadros referenciais que tenham presente e analisem a multidimensionalidade do sistema internacional. Uma soberania que enfrenta uma crescente dispersão de poder associada à ascensão de novos atores e de novas formas de intervenção internacional.

Maria Raquel Freire

Socialismo

A galáxia socialista acolhe intensos conflitos intelectuais e práticas políticas contrastantes. No âmago das disputas encontramos questões como a natureza dos sistemas de dominação e os meios de os combater, a relação entre indivíduo e coletivo, a visão dos partidos e dos movimentos sociais, o papel do Estado e a extensão da crítica à propriedade ou a posição diante da modernidade e do progresso.

Anarquismo, comunismo e social-democracia constituíram-se ao longo do século XX como os três grandes veios da larga família socialista e foram marcados por fortes discussões e ruturas pungentes. Ainda assim, e arriscando uma definição englobante, dir-se-ia que todos eles se encontram alinhados numa mesma aspiração de fundo, baseada na convicção de que é possível e necessário ativar modos de organização social fundados na igualdade, na solidariedade e na cooperação. Simultaneamente, partilham a noção de que os indivíduos devem ter a possibilidade de se autorrealizar sem serem impedidos por constrangimentos estruturais.

Nos dias de hoje, a crise económica e financeira veio pôr fim à crença no "fim da História" e demonstrou os limites e as perversidades do sistema capitalista. Após o descrédito do "socialismo real", o socialismo parece agora recuperar espaço para a sua afirmação enquanto crítica e hipótese estratégica. Para isso, torna-se indispensável desbravar caminhos que respondam à crise ecológica, que estimulem a participação, o reconhecimento da diferença e a responsabilidade coletiva, e que recriem o socialismo como ideal democrático por excelência. No entanto, para além de um combate de natureza intelectual, que busque acerto na crítica à dominação e no desenho teórico de alternativas, a atualização contemporânea do desígnio socialista obriga à construção e difusão de modelos económicos, políticos e sociais que trabalhem para romper a hegemonia neoliberal.

Miguel Cardina

Sociedade-Providência

A Sociedade-Providência (SP) significa a produção de bem-estar no interior de redes de relações sociais. Em sociedades semiperiféricas como a portuguesa, grande parte da proteção social é assegurada por redes informais, sobretudo por famílias que estabelecem relações recíprocas de troca de bens e serviços, garantindo o acesso a recursos como a habitação, o emprego, a saúde e os cuidados dos dependentes. A SP define-se na relação com o Estado-Providência (EP). A sua ação depende, em grande medida, do perfil da intervenção estatal. A atual crise económica e a retração das políticas sociais têm efeitos preocupantes na capacidade de resposta da SP. Em primeiro lugar, o recuo do EP produz, necessariamente, uma sobrecarga para a SP. Os cortes na proteção social deslocam para as famílias as responsabilidades de resposta às necessidades de apoio e produzem um forte impacto na autonomia e dependência dos indivíduos. Tendem a regressar modelos de subsistência familiar de partilha de recursos económicos (rendimentos, habitação) que diminuem as possibilidades de emancipação e promovem formas de dependência.

A sobrecarga da SP penaliza sobretudo as mulheres, sobre as quais recaem as principais responsabilidades da produção informal de bem-estar. Em Portugal, este papel primordial das mulheres desenvolve-se num contexto de elevada participação feminina no mercado de trabalho e assenta numa forte solidariedade intergeracional, que assegura a reprodução quotidiana das famílias e alimenta as redes de entreajuda. Assim, num contexto de crise de emprego, é forte o risco de regresso das mulheres à esfera doméstica.

A crise económica alimenta, assim, a crise da SP. Por um lado, a diminuição de rendimentos produzida pelo desemprego e pelas reduções salariais, os cortes nas transferências sociais do Estado, que diminuem as possibilidades de transferências intergeracionais e têm um impacto claro na redução do nível de vida das gerações mais novas, e o adiamento da idade da reforma, que retira as possibilidades de apoio social oferecidas pelas gerações de adultos idosos com capacidade de prestar cuidado. Por outro lado, os cortes nos apoios sociais afetam sobretudo os mais pobres, tornando as suas redes ainda mais desprovidas de recursos.

Sílvia Portugal

Subprime

Subprime é o crédito hipotecário de alto risco dirigido às camadas da população de baixos rendimentos sem capacidade para oferecer colateral aos bancos, estando por isso arredadas do mercado de crédito norte-americano. Beneficiando de condições aparentemente vantajosas, como o adiamento do pagamento dos juros, passaram a aceder ao crédito para a compra de casa própria, pagando as taxas de juro mais elevadas deste segmento de mercado.

Embora se lhe tenha associado uma narrativa de democratização no acesso aos mercados financeiros, este crédito é indissociável da crise do setor imobiliário de 2007 e do *crash* bolsista que se lhe seguiu em 2008. O crédito hipotecário alimentou a bolha imobiliária e a especulação em torno dos títulos de crédito imobiliário que proporcionavam rendimentos muito elevados, sendo contudo considerados seguros porque recebiam nota máxima de AAA pelas agências de notação. A procura por estes ativos criou uma forte pressão sobre a banca, que passou a conceder crédito a quem não tinha capacidade de pagá-lo. A titularização facilitou esta expansão do crédito e sustentou a expectativa de que o risco estaria controlado por via da dispersão dos títulos pelos mercados internacionais. Quando os preços das casas começaram a cair e as taxas de juro a aumentar, deu-se o incumprimento em larga escala. O valor dos imóveis já não chegava para cobrir os encargos da dívida. Ao invés de diluir o risco do crédito pelos investidores internacionais, a disseminação dos títulos financeiros acabou por propagar os efeitos da crise imobiliária norte-americana aos mercados financeiros internacionais.

As causas da crise não se encontram apenas na ganância dos bancos, como muitas vezes tem sido apontado, mas também na desregulamentação do setor financeiro. Todas as ligações da cadeia do crédito hipotecário estavam debilitadas: desde as práticas de concessão de crédito, passando pelo processo de emissão de títulos financeiros, até às agências de notação, que não eram objeto de qualquer tipo de supervisão.

Ana Cordeiro Santos

Sul (global)

O Sul global é uma metáfora da exploração e exclusão social, agregando lutas por projetos alternativos de transformação social e política. A expressão Sul global tem vindo a ser crescentemente usada para fazer referência às regiões periféricas e semiperiféricas dos países do sistema-mundo moderno, anteriormente denominados Terceiro Mundo.

A constituição mútua do Norte e do Sul globais e a natureza hierárquica das relações Norte-Sul permanecem cativas da racionalidade moderna, geradora não apenas da ciência e da técnica, mas também da lógica capitalista, impessoal e devastadora e causadora de uma ordem política e económica desigual. A economia moderna, celebrada como uma "ciência" da acumulação material, sancionou e celebrou historicamente a exploração e a colonização de recursos e saberes do mundo. A economia, num sentido amplo, constitui-se como uma gramática colonial, cujo discurso produz a exclusão e o apagamento do que é não familiar, embora explorável – as "outras" práticas sociais e subjetividades. Este modelo hegemónico neoliberal, sustentado pelo monopólio sobre os recursos económicos, tem vindo a acentuar a reprodução de assimetrias no mundo, a expensas da redistribuição e da justiça social.

Contrapondo-se à globalização capitalista, muitos movimentos sociais através do mundo têm vindo a denunciar a dominação, exploração, marginalização e opressão das relações impostas pelo Norte global, avançando com novas propostas que desafiam a epistemologia hegemónica, visando romper com o modelo hegemónico capitalista. O Sul global constitui-se hoje como um espaço de soluções económicas, sociais e políticas alternativas às alternativas historicamente fracassadas, dando origem a uma geografia imaginária que une áreas com realidades extremamente diversas. Estes novos desafios por uma globalização contra-hegemónica têm encontrado maior eco e reflexo no Fórum Social Mundial, símbolo das aspirações alternativas do Sul global.

Maria Paula Meneses

Taxas moderadoras

Para responder ao aumento dos gastos com a saúde, em muitos países da União Europeia foram introduzidas, nas últimas décadas, formas de copagamento com o duplo objetivo de gerar mais receita (cofinanciamento direto) e reduzir o uso excessivo dos serviços (taxas moderadoras) no setor da saúde. Apesar de a Constituição da República Portuguesa estabelecer que «o direito à proteção à saúde é realizado pela criação de um serviço nacional de saúde universal, geral e gratuito», em 1980 foram introduzidas as taxas moderadoras no acesso aos cuidados de saúde. Após uma longa controvérsia acerca da sua inconstitucionalidade, a segunda revisão constitucional, em 1989, introduziu o conceito de Serviço Nacional de Saúde "tendencialmente gratuito", que legitimou as taxas moderadoras, reconhecidas na lei n.º 48/90 (Lei de Bases da Saúde). Desde 1992, têm sido atualizadas pontualmente, a última das quais em 2011, sendo atualmente cobradas no momento da prestação em qualquer tipo de consulta médica, cuidados primários, serviços de urgência e até internamento.

Entre os argumentos a favor destaca-se o efeito dissuasor do consumo de cuidados desnecessários e o incremento da receita. Pelo lado contrário, os críticos referem que a taxa não modera a utilização dos serviços, constituindo um verdadeiro pagamento de prestações de saúde que os cidadãos já pagam com os seus impostos. Além disso, considera-se que uma cirurgia ou internamento resulta de uma decisão médica, razão pela qual o doente deveria estar isento de pagamento.

Assinalando a literatura uma correlação entre um "menor rendimento" e um "pior estado de saúde", constata-se que os grupos economicamente desfavorecidos, que tendem a utilizar mais frequentemente os serviços, se tornam os principais pagadores. Isto é, apesar das isenções previstas, são estes que mais se ressentem com o pagamento das taxas, acabando isso por implicar, muitas vezes, um menor recurso às consultas e o subsequente aumento das desigualdades. E convém ainda ressaltar que as taxas moderadoras contribuem para acentuar a natureza regressiva do modelo de financiamento português, que já apresenta uma das maiores percentagens em gastos privados com a saúde comparativamente com os outros países da União Europeia.

Mauro Serapioni

Taxa Tobin

Data já de 1972 a ideia lançada pelo prémio Nobel da Economia James Tobin de taxar em, pelo menos, 0,5% qualquer transação financeira internacional. A Taxa Tobin pretendia ser um *dissuasor* dos investidores que procuravam grandes lucros de curto prazo através da especulação sobre a moeda de um país. Décadas mais tarde, ao assistirmos à mesma realidade, com os ataques às dívidas soberanas dos países, sentimos uma sensação de *déjà vu*.

A Taxa Tobin começou a ser defendida, inicialmente, como um instrumento de regulação da volatilidade dos mercados e de estabilização das transações cambiais e, mais tarde, como um mecanismo de recolha de fundos financeiros que deviam ser aplicados para reduzir as desigualdades à escala global. Em 1997, Ignacio Ramonet, diretor do *Le Monde Diplomatique*, reavivou o interesse na Taxa Tobin ao escrever um artigo defendendo ser esta uma medida essencial para a garantia de uma justiça social global. Tobin veio a dissociar-se desta perspetiva, por ir muito mais além do que defendera. Através da criação da ATTAC – Association pour la Taxation des Transactions financière et l'Aide aux Citoyens –, Ramonet e outros atores globais defenderam a potencialidade de uma taxa que, eventualmente gerida pela Organização das Nações Unidas, permitiria apoiar o desenvolvimento equilibrado dos diferentes países.

A própria União Europeia instou, em 2009, o Fundo Monetário Internacional, apesar da oposição norte-americana, a refletir sobre a possibilidade de introduzir este mecanismo de recolha de fundos. Apesar dos avanços e recuos, mais recentemente assistimos a uma nova tentativa de relançar a ideia por parte de alguns países europeus, como forma de garantir que são os mercados a contribuir para um fundo que apoie os Estados em dificuldades pela ação especulativa dos próprios mercados. A aplicação da Taxa Tobin, ou das suas variantes que entretanto foram aparecendo, à escala global implica um consenso difícil de atingir. Contudo, não a aplicar contribuirá, certamente, para a perpetuação do funcionamento atual dos mercados, ou seja, para o aumento da desigualdade e da exclusão social em qualquer parte do mundo.

João Paulo Dias

Teatro

Tendo em conta a diversidade de conceções que suscitou ao longo do tempo, duas das caraterísticas mais vincadas do teatro são as seguintes: uma arte marcada por um efeito intenso de presença – atores e espectadores encontram-se no mesmo "aqui e agora", influenciando-se mutuamente – e uma forma de representação – os elementos em cena remetem para um campo simbólico.

A palavra *teatro* surgiu da expressão grega *theatron*, "o lugar de onde se vê". Situados no lugar do teatro, onde se vê a crise? O teatro foi frequentemente um modo de encenar a conflitualidade, dando relevo ao momento crítico no qual as divisões entre indivíduos e grupos não podiam mais ser ignoradas, solicitando o encontro de uma solução. O teatro constituiu-se como palco para um exame intenso de problemas sociais, tirando partido da sua capacidade de dar conta da sociedade através de diálogos – daí o seu potencial para ensaiar a multivocalidade. A presença ao vivo dos atores permite ainda explorar os modos críticos pelos quais os problemas se inscrevem na materialidade dos corpos.

Situados a partir das mobilizações artísticas que se designaram como alternativas no meio teatral, encontramos uma multiplicidade de propostas: recusa do espetáculo como mero entretenimento, privilégio de modos coletivos de criação e autoria, envolvimento ativo do espetador na performance, formas radicalizadas de comentário político, dramaturgias do espaço como provocação do teatro fora dos teatros, o protagonismo a dar aos corpos e vozes de identidades e grupos excluídos de muitas "cenas sociais", etc. Situados no lugar onde a sociologia vê o teatro, deixemos algumas pistas exploradas pelas pesquisas: a descoincidência entre público reivindicado pelos agentes artísticos e público efetivo; os públicos encontram-se em constante recomposição e a sua experiência teatral surge como um modo de viver a tensão entre o individual e o coletivo; a produção teatral tem conhecido diferentes pressões no quadro competitivo com outras formas de espetáculo; a retração e a desarticulação do apoio estatal às artes agudizam o cenário de crise para quem deseja experimentar as alternativas que recusam o mero novo formato.

André Brito Correia

Teoria crítica

Nascida nos anos 1930, a teoria crítica consolidou uma perspetiva sobre a sociedade e sobre a produção de conhecimento cujo impacto, mormente nas ciências sociais e nas humanidades, perdura até hoje. A teoria crítica teve origem na "Escola de Frankfurt" (uma escola de pensamento associada ao Instituto para a Investigação Social de Frankfurt, criado em 1923). A leitura crítica proposta por esta Escola, celebremente sintetizada por Max Horkheimer, preconizava a necessidade de uma ciência que, ao invés de se limitar a descrever a sociedade, estabelecesse um compromisso com um projeto de transformação social a bem da emancipação humana. Assim, no quadro de uma perspetiva que definia a objetividade do conhecimento pela assunção do lugar situado do investigador, perspetivava-se uma transformação global da sociedade que permitisse superar um *statu quo* marcado por condições de dominação. Tendo em Karl Marx a sua principal referência, a teoria crítica entreviu na alternativa marxista ao capitalismo a pedra de toque de uma tal transformação, ao mesmo tempo que desenvolvia uma leitura do marxismo oposta à vulgata soviética.

O legado da teoria crítica é, no mínimo, paradoxal. Por um lado, a falência de uma teoria geral da transformação social, então corporizada no marxismo, viria a deixar órfão o pensamento crítico desejoso de horizontes de alternativa. Por outro lado, o apelo a um conhecimento comprometido marca decisivamente o emergir de uma teoria social crítica; não mais fundada em universalismos dualistas, mas capaz de visibilizar faces da dominação longamente negligenciadas: o racismo, o patriarcado, o colonialismo eurocêntrico, a subjugação das pessoas com deficiência, etc.

No atual cenário de crise, a teoria social crítica vive tremendos desafios: apresentar propostas que não se limitem à defesa do *statu quo* ante a voracidade do capitalismo predatório; estabelecer traduções fecundas entre as diferentes formas de resistir à dominação capitalista no mundo; combater o silenciamento das faces da dominação secundarizadas pelo discurso economicista; e, finalmente, opor-se a lógicas de investimento na ciência que, premiando saberes submissos à ordem vigente, aniquilam a teoria empenhada na busca de alternativas.

Bruno Sena Martins

Terceiro setor

O terceiro setor é povoado por organizações, princípios, relações sociais, valores e racionalidades frequentemente não associados ao Estado, ao mercado ou às relações na esfera familiar e de vizinhança. Pertencem a este espaço vários tipos de organizações de caráter não lucrativo ou sem fins de lucro que atuam nas áreas da solidariedade, da defesa de direitos e de interesses, da ajuda mútua, etc. Indica-se a solidariedade, a caridade, o altruísmo, a reciprocidade, a cooperação, a democracia, o interesse coletivo ou o interesse geral como características deste espaço e dos agentes que o povoam.

Na tradição europeia, o terceiro setor é frequentemente sinónimo de economia social – associações, cooperativas e mutualidades –, ainda que nem todos concordem com a ideia de separação entre Estado, mercado e comunidade, preferindo a ideia de relações múltiplas e hibridização. Em

Portugal, a recentemente aprovada Lei de Bases da Economia Social e a criação da CASES (Cooperativa António Sérgio para a Economia Social) vieram dar uma relevância política a este setor inédita entre nós, além do habitual reconhecimento do interesse público de muitas organizações ou a cooperação entre o Estado e organizações como as Instituições Particulares de Solidariedade Social e outras na governação do bem-estar.

O terceiro setor tem sido um campo polémico desde que emergiu na década de 1970 enquanto setor. Se para uns veio oferecer uma possibilidade de redução da intervenção e responsabilização do Estado, para outros tem sido um campo para reivindicações de emancipação e de alternativas, quer aos fracassos do Estado, quer aos fracassos do mercado, quer ao fracasso da atual relação entre o Estado e o mercado. Associado à crítica e crise do Estado-Providência desde que surgiu, é presentemente, e uma vez mais, repositório de expectativas diferentes acerca da capacidade da sociedade de ultrapassar a atual crise através da inovação social, seja por via da retração do Estado e avanço do mercado, seja por via de uma nova forma de Estado e de uma economia mais plural.

Sílvia Ferreira

Trabalho

O trabalho é um elemento central da sociedade e uma dimensão intrínseca da economia. Várias componentes dessa centralidade emergem do sistema de referências de sociabilidade que lhe é intrínseco na sua relação com o global social e a natureza.

Ao longo da Idade Média, trabalhar era visto como algo desvalorizado, desprestigiante e estigmatizante. O ócio era apanágio das elites e o trabalho, relegado para escravos, servos ou indigentes, não concedia estatuto de dignidade. Com o avanço da sociedade foi reconhecido ao trabalho um novo sentido ético, positivo, libertador. Porém, desde os primórdios do capitalismo, o trabalho passou frequentemente a estar associado também a contextos de grande exploração e a ser sinónimo de opressão e alienação.

Em resultado de inúmeras lutas laborais e sindicais, desenvolvidas desde a primeira metade do século XIX, foi conquistada a valorização da retribuição do trabalho e das profissões, a dignidade e a segurança para as condições da sua prestação e organização, bem como a igualdade no acesso ao trabalho e a proteção do trabalhador, mesmo quando desempregado. O tempo de trabalho foi também progressivamente reduzido e os horários fixados com a participação dos trabalhadores de modo a conciliar o trabalho com a vida familiar e social, o que até favoreceu dimensões do trabalho voluntário. A valorização do tempo de trabalho propiciou valor ao tempo do não trabalho, daí resultando importantes atividades económicas e de desenvolvimento humano.

No século XX, foi criada a OIT (1919), que produziu importantes normas e recomendações, instituiu-se o Direito do Trabalho, conquistou-se a contratação coletiva, que melhorou imenso a distribuição da riqueza, afirmou-se o Estado-Providência. O direito universal ao trabalho foi plasmado em leis fundamentais, como é o caso da Constituição da República Portuguesa. Daqui resultou o reconhecimento de que «o trabalho não é uma mercadoria» (Declaração de Filadélfia, 1944); o trabalho forçado é ilegal; o emprego é trabalho digno, trabalho com direitos! No trabalho se exprimem e (re)estruturam indissociáveis dimensões sociais, económicas, culturais e políticas que têm de estar presentes nas relações de trabalho. As atuais políticas de "austeritarismo" e a proliferação de precariedades retiram dignidade e valor ao trabalho, tolhem a democracia e o desenvolvimento.

Manuel Carvalho da Silva

Transparência

Transparência não se resume apenas a combater a corrupção (ainda que, como se sabe, os processos de crise agravem a corrupção, ativa e passiva, sendo necessário criar mecanismos capazes de obliterar este fenómeno corrosivo da vida em sociedade). Não se pode limitar ao uso de uma palavra inglesa: *accountability*. Também não se pode restringir a repartições públicas em *open-space* ou a edifícios públicos envidraçados (tendência que hoje se impõe, tanto ao nível dos edifícios da administração pública como dos da administração judicial), onde o uso abundante de vidro transmite um sinal (ilusório – o chamado *trompe-l'oeil*) de se poder olhar para dentro da estrutura burocrática, administrativa e judicial, e compreender o que se passa.

Implica, ao invés, acesso a informação inteligível, clara, sobre os processos de decisão que têm implicações nas vidas dos cidadãos e das cidadãs, de modo a que todos/as possam, por um lado, perceber os esforços que lhes são pedidos e, por outro, criticar e manifestar a sua indignação, tendo, assim, a possibilidade de responsabilizar os decisores (políticos, económicos, judiciais e outros) sem, todavia, serem acusados/as de meros contestatários das políticas dos governantes. Acesso a informação "transparente" não é, porém, sinónimo de sobreinformação, que é um outro modo de tornar a realidade opaca e de favorecer a confusão, levando a uma submissão das vontades através de processos de diversão, que levam à distração e, em última instância, à alienação das pessoas, ofuscando o que é fundamental e destacando o que é aparentemente importante.

Um novo projeto democrático, que se quer mais cidadão e participado, deve, pois, garantir a criação de um sistema de acesso e divulgação de informação, com qualidade, permitindo espaços públicos de discussão que legitimem o sistema político, jurídico e judicial, com a intervenção da sociedade civil, onde as alternativas sejam fortes e passíveis de aplicação prática, adequadas a ultrapassar a dificuldade do presente.

Patrícia Branco

Tribunais

A Constituição declara os tribunais como órgãos de soberania com competência para administrar a justiça em nome do povo, incumbindo-os de assegurar a defesa dos direitos e interesses legalmente protegidos dos cidadãos. Porém, para os cidadãos, os tribunais são cada vez menos um lugar de defesa e de afirmação dos seus direitos. Lentos, burocráticos e distantes, tratando de forma desigual ricos e pobres, estão a tornar-se cada vez menos relevantes em face de um direito negado ou ameaçado. São, na verdade, estas as perceções que a maioria dos cidadãos portugueses tem dos tribunais e que os estudos e indicadores estatísticos confirmam.

Avassalados por uma massa de processos de dívida e de crimes rodoviários, os tribunais não encontram espaço para responderem, em tempo e com qualidade, aos cidadãos que os demandam contra quem ofendeu o seu corpo, o seu nome, a sua propriedade, os seus direitos de trabalhador, o seu direito a receber uma indemnização em consequência de um acidente ou uma pensão de alimentos, etc. Esta condição de fraqueza dos tribunais portugueses tende a agravar-se no atual quadro dominado pela crise financeira, sobretudo ao serem privilegiadas reformas que visam aumentar a celeridade dos tribunais, reconduzida à produtividade, aquela que melhor serve os litígios de dívida. A maioria das reformas políticas pouca atenção dá à necessidade de dotar o sistema de justiça de condições que lhe permitam uma tutela efetiva dos direitos dos cidadãos. A alteração desta tendência depende muito da posição que o poder judicial vier a adotar.

Num tempo de mais precariedade laboral e de mais desigualdades sociais, de múltiplas ameaças aos direitos, de novos riscos públicos, de aumento da corrupção, os cidadãos esperam dos tribunais uma via segura para, em tempo, fazerem valer direitos, individuais ou coletivos. Poderão contar os cidadãos portugueses com os seus tribunais? Se for possível no futuro responder afirmativamente a esta questão, então os tribunais portugueses terão sabido encontrar o seu lugar na nossa democracia.

Conceição Gomes

Troika

O mecanismo de estabilização criado pela União Europeia em maio de 2010, com base no artigo 122 do Tratado de Lisboa, para alegadamente responder às expressões nacionais da crise do euro – as chamadas "crises de dívida soberana" – consistiu numa garantia de créditos repartida por três fontes: o orçamento da União, o Fundo Europeu de Estabilização Financeira e o Fundo Monetário Internacional. A troika é o rosto institucional desta abordagem da crise do euro, que articula a Comissão Europeia com o Banco Central Europeu e com o Fundo Monetário Internacional.

Do ponto de vista substantivo, a troika é o veículo da aplicação na Europa das receitas neoliberais ensaiadas anteriormente na América Latina e em África: privatizações de setores essenciais, corte abrupto da despesa social, flexibilização da legislação laboral e austeridade recessiva. Sublinham-se dois traços nesta orientação. Em primeiro lugar, a insistência em resgates financeiros nacionais, insistindo portanto na tese de que a crise é resultado das políticas económicas nacionais dos Estados e não do sistema de regras que enquadra o euro como moeda única. Em segundo lugar, uma conceção da governação económica europeia baseada numa disciplina centrada no controlo do défice e da dívida pública, articulada com uma lógica intrusiva e penalizadora das opções orçamentais dos Estados-Membros que privilegiem o crescimento económico e a coesão social.

Enquanto veículo daquela conceção de governação económica da UE, a troika é por isso mesmo expressão da rejeição política de um modelo de coordenação económica europeia assente em dois pressupostos substancialmente distintos dos atualmente hegemónicos: por um lado, um orçamento comunitário com dimensão adequada ao financiamento das políticas necessárias à coesão territorial e social em escala comunitária; por outro, um mandato do Banco Central Europeu centrado sobre o financiamento do crescimento e do emprego e não sobre o controlo da inflação.

José Manuel Pureza

Turismo

Embora as viagens sempre tenham feito parte da história da humanidade, o turismo, como atividade moderna, surgiu apenas com a Revolução Industrial. O desenvolvimento dos transportes e das comunicações, a urbanização e a progressiva separação entre os tempos de trabalho e de não trabalho ampliaram a capacidade de mobilidade dos indivíduos, ao mesmo tempo que libertaram os trabalhadores para o descanso ou atividades de lazer. O turismo passaria, a partir de então, a caminhar a par do capitalismo ocidental, desenvolvendo-se e organizando-se.

Durante o capitalismo organizado do séc. XX, a viagem individual empreendida pelos mais ricos evoluiu para o turismo de massas organizado. As atividades turísticas passaram a ser definidas pelos critérios ocidentais, estandardizando-se em pacotes de férias. Na transição para o chamado capitalismo desorganizado, os mercados turísticos segmentaram-se, dando lugar a diferentes tipos de ofertas, diversos tipos de públicos e experiências múltiplas. O turismo passou a ser associado às atividades de viagens e de alojamento em locais fora do ambiente habitual dos viajantes, por um período não superior a um ano consecutivo, por motivos de lazer, negócios, saúde ou outros.

Neste capitalismo recente, que envolve formas de produção não materiais e imagéticas, há uma importância acrescida das componentes simbólicas, elementos que se tornaram essenciais na organização e promoção de destinos turísticos. Do ponto de vista estritamente económico, o turismo é hoje encarado como um potenciador de revitalização, possibilitando que os destinos usem os seus recursos com fins lucrativos. Os modos como as localidades reatualizam as suas imagens e significados e os transformam em instrumentos estratégicos de promoção revelam a centralidade que o turismo adquiriu nas últimas décadas. Cidades, regiões e países esperam encontrar no turismo uma alternativa que lhes permita contornar significativamente as limitadas oportunidades económicas de que dispõem.

Carina Gomes

União Europeia

A União Europeia (UE) é o resultado de um processo de integração económica iniciado no pós-guerra com o plano Marshall e a criação da Comunidade Europeia do Carvão e do Aço (CECA), em 1951. Em 1957, com a assinatura do Tratado de Roma, cria-se a Comunidade Económica Europeia (CEE). O Tratado de Maastricht, assinado em 1992, institui a UE. A integração económica evitou a reedição de guerras na Europa pela disputa de mercados. Mas o facto de ter sido, fundamentalmente, um processo assente na construção de um Mercado Único tem limitado o alcance deste projeto na vida dos cidadãos que vivem no espaço da União.

Sempre existiu uma tensão entre os que veem a construção europeia como estrada para uma nova comunidade supranacional e aqueles que entendem a "Europa" como uma união de nações. Com o Tratado de Nice, os defensores da intergovernamentalidade pareciam ter vencido. Mas a Conferência Intergovernamental que tomou esta decisão convocou também uma Convenção que viria a propor um Tratado Constitucional europeu onde se veio a reforçar os poderes do Parlamento Europeu.

No papel, a UE soma competências comunitárias – na política monetária, no ambiente ou na investigação – com políticas comuns – na agricultura, no comércio ou nos transportes – e ainda com políticas decididas em sede de cooperação intergovernamental e de soberania nacional. Porque a vertente do Mercado Interno sempre foi dominante, os aspetos sociais da integração foram relegados para a competência dos Estados. Institucionalmente, a UE assenta na Comissão Europeia (que detém a iniciativa legislativa e o poder de executar), no Parlamento (PE) e no Conselho europeus. Este modelo combina uma ideia de cidadania europeia, que se expressa na eleição do PE, com um Conselho onde os governos representam os Estados.

Na década de 1990, com a queda do Muro de Berlim, a então CEE confrontou-se com a opção de "aprofundar" a sua integração ou dar prioridade ao "alargamento" a leste. Venceu a opção pela expansão dos mercados. Atualmente, a Europa a 27 enfrenta problemas funcionais para os quais não tem solução. A crise tornou evidente as lacunas do modelo institucional e elas foram cobertas por uma "lei não escrita": o mais forte manda. Hoje é Berlim que está por detrás das deliberações do Conselho, sobretudo em matéria económica.

Marisa Matias

Universidade

A Universidade sempre ofereceu, nos vários cantos do mundo, saídas para as dificuldades, fossem da democracia, fossem dos problemas dos pobres ou até mesmo das minorias. É verdade, porém, que isso aconteceu, tendencialmente, em alturas em que a Universidade não estava em crise. E em momentos em que, paradoxalmente, era frequentada pelos filhos daqueles a quem a crise, por regra, não afetava, pelo menos de forma aguda. A questão que se coloca é a de saber como pode agora a Universidade oferecer saídas para a crise quando ela própria atravessa uma crise profunda.

Na generalidade dos países desenvolvidos, os sistemas universitários cresceram fortemente nas últimas décadas do século XX. A passagem da Universidade de elites para a Universidade de massas e, depois, para a Universidade dita universal levou a que que as dificuldades pessoais dos que a frequentam sejam também as dificuldades da própria Universidade. Tendo uma cobertura universal, a Universidade tende a refletir o mundo como ele é. Neste contexto, a Universidade parece ser hoje vítima do seu sucesso enquanto instituição de referência das sociedades contemporâneas. Repositório de grandes esperanças, apresenta-se hoje como símbolo de grandes desilusões, ao ponto de a crise que afeta a sociedade parecer resumir-se, recorrentemente, à crise da Universidade.

A questão do emprego, que é uma das dimensões mais visíveis da crise, e em relação à qual a Universidade sempre foi encarada como solução, agrava a sua agonia, que até nesse domínio deixou de ser uma solução com garantias. A capacidade em contribuir para o reforço e a reconstrução da democracia, colocando-a ao serviço do desenvolvimento, é outra dimensão da crise da Universidade. Tomada pelas políticas neoliberais, esta tem vindo a consolidar-se num sistema dual. Para alguns, os que dispõem de condições financeiras ou disponibilidade para se endividar, funcionando como as multinacionais, continua a oferecer oportunidades vantajosas; tão mais vantajosas que são cada vez mais raras. Para outros, a custos mais baixos, oferece o prestígio social que o canudo ainda tem ou a porta aberta da fuga para a frente. Produzir mensagens inteligíveis, quer para a sociedade em geral, quer para quem governa, reinventando a democracia de modo a contribuir para a saída da crise é a urgência mais imediata da Universidade.

Paulo Peixoto

Utopia

Utopia é a exploração, através da imaginação, de novas possibilidades humanas de vida coletiva e individual assenta na recusa da necessidade do que existe, só porque existe, em nome de algo radicalmente melhor por que vale a pena lutar e a que a humanidade tem direito.

O desenvolvimento da racionalidade científica e da ideologia a que deu azo a partir do século XIX foi criando um ambiente intelectual hostil ao pensamento utópico. O próprio socialismo, que representava na altura a possibilidade de um modelo social totalmente distinto, teve de rejeitar as suas raízes utópicas para se impor. Por isso, o século XX foi um século relativamente pobre em pensamento utópico, como se este se tivesse tornado obsoleto face ao progresso da ciência e à racionalização da vida social. No entanto, à medida que o século avançou, foram sendo evidentes os limites e os efeitos perversos da crença em soluções técnicas para resolver problemas éticos e políticos. A permanência e até o agravamento da guerra, da fome, da morte por doenças curáveis, da extrema desigualdade social e da destruição ambiental vieram abrir novas possibilidades para o inconformismo em que assenta o pensamento utópico.

A utopia está a regressar, mas desta vez através de iniciativas e experiências sociais concretas, que, apesar do seu âmbito limitado, rompem totalmente com os modelos dominantes de vida social e política e revelam, na prática, a capacidade humana de construir modos mais justos de viver e de conviver. Chamam-se, por isso, utopias realistas, o início da construção de outro futuro, não noutro lugar, mas aqui e agora. Se é verdade que as utopias têm o seu horário, o nosso tempo é o horário das utopias realistas. Torna-se agora mais claro que qualquer ideia inovadora é sempre utópica antes de se transformar em realidade. Porque muitos dos nossos sonhos foram reduzidos ao que existe, e o que existe é muitas vezes um pesadelo, ser utópico é a maneira mais consistente de ser realista no início do século XXI.

Boaventura de Sousa Santos

Violência doméstica

A violência doméstica (VD), segundo a definição legal, abrange vários subuniversos de pessoas, coabitantes ou não, sejam estas adultas ou crianças, do sexo masculino ou feminino. Contudo, a realidade indica que as mulheres continuam a ser o grupo mais afetado pela VD, pelo que pode, e deve, ser assumida como uma questão de violência de género.

Com uma crescente visibilidade na esfera pública, traduzida num claro aumento das denúncias, a VD tem sido, nos últimos 20 anos, objeto de diversas políticas dirigidas à sua prevenção, à sua criminalização e ao apoio às vítimas. Passos importantes foram a autonomização do tipo de crime, em 2007, e a Lei n.º 112/2009, que aprovou o regime jurídico aplicável à prevenção da VD e à proteção e assistência das suas vítimas. Esta Lei assume importância pelos direitos sociais atribuídos às vítimas e, também, ao nível das medidas de prevenção da atividade criminosa. De facto, se na prática já se verificaram melhorias na resposta, noutras vertentes esta Lei parece uma promessa por cumprir.

A atual política de austeridade poderá agravar este cenário por três vias. Primeiro, colocando um travão no desenvolvimento destas políticas e no seu aperfeiçoamento. Há medidas que têm de ser reforçadas (como, por exemplo, as medidas de proteção) e outras que, para serem eficazes, têm de considerar variáveis como o género, a nacionalidade, raça, etnia e orientação sexual. Em segundo lugar, uma preocupação com a diminuição dos gastos que o Estado tem com a VD (e.g., estruturas de atendimento, casas-abrigo, formação para profissionais diversos, vigilância eletrónica para agressores, julgamentos, etc.) pode aumentar significativamente os custos pessoais, sociais e económicos das vítimas (despesas com a saúde, absentismo laboral, desinvestimento profissional e formativo, etc.). No fundo da linha ficam as mulheres assassinadas, cujos números são preocupantes. Por fim, o panorama de instabilidade económica e social pode contribuir para dissuadir a vítima de apresentar uma denúncia, em nome da sobrevivência económica. Este risco está muito presente, uma vez que a tendência de crescimento das denúncias de VD que se verificava desde 2000 foi quebrada em 2011, com um decréscimo nas participações.

Madalena Duarte

Violência (estrutural)

A violência é normalmente associada à subversão da ordem, a um acontecimento disruptivo e excecional que provoca danos (físicos, materiais, psicológicos) em alguém ou em algo, sendo a sua forma mais extrema a guerra. No entanto, a violência também pode ser exercida e experienciada sem que seja reconhecida enquanto tal. O seu caráter aparentemente excecional transforma-se em algo normal, banal e até aceite socialmente.

Existem várias abordagens quanto à forma como a violência é produzida pelos sistemas social, cultural, económico ou político. Uma delas é a noção de violência estrutural, ou seja, a violência produzida pela organização económica e política das sociedades. Esta violência expressa-se na desigual distribuição do poder e, consequentemente, em oportunidades desiguais, na discriminação e na injustiça (na distribuição do rendimento, no acesso à educação, por exemplo). Johan Galtung define-a como uma violência que não é praticada por um agente concreto com o objetivo de infligir sofrimento, mas é gerada pela própria estrutura social, sendo as suas formas mais relevantes a repressão, em termos políticos, e a exploração, em termos económicos.

A violência estrutural não se define necessariamente como um processo ativo e deliberado, mas pode revelar-se pela ausência de proteção e garantia de direitos e necessidades. Pode até desembocar na impossibilidade de manutenção da própria vida dos indivíduos/cidadãos (como no caso da negação do acesso à saúde ou à alimentação). São exemplos de violência estrutural, decisões políticas como as ditas "medidas de austeridade" que conduzem a um empobrecimento coletivo e a um retrocesso nos direitos sociais (apoio no desemprego, saúde, educação) e no acesso a bens essenciais (como a água). A violência estrutural sentida no domínio económico pode favorecer o surgimento ou o aprofundamento de atos de violência direta (criminalidade, violência juvenil, violência doméstica), bem como de violência política (xenofobia, discriminação, repressão de resistências e contestação violenta).

Sílvia Roque

Voluntariado

O voluntariado organizado, um dos fenómenos sociais mais dinâmicos, é objeto de interesse e de análise a nível nacional e internacional. Fenómeno sociologicamente complexo, antes de assumir uma dimensão pública (macro), constitui uma experiência individual (micro), mas socialmente compartida (meso) com outros voluntários e com os beneficiários da ação voluntária.

Diversos atores e processos históricos influenciaram o "voluntariado português": a Igreja católica e as misericórdias, as mutualidades e o voluntariado cooperativo e sindical, o Estado Novo e a política de repressão, a

Revolução de 1974 e os valores da democracia e da participação, o Estado-
-Providência, as IPSS e, por último, a instituição dos anos Internacional
(2001) e Europeu do Voluntariado (2011). À semelhança dos países da
Europa do Sul, em Portugal registam-se valores de participação mais baixos
(menos de 10% da população adulta) relativamente aos países da Europa
Central e da Europa do Norte.

Nos últimos anos, diversas instituições internacionais e governos reconheceram o papel do voluntariado na consolidação dos valores da cidadania ativa, da democracia, da solidariedade e da coesão social, ampliando enormemente as suas tradicionais funções assistenciais e de ajuda mútua. Um dos desafios das organizações de voluntariado prende-se com a conciliação da oferta de serviços às pessoas e às comunidades com a promoção da participação dos voluntários, mantendo um equilíbrio entre a dimensão participativa e a gerencial, entre o social e o económico. Esta complexa relação tem originado tensões, mal-entendidos e instrumentalizações.

O trabalho voluntário, embora se reconheça a sua mais-valia, qualidade relacional, espaço de atuação e complementaridade face ao trabalho profissional, é visto muitas vezes como uma forma de colmatar as insuficiências do Estado. De facto, as reservas e as críticas à aferição do valor económico do voluntariado – fortemente recomendado pelas agências internacionais – são alimentadas pela preocupação, já manifestada em vários países da UE, de que o voluntariado possa ocupar e substituir o trabalho remunerado, sobretudo neste período de aguda crise económica e financeira.

Mauro Serapioni

Wall Street (*Occupy*)

O Movimento *Occupy Wall Street* faz parte de uma onda global de protestos, tendo como precursores, entre outros, as mobilizações dos estudantes britânicos e chilenos pela Universidade Pública, as revoltas democráticas da Primavera Árabe, o movimento das *acampadas* e dos indignados (15-M) surgido nas praças espanholas, replicado por dezenas de cidades europeias, inclusive em Portugal.

Teve início no dia 17 de setembro de 2011, no Parque Zuccotti, rebatizado pelos ocupantes de Praça da Liberdade, e clamava pela ocupação, simbólica e literal, das ruas de Wall Street, centro nevrálgico da finança global. Desde então espalhou-se por mais de 100 cidades norte-americanas e cerca de 1500 à escala mundial. Dentro deste movimento, o *Occupy Oakland* destacou-se pela organização de uma simbólica "greve geral", a 2 de novembro de 2011, na cidade onde teve lugar a última greve geral nos EUA, em 1946. A marcha até ao porto de Oakland, com o apoio dos sindicatos, logrou parar, durante algumas horas, o seu funcionamento.

A "Global Street", conforme tem sido apelidada, opõe-se à "Wall Street", ou seja, ao poder do capitalismo financeiro e das empresas multinacionais, que torna os cidadãos e as democracias reféns dos seus interesses económicos. São por isso comuns os *slogans* "Democracia Verdadeira, já" e "Nós somos os 99%", que protestam contra as regras da economia que beneficiam apenas o 1% dos mais ricos do mundo.

O *Occupy Wall Street*, à semelhança das *acampadas*, privilegia a ocupação do espaço público, dinamizando discussões sobre temas políticos, recorrendo a assembleias, auto-organizando comissões de trabalho e com uma metodologia de tomada de decisão assente no consenso não vinculativo. A ocupação do espaço público tem-se tornado, ela própria, objeto de disputa, com sucessivas pressões por parte das autoridades e intervenções das forças policiais de forma a inviabilizar a manutenção das ocupações permanentes levadas a cabo nessas praças.

Hugo Dias

WikiLeaks

A *WikiLeaks* assume-se como organização de comunicação sem fins lucrativos. Lançada oficialmente em 2007, abanou o mundo em 2010 com revelações que embaraçaram governos. Tornou-se objeto de debate e foi alvo de bloqueio por parte de empresas de serviços bancários. Em 2011, chegou a anunciar a suspensão de atividades, mas, em 2012, voltou a apresentar sinais vitais.

Wiki aponta para a ideia de edição coletiva simples e facilmente acessível e *leaks* para a de vazamento ou fuga. As divulgações partem de informações secretas com origem em fontes anónimas. Podem passar por tratamento jornalístico ou ser apresentadas em bruto. São difundidas através do sítio na Internet, por vezes como parte de ações coletivas com jornais de referência.

Os pacotes de informação que conferiram ampla visibilidade à organização incluem documentos militares sobre a guerra no Iraque e no Afeganistão e telegramas da diplomacia americana. Os ficheiros de guerra, em particular o vídeo *Collateral Murder*, dão forma e rosto à desumanidade. Se sabíamos ou desconfiávamos do que são feitas as guerras, passou a ser mais difícil remeter ao esquecimento a arbitrariedade que produz o sofrimento. O pacote de correspondência entre o Departamento de Estado e 274 embaixadas é imenso e diverso. Entre apontamentos previsíveis e outros surpreendentes, existe informação digna de revistas sociais, lado a lado com revelações sobre espionagem feita por diplomatas e um mar e ilegalidade e corrupção do mundo da política e da economia internacionais. São muitos os governos atingidos pela avalanche de verdades inconvenientes.

Se parte da polémica girou sempre em torno da personagem do fundador, Julian Assange, o debate é mais denso. De um lado, defende-se que há segredos necessários, cuja revelação ameaça a diplomacia. Do outr enfatiza-se a importância da transparência. De ambos, questiona-se sobo que fica por revelar. É inegável que o mundo mudou e a *WikiLeaks* é uma metáfora dos tempos que correm, em que política, jornalismo e cidada são desafiados pelas possibilidades crescentes das tecnologias da informão.

Saraaújo

Wikipédia

Imagina-se ter uma enciclopédia multilingue em casa? Uma encicldia gratuita que se vai construindo a cada hora, todos os dias? Pensou ana vez em ter acesso a uma enciclopédia com 19 milhões de artigos, dosis mais de 700 mil são em língua portuguesa? Acredita que esta enciclqia está a ser escrita e editada de forma colaborativa por pessoas volu^ás, como qualquer um de nós, em todo o mundo? E que tem, atualme,e, e ções em 281 idiomas? Pois essa enciclopédia existe: chama-se wikipédi

A Wikipédia nasceu há onze anos (janeiro de 2001) e foi lançada na versão inglesa. Hoje tornou-se na maior e mais popular obra de referência geral na Internet. É um sítio na Internet sem fins lucrativos que se baseia no conceito da colaboração online e na interação de milhares de utilizaºo-res. O nome Wikipédia resulta da combinação de *wiki* (uma tecnologu para criar sítios colaborativos) e *enciclopédia*. Estamos então perante uma obra dinâmica, que, embora tenha erros e tenha recebido críticas, constitui um grande contributo ao conhecimento partilhado.

Os princípios fundadores da Wikipédia são cinco: 1) o enciclopedismo, sem ser um repositório de informação indiscriminada, nem um dicionário ou um fórum de discussão; 2) a neutralidade, dado que se rege pela imparcialidade e a exposição dos diferentes pontos de vista; 3) o conteúdo livre, uma vez que está disponível através de uma licença livre, aberta e sem custo, não possui donos e pode ser escrita e revista por qualquer pessoa; 4) a convência comunitária, baseada em algumas normas de respeito para com os outros; e, 5) a liberalidade das regras, pois estimula a criatividade.

Qual a importância da Wikipédia? Talvez o mais relevante, juntamente com o resultado – a enciclopédia virtual –, seja o próprio processo de construção. Wikipédia mostra que há alternativas e demonstra o potencial do trabalho livre e aberto de uma grande comunidade de interconhecimento (além da academia). É também um espaço de expressão da diversidade inesgotável e constitui uma experiência de diálogo plural e tradução intercultural entre saberes e entre práticas. A Wikipédia é, assim, num contexto de crise, um desafio para a imaginação contra a passividade e a renúncia.

José Luis Exeni Rodríguez